臺灣歷史與文化 研究輯刊

十一編

第3冊

臺灣崑曲發展的傳承脈絡

林宜貞 著

花木蘭文化出版社

國家圖書館出版品預行編目資料

臺灣崑曲發展的傳承脈絡／林宜貞 著 — 初版 — 新北市：花
木蘭文化出版社，2017〔民 106〕
目 2+200 面；19×26 公分
（臺灣歷史與文化研究輯刊十一編：第 3 冊）
ISBN 978-986-404-936-3（精裝）
1. 崑曲 2. 戲劇史 3. 臺灣
733.08   106001100

ISBN-978-986-404-936-3

9 789864 049363

臺灣歷史與文化研究輯刊
十一編 第 三 冊   ISBN：978-986-404-936-3

臺灣崑曲發展的傳承脈絡

作 者 林宜貞
總 編 輯 杜潔祥
副總編輯 楊嘉樂
編 輯 許郁翎、王筑 美術編輯 陳逸婷
出 版 花木蘭文化出版社
社 長 高小娟
聯絡地址 235 新北市中和區中安街七二號十三樓
        電話：02-2923-1455／傳真：02-2923-1452
網 址 http://www.huamulan.tw 信箱 hml810518@gmail.com
印 刷 普羅文化出版廣告事業
初 版 2017 年 3 月
全書字數 168652 字
定 價 十一編 6 冊（精裝）台幣 12,000 元

臺灣崑曲發展的傳承脈絡

林宜貞　著

作者簡介

林宜貞，國立臺南大學戲劇創作與應用學系藝術學碩士。曾為崑曲傳習計畫藝生、水磨曲集崑劇團團員、蘭庭崑劇團執行製作，現任臺灣大學崑曲社指導老師，同時也是拾翠坊崑劇團團長。崑曲學習是由徐炎之、陳彬啓蒙，1991 年崑曲傳習計畫開辦後，先後跟隨華文漪、蔡鑑銖、沈世華、梁谷音、王奉梅、張洵澎等崑劇名家學習閨門旦表演藝術，學習期間，也曾接受蔡正仁、周志剛、岳美緹、計鎮華、顧兆琳等生行老師的指導。崑曲教學方面，除臺大崑曲社外，也指導其他學校崑曲社社員。此外，曾經在台南大學、文化大學、台北醫大學等校主持崑曲工作坊及主講崑劇講座。

提　　要

　　本研究旨在探討在臺灣社會脈絡中的人們，如何逐步促成臺灣崑曲的發展，而臺灣崑曲發展的轉折，又如何形塑臺灣崑曲的面貌，最終希望能夠藉由爬梳臺灣崑曲發展的歷史，為其未來的發展方向找到一些啓示。

　　本研究從臺灣崑曲的發展歷史出發，從中整理歸納出三個發展的關鍵因素：民間自發性的傳承與推廣、以演劇形式擴大欣賞人口、文化政策營造發展環境，透過「文化菱形」的架構，呈現出參與其中的人們——創作者、中介者、接收者——在個別行動及彼此互動中，共同促成臺灣崑曲的發展。而自 1990 年代中期開始陸續出現的三個發展上的重要轉折以及其影響：藝生班的開設與崑劇專業化、京劇演員的參與與崑劇京劇化、唱曲活動的式微與藝術特質流失，則突顯了由於創作者、中介者組成的變化，影響了接收者對崑曲藝術的認知，三者在互動中逐漸形塑出現今的臺灣崑曲樣貌。

　　三個關鍵因素讓我們看到，在非崑曲原生地的臺灣發展崑曲藝術，中介者是相當重要的推動力量，而三個重要轉折則提醒我們，在追求崑曲普及化的同時，極可能因此犧牲了崑曲藝術的獨特性。據此，對於臺灣崑曲未來的發展方向，筆者建議，應更加著重在「培養曲友」及「保存傳統」兩個面向，崑曲傳統才可能繼續在臺灣扎根並傳承下去。

　　本研究採用田野調查及文獻分析兩種方式進行，田野調查的資料來源有二：一是研究者長期體驗與觀察，二是深度訪談；文獻分析的資料則從三類文獻史料著手：一是與臺灣崑曲相關，二是與國家文化政策相關，三是與崑曲歷史相關。此外，為了呈現崑曲藝術、臺灣社會、參與其中的人們，三者彼此間交互滲透的多重關係，研究者借用藝術社會學中用以探討藝術與社會複雜關聯的「文化菱形」架構，讓本研究能夠更為有系統和全面地關注並探討，參與臺灣崑曲發展的人們在其中所扮演的角色，及他們各自與崑曲相關事物之間的關係。

目次

圖表次

第一章　緒　論

第一節　研究動機與目的

　　自 16 世紀中葉（明代嘉靖年間）以魏良輔爲首的音樂家們改革既有崑山腔成功後，崑曲便從士大夫間流行的清唱樂曲，逐漸發展爲廣受民間喜愛的戲曲聲腔，以戲劇的形式逐漸傳播至中國各地成爲全國性劇種。由於大量文人投入劇本創作，加上梨園藝人在舞臺上的創造與實踐，使崑曲提昇爲一種融合了高雅及通俗的藝術（陸萼庭 2005：31～45）。從整個中國戲曲發展的歷史來看，16 世紀中葉（明代嘉靖年間）至 18 世紀初（清代康熙年間）也是傳奇創作的繁榮時期（涂沛 2002：24），戲曲發展至此，才完成了結合敘事、抒情、表演三種藝術傳統於一的「戲曲美典」〔註1〕（陳芳英 2009：53），而以傳奇爲載體的戲曲聲腔中，表演藝術成就最高、影響最深、流傳最久的就是崑曲〔註2〕。

〔註 1〕「美典」這個術語及觀念是由高友工所創制的，他認爲西洋美學（aesthetics）這套理論「在文化史中往往形成一套藝術的典式範疇」，故稱之爲「美典」，那「不僅是一個個人對美的獨特看法，而且是有意無意地演變爲一套可以傳達繼承的觀念。」（2004：105～106），因此「美典」就是一套被傳承下來的觀念，並且成爲美學上的典範，陳芳英稱傳奇是「戲曲美典」，其載體——崑曲——當然也就成爲中國戲曲的美學典範。相關的理論建構與闡述請參考其著作《中國美典與文學研究論集》。

〔註 2〕當時最受歡迎的戲曲聲腔除崑曲外，另有弋陽腔。前者主要觀眾群是文人及市民，後者則以鄉野大眾爲主。與崑曲愈趨精緻的發展方向不同，弋陽腔以其質樸自然、活潑多變的藝術風格，風靡於鄉野間，其流行的範圍甚至超越崑曲（林鶴宜 1994：181～183）。然而弋陽腔遲至 18 世紀中葉就已演變爲高腔，並發展成其他地方聲腔（曾永義 2007：166～217；曾永義、施德玉 2011：

在 21 世紀的今天，只有崑曲還能上窺 16 世紀的中國古典戲劇樣貌，並且部分保存了相當傳統的表演方式，因此在 2001 年 5 月 18 日，聯合國教科文組織（UNESCO）公告的首批「人類口述非物質遺產代表作」〔註3〕中，崑曲列為 19 項代表作之一〔註4〕，此舉讓原本在臺灣僅受曲友及學者青睞、被歸類為大陸劇種的崑曲，得以「非物質文化遺產（Intangible Cultural Heritage）」的身姿，讓臺灣民眾重新認識，進而珍惜此一屬於全人類的文化瑰寶。

而崑曲能夠保存至今，就如同其他傳統事物一樣，是人們世代接受、承繼並延傳下來，但在面臨滅亡之際，則需要靠著其擁護者倡導才得以復興（希爾斯 1992：352）。當崑曲發展到 1908 年，全中國只剩下一個崑曲班社「全福班」慘澹經營崑劇的存續，蘇州幾位熱愛崑曲的仕紳有鑑於崑劇面臨失傳危機，便在 1921 年成立「崑劇傳習所」〔註5〕，先後延聘「全福班」老藝人授藝，崑劇表演藝術才能夠繼續薪傳下來。也正因為崑曲不絕，才有機會於 1949 年前後，隨著曲友及學者從中國流播到臺灣，在這塊土地上播下種子，而數十年下來，臺灣竟也培養出不少崑曲愛好者，成為崑劇最忠實的觀眾，因而在 20 世紀 90 年代與中國交流之時，得以讓時任上海崑劇團團長的蔡正仁稱讚臺灣有「最好的觀眾」〔註6〕，不但如此，更因著臺灣對崑曲的高度重視，使得崑曲在中國重新引起廣泛的關注，進而促使中國政府將崑曲向聯合國申

686～688），且其在表演藝術發展上的成就及貢獻不若崑曲來得影響深遠（涂沛 2002：24～38）。

〔註3〕 此譯名採用雷競璇在〈見於兩份文件、三種語言的文化遺產保護〉一文（收錄於《口傳心授與文化傳承》）中所使用的中文譯名（2006：28），該榮銜在 1999 年 11 月創制，為當時的正式名稱，但至 2003 年 10 月 UNESCO 通過保護《公約》時，則演變為現今所使用的「非物質文化遺產」（2006：35），故本文以下也以「非物質文化遺產」稱之。

〔註4〕 白先勇稱崑曲「被列為 19 項之首」、「是聯合國文化組織對中國崑曲的最高禮敬」（2004：101），榜首之說不只見於白先勇的訪談或文章，也見於其他文獻或報導，但查閱 2001 年 5 月 18 日 UNESCO 在官網上的正式公告（http://www.unesco.org/bpi/intangible_heritage/。檢閱日期：2013 年 4 月 10 日）並沒有對這 19 項文化遺產做排名，只有按照國家名稱排序的名錄，所以榜首之說恐怕是誤會。

〔註5〕 有關「崑劇傳習所」的歷史，詳見周秦〈蘇州崑劇傳習所始末〉一文（2002：301～312），及陸萼庭〈化作春泥更護花〉一文（2002：531～548）。

〔註6〕 蔡正仁於 1990 年代曾多次率領上海崑劇團來臺灣演出，也曾受崑曲傳習計畫邀請來臺教學，期間有感於臺灣觀眾對崑曲的欣賞能力，因而多次於私下或公開場合均曾說過「最好的演員在大陸，最好的觀眾在臺灣」，此番感言也深得其他中國崑劇演員的認同。

報爲首批「人類口述非物質遺產代表作」（高克忠 2007：170～179）。時至今日，崑曲在臺灣已經是廣爲人們所知悉的戲曲美典，除了崑劇欣賞人口增長之外，本土崑劇團的數量也有所增加，而臺灣的職業京劇演員及京劇團更是深度參與崑劇活動，曾永義便認爲，可以宣告崑曲演劇在臺灣已經「生根而且開啓花朵了」（2002：292）。

　　然而，臺灣並不處於崑曲盛行的地理及文化範圍，雖然有史料透露出18世紀中期崑曲曾經流播到臺灣，但當時卻未曾留下什麼影響，何以1949年以後能夠在此地得到生機？不似同屬大陸劇種的京劇及豫劇，能因勞軍職責得到國防部支持而成立附屬於軍隊的劇隊，也不似歌仔戲有本土市場支持而劇團林立，在1992年以前，崑曲在臺灣從來沒有職業崑劇團以演出活動來開發及拓展市場；另一方面，臺灣的藝術學校也從來未曾設立崑曲相關科系，一般學校的藝術課程中也沒有崑曲相關課程，那麼，崑曲愛好者是如何培養出來的？就如王安祈所言，原本沒有任何崑劇資源的臺灣，竟能在10年之間化被動爲主動，取得崑劇的主導權（2001：232），這又是如何做到的？此外，「崑曲傳習計畫」於1996年底開辦的第四屆增設「藝生班」，總共辦理3屆，對曲友及京劇演員招生，這是臺灣崑曲發展重要的轉折，藝生班從開始只招收生、旦兩個行當，到後來增加老生、丑兩個行當，另外再增加唱曲藝生班、文武場藝生班，如此規模的藝生班，在傳習計畫於2000年底結束之後至今，對臺灣崑曲發展產生了什麼樣的影響？同時，臺灣崑曲在發展過程中，京劇演員的參與日益加深，甚至在2005年以後，國光劇團及戲曲學院京劇團都能製作新編全本崑劇的演出，京劇演員及劇團如此深度參與崑劇演出，爲臺灣崑曲的發展帶來了什麼影響？而自1992年中國崑劇團首度來臺演出至今已過了20年，崑曲被列入世界非物質文化遺產也已超過10年，至2014年底止，臺灣的崑曲團體數量包括劇團在內已達12個，但細察這些團體的團員組成，卻有極高的重覆率；另一方面，觀察民間曲社及校園崑曲社的參加人數，其增加的速度趕不上減少的速度；而在演劇活動日益興盛的情況之下，唱曲傳統卻也逐漸消失，這些都使人不禁要問，臺灣崑曲的發展，是否一如表面所見的繁華榮景一片？這些令人憂心的現象是怎麼開始的？又是如何造成的？以上種種思考是本論文書寫的動機，最終的關懷是，對崑曲這亟需保護的世界文化遺產，臺灣過去曾做過什麼以及未來能做些什麼。

　　因此，本論文的研究目的在於，探討人們是如何在臺灣社會脈絡中逐步促成臺灣崑曲的發展，而臺灣崑曲發展的轉折又如何影響臺灣崑曲的面貌，最終希望能夠從歷史經驗中，為臺灣崑曲未來發展的方向找到一些啟示。為此，本論文提出以下研究問題：

1. 臺灣崑曲在缺乏資源的情況之下是如何發展、傳承並持續推動的？沒有職業崑劇團的臺灣何以能培養出崑曲愛好者？
2. 臺灣崑曲發展過程中的重要轉折，包括藝生班的成立、京劇演員及劇團的深度參與、唱曲傳統的逐漸消失等現象，為臺灣崑曲的發展帶來什麼影響？這些轉折現象又如何形塑著臺灣崑曲的發展面貌？

第二節　文獻回顧

　　臺灣在傳統戲曲的研究當中，以崑曲為主題的相關研究，近年來雖然增加不少，但以「臺灣崑曲」為專題的研究，到目前為止，包含期刊論文及學位論文僅有9篇，按發表年份羅列如下：賴橋本〈四十年來臺灣的崑曲活動〉（1994）、洪惟助〈臺灣崑曲活動與海峽兩岸的崑曲交流〉（2000）、王安祈〈崑劇在臺灣的現代意義〉（2001）、鍾廷采的碩士論文《臺灣業餘崑劇團觀眾發展之研究──以水磨曲集崑劇團為例》（2006）、蔡欣欣〈崑曲在臺灣發展之歷史景觀〉（2007）〔註7〕、施德玉〈崑劇在臺灣之概況及其當前之表演類型〉（2010）、施秀芬的博士論文《崑曲在台灣傳播之研究》（2011）、林佳儀〈論徐炎之、張善薌在臺灣的崑曲薪傳及表演特色〉（2013）〔註8〕、李巧芸的碩士論文《臺灣京劇演員參與崑劇演出研究》（2014）。

　　從以上所列的文獻可以看出，有關臺灣崑曲的研究是在進入1990年代才開始的。從論文篇數來看，整個90年代只發表了1篇，進入21世紀後的前10年間才又發表了4篇，但2010年之後不到5年之間，卻已發表了4篇，顯

〔註7〕　該篇論文宣讀於2007年福建省文聯主辦的「海峽兩岸民間文化藝術理論研討會」中，之後分別收錄於《閩臺傳統文化研究文集》（福建：福建海風出版社，2008年5月，頁1～56）、《中華戲曲》第38輯（山西：山西師範大學戲曲研究所，2008年12月，頁184～230），及《臺灣戲曲景觀》（臺北：國家出版社，2011年1月，頁34～110）。

〔註8〕　該篇論文初次宣讀於2013年中國文化大學戲劇學系主辦的「台灣戲劇（曲）史青年學者學術研討會」中，之後修改發表於《戲劇研究》第13期（臺北：臺灣大學戲劇學系，2014年1月，頁99～144）。

示出臺灣崑曲的研究才正要起步；從研究的方向來看，關於歷史研究的論文有 4 篇；賴橋本〈四十年來臺灣的崑曲活動〉、洪惟助〈臺灣崑曲活動與海峽兩岸的崑曲交流〉、蔡欣欣〈崑曲在臺灣發展之歷史景觀〉、施秀芬的博士論文《崑曲在台灣傳播之研究》，關於崑劇活動的論文也有 4 篇；王安祈〈崑劇在臺灣的現代意義〉、施德玉〈崑劇在臺灣之概況及其當前之表演類型〉、林佳儀〈論徐炎之、張善薌在臺灣的崑曲薪傳及表演特色〉、李巧芸的碩士論文《臺灣京劇演員參與崑劇演出研究》，關於觀眾研究的論文則只有 1 篇；鍾廷采的碩士論文《臺灣業餘崑劇團觀眾發展之研究—以水磨曲集崑劇團為例》。足見臺灣崑曲的研究範圍仍有待拓展。以下就這 9 篇論文分別說明之。

　　賴橋本〈四十年來臺灣的崑曲活動〉及洪惟助〈臺灣崑曲活動與海峽兩岸的崑曲交流〉均以 20 世紀崑曲在臺灣的活動樣貌為主要論述。賴橋本從 1949 年談起，整理出臺灣在開放與中國交流之前的崑曲活動，主要是由曲友所組織的曲會活動及大專院校的社團活動所構成的。該文是研究臺灣崑曲活動最早的論文，文中詳述曲會及校園社團的成立與活動時間，是後進在研究 1949 年至兩岸交流前臺灣崑曲活動時的重要文獻。洪惟助則將臺灣有崑曲活動的歷史往前推至有史料記載的 1783 年，同時也往後延伸至 20 世紀末，並且將北管與十三腔中的崑腔演出、京劇團的崑曲劇目演出、學術界對崑曲研究的投入，均納入臺灣崑曲活動範疇，擴大了臺灣崑曲活動歷史的長度及廣度，也提及由政府補助的「崑曲傳習計畫」及「崑劇錄影保存計畫」的成果及重要性。該文之後由洪惟助、孫致文執筆，繼續增補而成〈崑劇〉一文，收錄於陳芳主編的《臺灣傳統戲曲》中（2004：517～540）。

　　蔡欣欣的〈崑曲在臺灣發展之歷史景觀〉則在上述兩篇論文的基礎上，更進一步將論述的時間軸從 18 世紀延伸至 21 世紀，統合分析相關的文獻史料、報刊報導、政策政令、圖照影音及演出創作等資訊及素材，涵蓋了劇場演出、藝術教育、學術研究、藝文政策、民間活動等多重面向，試圖更全面地觀照並完整地建構出崑曲在臺灣發展的歷史景觀。該文將臺灣崑曲發展歷史分為四個時期：奠基涵化期（1783～1945）、扎根培育期（1945～1990）、茁壯興盛期（1990～2000）、自我發聲期（2001～2007），從名稱可見蔡欣欣為每個時期的發展特色所下的註解。在「奠基涵化期」當中，蔡欣欣認為臺灣從清領到日治時期，雖然沒有崑劇演出，但崑曲是以音樂或戲曲的樣式，被臺灣傳統音樂與戲曲劇種所吸納結合，從而「逐漸以『本

土化』的步伐,奠基涵化於臺灣的常民生活之中。」(2011:43)。接下來的「扎根培育期」、「茁壯興盛期」、「自我發聲期」三個時期,蔡欣欣更將觀察觸角延伸至政府政策的影響及學術研究的發展,此外也羅列了較為活躍的 5 個本土崑劇團:水磨曲集崑劇團、臺灣崑劇團、台北崑劇團、蘭庭崑劇團、1/2Q 劇場,並描述各個劇團的定位與風格,相當有助於瞭解臺灣本土崑劇團的活動概況。該文是目前有關臺灣崑曲發展歷史的研究中,視角最多元、最全面的一篇。

　　同樣關注臺灣崑曲發展歷史的論文還有施秀芬的博士論文《崑曲在台灣傳播之研究》。該文以歷史為經、傳播為緯,勾勒出自 18 世紀至 2011 年崑曲在臺灣傳播的樣貌,除了分析媒體的傳播效應外,同時也論及白先勇建構「崑曲新美學」的過程及影響,及臺灣和中國在崑曲交流上的成果,最後總結臺灣對崑曲的貢獻在於「使文化結合創意,創造藝術的新生命」(2011:188)。該文的研究目標在於為臺灣崑曲的發展做一個整體性的歷史紀錄,在前述洪惟助及蔡欣欣兩篇論文的基礎上,增加了人際與媒體傳播、白先勇效應、與中國交流等三個歷史面向,同時也補上了 2007 年(蔡欣欣的論文其時間下限至 2007 年)之後到 2010 年為止的新資料,此外,對曲社和校園崑曲社的活動情形有比較詳細的記錄。

　　上述 4 篇論文都是有關臺灣崑曲歷史的研究,至於王安祈的〈崑劇在臺灣的現代意義〉以及施德玉的〈崑劇在臺灣之概況及其當前之表演類型〉,則是側重臺灣的崑曲演劇活動。王安祈觀察了 1990 年代,崑劇在臺灣引發的劇壇生態變化及戲曲審美觀轉向,從而提出「臺灣的崑劇效應」及「崑劇的臺灣效應」的看法,並且自戲曲藝術角度來探討古老崑劇如何體現現代精神,以此為證進而呼籲戲曲創新的重要性。該文最獨特的觀察是,王安祈認為崑劇能夠在臺灣締造文化風潮,且同時因臺灣對崑劇的高度重視,而能夠掌握中國崑劇團來臺演出內容的主導權,學術界居功厥偉。而施德玉則是從崑劇在臺灣的現況整理出臺灣崑劇在多元發展下,產生不同的表演類型,包括:保持師承傳統(如「水磨曲集崑劇團」)、從傳統基礎創發改變(如「蘭庭崑劇團」)、崑劇融入其他劇種(歌仔戲「賞樂坊劇團」)、話劇融入崑劇(如「1/2Q 劇場」)等 4 種,並且認為崑劇流播到臺灣後,不但影響了臺灣的歌仔戲與京劇,同時也豐富了臺灣現代劇場,以此強調崑劇藝術「是可供後代子孫取之不盡、用之不竭之泉源」(2010:21)。

另外也有從不同角度探討臺灣崑曲演劇活動的論文，包括林佳儀的〈論徐炎之、張善薌在臺灣的崑曲薪傳及表演特色〉，以及李巧芸的碩士論文《臺灣京劇演員參與崑劇演出研究》。林佳儀關注徐炎之、張善薌夫婦對臺灣崑曲的貢獻，紀錄徐氏夫婦二人的崑曲學習及演出歷程，並探討他們在臺灣傳承崑曲的做法，再從傳承的內涵分析兩位的藝術特色，最後總結徐氏夫婦對臺灣崑曲的二大貢獻：「一是在臺灣以曲會及崑曲社薪傳崑曲，二是凝結在一九三〇年代的表演風格。」（2014：136）。李巧芸則以臺灣京劇史的視角，關切臺灣京劇演員跨劇種參與崑劇的學習、演出與教學的特殊現象。該論文研究的時間軸起自1951年徐露進入大鵬國劇隊學藝、結束於2013年，從京劇演員的教育、京劇團的演出劇目，及參與民間崑劇團的演出活動中，整理出京劇演員參與崑劇演出的情況，並佐以對京劇演員及以京劇演員為班底的兩個崑劇團團長的深度訪談資料，以記錄臺灣崑劇演出史中，京劇演員的參與現象。

鍾廷采的碩士論文《臺灣業餘崑劇團觀眾發展之研究——以水磨曲集崑劇團為例》，從藝術觀賞者傳承的角度關注臺灣崑劇的觀眾發展，是目前探討臺灣崑曲發展的研究當中，唯一以「觀賞者」為研究主題的論文。該文將臺灣崑劇觀眾發展的模式分為兩個層次：一為個人發展模式，一為群體檢測模式。前者指觀賞者因個人對崑劇的喜好，從而產生忠誠度及推動力，促使其主動創造出他人接觸崑劇的契機，以使更多人感受崑劇的魅力；後者則指純藝術、業餘發展及商業演出三者間的良性互動，即崑劇經由藝術家的創造，向觀眾展現崑劇藝術的魅力，部分觀眾因喜愛崑劇進而學習或演出，而專業崑劇團的演出，則透過商業行為的運作以吸引更多觀眾，鍾廷采認為這兩個層次能夠形成良好循環的主要動力，即是崑曲藝術本身的魅力（2006：119～120）。不過，由於該論文屬初探性質的研究，在相關理論以及資料數據都不足的情況之下，自是有其限制與不足之處，雖然僅聚焦於崑劇觀眾的發展模式，但還是相當難得地關注崑劇觀賞者的傳承及發展，因為崑曲的延續不只仰賴表演者間的口傳心授，也需要一代又一代觀賞者的支持。

綜觀前人的研究成果，在歷史建構方面，賴橋本、洪惟助、王安祈、蔡欣欣、施德玉、施秀芬等人所描繪的臺灣崑曲發展樣貌，都是相當豐富多元且熱鬧繽紛的，並且對於曲友與學者對臺灣崑曲薪傳的貢獻，以及培養大批崑曲愛好者的「崑曲傳習計畫」多予肯定讚揚，而李巧芸則認為京劇演員的參與，也是促進臺灣崑曲發展重要的力量。本論文試圖從這個基礎上，再進

一步探究這一片榮景背後的成因，包括：曲友和學者以至於京劇演員，在臺灣崑曲發展上所扮演的角色及影響、曲社和校園崑曲社對於臺灣崑曲傳承的功能。

然而，根據李巧芸的《臺灣京劇演員參與崑劇演出研究》中的「附錄十八」，於 2014 年 1 月對臺灣崑劇團（以下簡稱「臺崑」）團長洪惟助的訪談資料，洪惟助表示臺崑即將於 2014 年的公演結束後解散劇團〔註9〕，認為當初成立劇團的目標今已達成〔註10〕，而解散是因為「這幾年劇團的運作比較困難」，困難的癥結點包括：聘請中國崑劇師資來臺授課不易、請調京劇演員學戲及演戲日益困難、經營劇團的財務負擔等，都讓洪惟助決定結束劇團營運，專心於自己未完成的學術研究（2014：360）。做為一個指標性劇團，臺崑的沈寂是潛藏於臺灣崑曲發展榮景下隱憂的浮現，但是在上述的研究中，尚未見到相關討論，因此本論文將試圖探究臺灣崑曲發展隱憂的現象、成因及影響。

崑劇的觀賞者無疑是臺灣崑曲發展中的重要面向，鍾廷采已經初步探討臺灣崑劇觀眾的發展模式，而本論文在這個面向上將進一步關注，在缺乏崑劇資源的臺灣，崑劇觀賞者及崑曲愛好者是如何培養出來的，同時也要聚焦於做為核心觀眾的曲友，在臺灣崑曲發展過程中所扮演的角色及影響為何。

上述 9 篇論文幾乎都從崑曲演劇的角度進行探究，除了部分提及臺灣崑曲唱曲活動之外，甚少討論唱曲活動對臺灣崑曲發展的影響，但若追本溯源，崑曲清唱是崑曲藝術的核心，同時臺灣的崑曲活動也是從唱曲開始，對臺灣崑曲的發展有一定程度的影響，因此臺灣崑曲的唱曲活動將會是本論文關注的面向之一。

〔註 9〕 洪惟助所指的公演，就是臺灣崑劇團於 2014 年 5 月 8 日至 11 日，假臺北城市舞臺舉辦名為「臺湘爭風」的年度公演，邀請中國湖南崑劇團同臺演出。（黃朝琴。2014.5.7.〈臺湘爭風 兩岸名家匯演 呈現崑劇之美〉，青年日報。http://news.gpwb.gov.tw/news.aspx?ydn=026dTHGgTRNpmRFEgxcbfXeut3OMJo83bj7NmgTAG00ttrNRLEReaVDAXiAQlvYFj5Mm3YpwSObL3bhsDPWfd4AXOhSHecwvapsObqkceww%3d。檢閱日期：2014 年 9 月 23 日）。但根據筆者於 2015 年 3 月 8 日的訪談，洪惟助稱臺崑現在是結束辦公室的運作，處於暫停活動的狀態，即不主動規劃任何節目與活動。關於臺崑的暫停運作的問題，將於第四章有更進一步的討論。

〔註10〕 在李巧芸 2014 年 1 月所做的訪談中，洪惟助表示，當初成立臺崑目標有三：一是推廣崑曲，二是提昇京劇演員的演藝水準，三是希望戲曲學術研究能注意舞台（2014：360）。

此外，這些論文普遍對於 1987 年以前臺灣的崑劇演出，僅僅視爲「民間曲友的自娛活動」（蔡欣欣 2011：53），而崑劇「只是極少數人的個人愛好」（王安祈 2001：227），但是根據曲社「蓬瀛曲集」所提供的資料來看，該社早在 1960 年起，就開始每年舉辦 1～2 次的定期公演，到 1986 爲止，共維持了長達 26 年的崑劇演出活動，演出者有夏煥新、田士林等著名曲家〔註11〕；同時根據筆者訪談現今蓬瀛曲集負責人劉玉明所言，當時公演經常觀眾滿座，許多達官貴人如前故宮博物院院長蔣復璁、前總統嚴家淦，都曾經是座上嘉賓〔註12〕。如此看來，這些演出活動並不只是曲友間的自娛活動，其實是有著推廣崑曲的目的及成效的，因此，筆者試圖在本論文中加以探討 1949 年至 1987 年間臺灣崑曲的演劇活動，以及唱曲活動對臺灣崑曲薪傳的影響。

另外本論文也會特別關注較少被討論的「崑曲傳習計畫」中的「藝生班」，因爲「藝生班」的成立，可以說不僅是「崑曲傳習計畫」重要的改變，也是臺灣崑曲發展上的重要轉折，它提昇了臺灣曲友在表演上的能力與水準，同時也催生出臺灣崑劇團。在上述的論文中，多數學者都曾在論及「崑曲傳習計畫」時順帶提及「藝生班」，僅有李巧芸從京劇演員的角度來探討「藝生班」的學習經歷對他們在京劇表演上的影響，而筆者關注的將會是「藝生班」的整體成效，以及對臺灣崑曲發展的影響。

第三節　名詞釋義

有鑑於「崑腔」、「崑曲」、「崑劇」時有混用的情形，其概念雖有相同亦有相異之處，本論文使用這三個名詞時偏重其不同之義，希望能更精確地指稱所論的對象，因此特別在此略做說明。

首先來看《崑曲辭典》的「崑曲」辭條下如此解釋：

> 崑曲原稱「崑山腔」，簡稱「崑腔」，因爲它產生於江蘇崑山一帶，故名。明代嘉靖、隆慶年間魏良輔等人改良崑腔，使崑腔具細膩婉轉的特色，因之又有「水磨調」、「水磨腔」之稱。崑腔流行，成爲「時曲」，因而又稱爲「崑曲」。崑曲包括散曲和劇曲，近代又把劇曲稱爲「崑劇」。（2002：2）

〔註11〕〈蓬瀛曲集簡介〉、張金城〈一張老照片——師友雜憶〉，收錄劉玉明主編：《慶祝蓬瀛曲集第二千期曲會紀念特刊》（臺北：蓬瀛曲集，2013 年）。
〔註12〕劉玉明，訪談，錦安二區民活動中心，2014 年 10 月 12 日。

該辭典將「崑曲」、「崑腔」視為同義詞，而「崑劇」也是指崑曲中的劇曲（在此意即戲曲）。換句話說，當我們說「崑曲」時，也可以用「崑腔」來取代，說「崑劇」時，也可以用「崑曲」、「崑腔」來取代，反之亦然。但是事實上，這會造成許多理解上的歧異，因為很多時候這三個名詞的概念是不盡相同的，例如：「崑曲清唱」並不等同於「崑腔清唱」，因為「崑曲」是以「崑腔」來演唱的詞曲，在此，「崑曲」是一種藝術形式，「崑腔」則是一種腔調；又如臺灣亂彈中的「崑腔」也不等同於「崑劇」，因為亂彈戲是一個多腔調的劇種〔註13〕，「崑腔」只是其使用的諸多腔調之一，而「崑劇」卻是單一腔調的獨立劇種，兩者不能混為一談。這種因混用而產生的訛誤，特別會出現在討論「保留在京劇中的崑曲」時，例如蔡欣欣及李巧芸都將京劇中的「崑曲」稱為「崑劇」（蔡欣欣 2011：49〜50；李巧芸 2014：121〜123）。但是，就如同臺灣亂彈，京劇也是多腔調劇種，「崑曲」只是其音樂的一環，京劇雖然吸納了許多崑曲劇目，但最終發展出自己的美學特色及表現風格，如〈夜奔〉、〈探莊〉等崑腔戲，都已經成為京劇劇目，並不能將之視為「崑劇」（王安祈〈崑劇表演傳承中京劇因子的滲入〉2012：132）。

「崑腔」、「崑曲」、「崑劇」三個名詞中，又以「崑曲」及「崑劇」特別容易混用，對此，陸萼庭曾在〈「崑劇」的困惑〉中提到，「崑曲」是舊稱，由來已久，只是「近 80 年來，『崑劇』之稱漸見通行，特別是後 50 年中，『崑劇』、『崑曲』並用，其所指稱，各有重點……」（2005：401）。這裏說明了「崑劇」是 20 世紀才出現的用法，並且指出了「崑曲」、「崑劇」混用的現象，以及兩者間確實有不同之處。在該文的另一處也提到：

> 談「崑曲」，我們不會忘掉這樣一個歷史事實：崑（山）腔的新聲地位確立以後，立即向兩個方面發展……一個叫「曲」（唱社、曲局林立於市街），一個叫「戲」（戲班、演堂戲、上廟臺、跑江湖）……。
> （2005：403）

亦即，「崑曲」是從「崑腔」發展而來，而「崑腔」成為廣受歡迎的聲腔之後，就分為「曲」和「戲」兩條發展路徑，「曲」是唱曲，「戲」是演劇，但是由

〔註13〕 「多腔調劇種」指的是該劇種使用兩種以上調者，如京劇，兼容西皮、二黃、吹腔、撥子、南梆子、四平調、崑腔、民間小曲等腔調，而臺灣亂彈則包含了崑腔、西皮、二黃、西秦腔等腔調。與之相對的為「單腔調劇種」，如崑劇，僅使用崑腔（曾永義、施德玉 2011：106〜108）。

於文人向來認爲「曲」高「戲」低、「曲」雅「戲」俗，故習慣用「崑曲」帶過戲劇而成爲通用之詞。不過陸萼庭認爲，「崑曲」本義爲清唱詞曲，無法容納戲劇應該涵蓋的東西，「崑劇」才能說明這個藝術整體，其內涵包括了演出腳本的「劇」，以及「一系列爲『劇』服務的、各個行當各具特色的『唱念做打舞喉』，並由規範化建立起自身的風格」。陸萼庭這種看法是立基於劇種的概念，強調的是戲劇的內涵，所以認爲用「崑曲」來稱「崑劇」並不適切，但他也無法忽視「崑曲」至今仍被廣泛使用的事實，故主張「崑劇」、「崑曲」並用（2005：403、405、414）。

　　相較於陸萼庭，曾永義在〈從崑腔說到崑劇〉一文中，對於「崑腔」、「崑曲」、「崑劇」三者有更明確的解釋：

> 崑山腔，簡稱崑腔，表示崑山的土腔已有能力向外流播被外地人稱作「崑腔」或「崑山腔」。
>
> 崑曲，在水磨調〔註14〕創立之前，用指以崑山腔來歌唱的散曲和劇曲；在水磨調創立之後，用指以崑山水磨調來歌唱的散曲和劇曲。
>
> 崑劇，在水磨調創立之前，用指以崑山腔來歌唱的南戲甚至北劇；在水磨調創立之後，用指以崑山水磨調來歌唱的南戲北劇和傳奇南雜劇。（2002：190）

在此定義下，「崑腔」、「崑曲」、「崑劇」三者是不相同的。換句話說，「崑腔」是一種腔調，用這種腔調演唱的「曲」是「崑曲」，用這種腔調演唱的「劇」則是「崑劇」，亦即，「崑曲」是清唱的詞曲，「崑劇」是搬演的戲劇。

　　但是，這樣看似明確的解釋，卻仍然未能眞正達到辨識的功能，以「崑劇」爲例，若依照曾永義的解釋，將京劇中保留的崑曲劇目稱爲「崑劇」是可以的，因爲這些崑曲劇目就是以「崑山水磨調」來演唱的「南戲北劇和傳奇南雜劇」，但如此一來，卻和王安祈認爲「京劇中保留的崑曲劇目不能稱爲崑劇」的論點相反〔註15〕，原因在於，曾永義的解釋並未將戲曲表演的美學特色及表現風格納入考量，若以陸萼庭對「崑劇」的解釋來看，因爲「崑劇」

〔註14〕「水磨調」即是指「在崑山腔的基礎上，經名家魏良等改良而提昇的『腔調』，此『腔調』細膩柔遠似『水磨』，因之用以爲名。」（曾永義 2002：190）

〔註15〕以〈夜奔〉而言，那是明代李開先《寶劍記》傳奇中的一折，是崑劇傳統劇目，京劇完全吸納這折戲成爲武生應工的劇目，也就是說，在京劇中，這一折戲仍然是唱崑腔，曲牌唱詞都和崑劇的〈夜奔〉一模一樣，但比崑劇更重視武生的技藝，所展現出來的美學風格已經和崑劇大不相同。

的內涵除了劇本之外，還包括「一系列為『劇』服務的、各個行當各具特色的『唱念做打舞噱』，並由規範化建立起自身的風格」（2005：414），而京劇中保留的崑曲劇目除了音樂以及劇本之外，其美學特色及表現風格已經有所轉變，所以是不能稱之為「崑劇」的。再以「崑曲」為例，曾永義主張「崑曲」是以「崑山水磨調」來演唱的散曲與劇曲，但是，例如蔡欣欣在談及「崑曲名伶與名票」、「京劇演員研習演練崑曲」時（2011：58），其實指的是「崑劇名伶與名票」、「京劇演員研習演練崑劇」，這顯示出在蔡欣欣的概念中，「崑曲」是可以取代「崑劇」的，一如陸萼庭所言，在實際的使用上，「崑曲」仍然是被廣泛使用的通用之詞。

然而，也正是由於「崑曲」一詞的通用性，造成了其涵義上的廣泛與模糊，因此，「崑曲」可以取代「崑劇」和「崑腔」，反之卻不行，因為後兩者的涵義較為明確，例如蔡欣欣的論文〈崑曲在臺灣發展之歷史景觀〉，所討論的範圍包括唱曲、演劇及相關的學術研究等活動，故而其題目必需使用「崑曲」，而非「崑劇」或「崑腔」，因為使用這兩者任一，都不能包含該文所討論的全部內容。又如林佳儀的論文〈論徐炎之、張善薌在臺灣的崑曲薪傳及表演特色〉也是只能用「崑曲」而非其他二者，因為該文所論的「崑曲薪傳」是包含了唱曲與演劇的薪傳。

從以上的討論可見「崑腔」、「崑曲」、「崑劇」三者在涵義與使用上，確實有相同與相異之處，同時，要辨明這三者亦非易事，因為學術界對於這些名詞的定義及使用至今仍有歧異，本論文旨不在重新界定這些詞語的涵義，但為便於後續的討論，筆者綜合上述學者意見，對「崑腔」、「崑曲」、「崑劇」三者提出以下解釋，並說明本論文中使用這些詞語的意涵。

「崑腔」一詞出現最早，爾後才有「崑曲」之稱且被廣泛使用，兩者都用以指稱以崑腔演唱的詞曲及戲劇，在「崑劇」一詞尚未出現之前，「崑曲」的內涵即包括音樂（腔調及曲樂）、文學（詞曲及劇本）、表演（清唱及戲劇）等，此乃因文人重「曲」之故，使得「崑曲」成為通用之詞使用至今；而 20 世紀以後才出現的「崑劇」，則是在 1950 代「劇種」〔註16〕的概念通行之後才逐漸被接受，除了泛指以崑腔演唱的戲曲，也專門指以崑腔演唱的劇種（包

〔註16〕「戲曲劇種」是中國在 1950 年代出現的名詞，也是研究中國傳統戲劇的熱門課題，最普遍的方式是以腔調和演唱特點來區分戲曲類型（曾永義、施德玉 2011：25～26）。

含劇本、音樂、美學特色、表現風格）。換言之，「崑腔」、「崑曲」、「崑劇」相同之處在於，三者都可指稱「以崑腔演唱的戲曲」；相異之處則在於「崑腔」也用以單指腔調音樂，「崑曲」則涵蓋了音樂、文學、清唱及戲劇表演，而「崑劇」也專指以崑腔演唱的劇種。

本論文使用「崑腔」、「崑曲」、「崑劇」時，除專有名詞及直接引用的文字之外，在概念及涵義上各有重點；「崑腔」用以指稱腔調音樂，以強調聲腔之別，如一般稱「保留在京劇的崑曲」，本論文一律稱為「保留在京劇中的崑腔」；「崑曲」則採一般概念下的用法，其概念及涵義最廣泛，是一個涵蓋了唱曲、演劇、音樂、文學在內的藝術整體，如本文所論的「崑曲活動」即包含了唱曲、演劇，及相關的學術研究等活動；「崑劇」即專指劇種，強調的是包括美學特色及表演風格在內的表演藝術，如「崑劇演員」。

第四節　研究範圍

本論文主要探討臺灣自 1949 年至 2014 年間的崑曲活動，但因 1949 年以前臺灣也曾有崑曲活動，雖然欠缺詳實的史料，但仍有今昔對照的功能，所以也將略加討論。本研究涵蓋的範圍有唱曲、演劇、學術三個面向。

唱曲活動，是指坐唱而不扮演、單純享受崑曲的詞曲及音樂之美的清唱活動。從事唱曲活動的團體主要是曲社，是曲友間以唱曲為樂的聚會，此外，也有對學生推廣崑曲的校園崑曲社，以及對社會大眾開設的崑曲研習班。這些曲友及社群團體從事唱曲活動的情況、崑曲唱曲的傳承、曲友及唱曲活動對臺灣崑曲發展的重要性，都是本論文關注的焦點之一。

演劇活動，包含崑劇展演及崑劇教學。較之唱曲活動，演劇是很容易吸引人的表演形式，更是推廣崑曲藝術的最佳方式。臺灣的崑劇展演活動可分為三類：一是曲友的演出，二是京劇演員的演出，三是中國的崑劇團來臺演出。其中，京劇演員深度參與崑劇演出，則是崑曲在臺灣發展上的獨特現象。除崑劇展演外，崑劇的教與學也是演劇活動中重要的一環，是臺灣崑曲傳承的主要內涵，此分為三條路徑：一是校園崑曲社，二是社會藝術教育，三是學校藝術教育，而擔起這部分工作的絕大多數是曲友，這也是臺灣崑曲發展的特殊景象。是故，有關臺灣崑劇展演的情況、崑曲藝術的傳承與推廣、京劇演員參與崑劇演出的現象、曲友在傳承上扮演的角色，都是本論文要探討的範圍。

學術活動，主要是觀察臺灣在崑曲的學術研究上的進展，以及學術研究成果如何影響崑曲的唱曲及演劇方面的發展。

上述的崑曲活動是在臺灣這個社會脈絡之下發展起來的，而國家對於文化現象的認知與詮釋，影響著文化政策的發展，文化政策則對於崑曲的發展環境營造有所助益，因此，關於文化政策也會納入本論文的討論範圍。

由於本論文關注的是崑曲在臺灣社會的發展，討論的焦點在於人們如何在行動及互動中建構出臺灣崑曲的發展面貌，以及發展本身如何形塑屬於臺灣的崑曲，所以關於崑曲的劇本、文學、表演、劇場、音樂等藝術本體與美學層面的探討，雖略有觸及，卻非本論文所要探究的重點。

第五節　研究方法

一、研究方法

本論文希望藉由爬梳臺灣崑曲發展的歷史，瞭解參與其中的人們，如何在臺灣社會脈絡中逐步促成臺灣崑曲的發展，而臺灣崑曲發展上的轉折，又如何影響臺灣崑曲的面貌，最終目的是希望能夠為臺灣崑曲未來發展的方向找到一些啓示。對此，本論文提出兩個研究問題：（一）臺灣崑曲在缺乏資源的情況之下是如何發展、傳承並持續推動的？沒有職業崑劇團的臺灣何以能培養出崑曲愛好者？（二）臺灣崑曲發展過程中的重要轉折，包括藝生班的成立、京劇演員及劇團的深度參與、唱曲傳統的逐漸消失等現象，爲臺灣崑曲的發展帶來什麼影響？這些轉折現象又如何形塑著臺灣崑曲的發展面貌？

爲達成本論文之研究目的與回答上述研究問題，所需要的資料將包括臺灣的崑曲活動、崑曲與其他戲曲互動的史料與文獻，也需要與戲曲發展環境有關的文化政策及相關研究，以及崑曲本身發展的歷史研究等等，因此本論文將採取田野調查及文獻分析兩種方式進行研究。

田野調查方面，主要有兩個來源：一是筆者長期體驗與觀察，二是深度訪談。前者是爲觀察法，即研究者透過五官以感知田野環境中人們的活動及相互關係，並直接記錄與之相關的事實材料，以幫助研究者從中找出或推論出有意義的類型；後者是爲深度訪談法，是訪問者與受訪者面對面接觸，透過無結構、有目的、開放式的談話以蒐集相關資訊，旨在從對話中探索意義、

考察細節、捕捉在粗淺討論議題時可能錯失的灰色地帶（Angrosino 2010：52、59、60～61；葉至誠 2009：48、50）。

　　筆者自 1988 年跟隨徐炎之老師學習崑曲開始，即陸續參加崑曲同期、校園崑曲社、業餘崑劇團等團體的活動，曾經是水磨曲集崑劇團團員、崑曲傳習計畫學員及藝生，同時也是一名忠實的崑劇觀眾及崑曲愛好者，長期以來關注臺灣崑曲的發展，對臺灣崑曲活動累積了相當多的體驗與觀察，這些第一手資料成為本論文的資料來源之一。深度訪談則會在整理文獻資料之後陸續進行，以補充文獻資料及個人觀察不足之處，主要的訪談對象為崑曲藝生（如楊汗如）、崑劇團團長（如臺灣崑劇團團長洪惟助）、崑曲社團負責人（如蓬瀛曲集負責人劉玉明），以及各校崑曲社社長。崑曲藝生的訪談內容以參加藝生班的期望、學習的心得、結業後的現況為主，目的是瞭解藝生班的成效；團長及社團負責人的訪談內容以劇團／社團的演出、進修、教學等活動狀況為主，目的是瞭解劇團／社團運作現況；校園崑曲社社長的訪談內容以社員學習狀況為主，目的是瞭解校園崑曲社經營現況。

　　至於文獻分析，是一種間接觀察社會現象的方法，透過對歷史資料的蒐集、檢驗、分析，以研究社會的變遷及其規律性，主要目的在於瞭解過去、洞察現在，以預測將來（葉至誠 2009：44、46）。首先本論文需要三類文獻史料：一是與臺灣崑曲相關，二是與國家文化政策相關，三是與崑曲歷史相關。關於第一類與臺灣崑曲相關的文獻史料，由於以臺灣崑曲為研究論題的研究論文不多，因此，必須同時參閱其他散見於臺灣戲曲論著中的論述，例如王安祈的《尋路：臺北市京劇發展史（1990～2010）》第五章「臺北市近二十年京劇發展值得注意現象」第五節「崑劇深度滲入京劇」，雖然從京劇發展的角度，論京劇演員參與崑劇演出對京劇的影響（2012：128～138），但卻側寫了臺灣崑曲發展中，京劇演員深度參與崑劇演出的特殊現象。除了研究論著之外，曲譜、書籍報紙、演出特刊、成果報告、個人記述、訪談等紙本資料，以及電子報、部落格、網站專頁等網路資料，也都是重要的歷史資料來源。

　　關於第二類國家文化政策相關的文獻史料，由於崑曲既是傳統戲曲也是小眾藝術，其發展一定程度地依賴國家文化政策所營造的發展環境，因此文化政策相關的文獻也是需要參考的，例如蘇桂枝的《國家政策下京劇歌仔戲之發展》，便提供了與戲曲相關的文化政策其設立背景、政策內容及實施過程，此外，國家文化政策下相關的實質法令條文，當然也是重要的輔助資料。

關於第三類與崑曲歷史相關的文獻史料，由於 1949 年以前，特別是在清領時期，臺灣的崑曲活動與中國的崑曲活動有密切相關，因此需要從崑曲發展的歷史來考查比對，這方面已有許多研究論文與專書，都是重要的參閱資料。以上文獻史料的來源，以圖書館為主、網路為輔。一般的書籍論文來自大學圖書館、國家圖書館、市立圖書館，特殊資料則來自國立中央大學戲曲研究室、國立傳統藝術中心臺灣音樂館、演出現場、筆者個人收藏；網路方面主要是各崑劇團、崑曲社團、經紀公司、基金會的網站專頁、部落格、Facebook 專頁等等，其他還有「臺灣博碩士論文知識加值系統」用以查閱相關論文、政府網站用以查詢法條命令、Youtube 用以查詢影音資料。

完成歷史文獻的蒐集之後，接著進行資料檢驗，將上述文獻資料與觀察訪談所得資料做交叉比對，一方面增強資料的效度，一方面降低錯誤判讀的機率，並彌補資料間的錯誤及不足之處。藉由這些資料完成歷史圖像的描繪之後，便可以對臺灣崑曲發展進行分析，探究促成發展的原因，以及發展所帶來的影響。

由於歷史事件是個變化的動態過程，深受特定時空下其他因素的影響，因此，需要將臺灣崑曲活動放置在臺灣社會脈絡下來考查，對此，筆者將借用「文化菱形」架構，來呈現崑曲藝術、臺灣社會、參與其中的人們三者彼此間交互滲透的多重關係，藉由討論三者間的互動關聯，來說明在臺灣社會脈絡中的人們，是如何在彼此的互動中促成崑曲的發展，而在發展過程中的轉折是如何影響臺灣崑曲的面貌，又將引領臺灣崑曲往什麼方向發展。

二、研究架構

本論文的撰寫結構如下：

第一章為「緒論」，包含研究動機與目的、文獻回顧、名詞釋義、研究範圍，以及研究方法等五個部分。

第二章為「臺灣崑曲發展的歷程」，將臺灣崑曲發展的歷史時間上推至 17 世紀的荷蘭時期，下達 21 世紀的 2014 年，以對臺灣崑曲有重大影響的事件發生年代為分期點，依序分節論述各期間的崑曲活動及發展特點，以描繪臺灣崑曲發展的整體樣貌。本章將分為四個小節：（一）1949 年以前；（二）1949 年至 1987 年；（三）1987 年至 2001 年；（四）2001 年至 2014 年。

　　第三章爲「臺灣崑曲發展的關鍵因素」，將從歷史整理歸納出臺灣崑曲得以發展的關鍵因素，並借用「文化菱形」做爲分析工具，說明這些因素是如何影響臺灣崑曲的發展。本章將分爲四個小節：（一）臺灣崑曲的「文化菱形」；（二）民間自發性傳承與推廣；（三）演劇形式擴大欣賞人口；（四）文化政策營造發展環境。

　　第四章爲「臺灣崑曲發展的轉折與影響」，將探討臺灣崑曲發展過程的轉折及其所產生的現象，並分析這些現象爲臺灣的崑曲帶來什麼影響。本章將分爲三個小節：（一）「藝生班」的開設與崑劇專業化；（二）京劇演員的參與與崑劇京劇化；（三）唱曲活動的式微與藝術特質流失。

　　第五章爲「結論」，將提出兩個觀點：（一）培養曲友；（二）保存傳統。本章總結各章研究所得，據此對臺灣崑曲未來的發展方向提出觀點。

三、研究者立場與研究限制

　　筆者從 1988 年開始學習崑曲，在 1991 年崑曲傳習計畫開辦以前，先後跟隨臺灣曲家徐炎之及其學生陳彬、蕭本耀三位老師拍曲及學戲，傳習計畫開辦之後，持續參加傳習計畫開辦的唱曲班、身段班，後來也考進藝生班成爲崑曲藝生，其間跟隨多位中國崑劇藝術家學習更進階的崑劇表演藝術，也習得多齣經典折子戲，同時也參與水磨曲集崑劇團的團務及演出工作，以及大學崑曲社的演出指導，可以說臺灣崑曲發展的大事紀之中，筆者有幸參與最精彩的部分，這樣的經歷使筆者不僅得以近距離觀察臺灣崑曲的發展，更持續地關心臺灣崑曲的未來。

　　在長期參與及觀察的過程中，筆者逐漸體認到崑曲傳統保存的重要性，尤其是在 2001 年崑曲被列爲亟需保護的世界非物質文化遺產後，因爲此舉代表崑劇藝術瀕臨失傳危機的事實，但在中國，隨之而來的各種「搶救」政策卻仍未見起色〔註17〕，雖然 2004 年白先勇製作的《青春版牡丹亭》曾先後在臺灣與中國掀起一陣風潮，但風潮過去，崑曲的頹勢依舊，失傳的危機仍在；另一方面，崑劇藝術特色也在傳統與創新拉扯中逐漸消解。然而回顧臺灣在尚未與中國交流之前，雖然傳承的崑劇劇目不多，表演的水準也不高，但尚能保留「1930 年代的表演風格」（林佳儀 2014：136），至 1990 年代，來臺演

〔註17〕相關討論可參閱鄭培凱主編的《口傳心授與文化傳承》，廣西桂林：廣西師範大學，2006。

出的中國崑團無不精英盡出，以呈現崑劇的傳統經典為主，對於像筆者這樣的年輕曲友來說，那真是一個輝煌的年代，因為當時中國頂尖的崑劇演員不但來臺獻藝，更在臺灣教學授課，臺灣觀眾有幸看到最好的藝術，學習者也有機會向一流的藝術家學藝。然而在 2001 年以後，臺灣的崑劇演出整體而言，雖然場次增多，中國、臺灣兩地的崑劇團輪番上陣，演出內容也多元，經典折子戲、整編戲、新編戲，甚至實驗劇都有，但傳統精華的光采卻也在百花齊放的熱鬧景象中逐漸黯淡。

傳統與創新之間的兩難一直是當代崑曲待解的大問題，國家的政策仍未能在「保護傳統」與「鼓勵創新」之間取得平衡，但從個人的角度來看，那僅是一種選擇，而筆者做為一個崑曲工作者，選擇了保存崑曲傳統的立場，因為傳統才是創新的基石，有傳統為底蘊的創新，才能走出前人未曾走過的道路，因此，無論是崑曲清唱、崑劇演出與教學，甚至如今進行研究，筆者總希望能為崑曲傳統的保存與承繼盡一己之力，而本論文書寫的立基點也在於此。

是故，本論文雖然在論述臺灣崑曲發展現象時，盡可能地做全面性的觀照，但進一步探究發展現象的效益與影響時，則會帶入「保存崑曲傳統」的價值判斷進行分析，也因此，有關創新對臺灣崑曲發展的影響未及討論，則是本研究的限制之一。

研究限制之二，研究中所使用的「文化菱形」架構，是啟發自溫蒂·格瑞斯沃德（Wendy Griswold）所提出的文化菱形，並參考維多利亞 D.·亞歷山大（Victoria D. Alexander）對文化菱形的應用。無論是格瑞斯沃德或亞歷山大，文化菱形的設計原本是用於對特定文化物件做社會學的分析，以理解該文化物件在其所處的社會脈絡中表現出來的文化現象，及該文化現象所反映的社會型態，例如，麥當勞在以色列銷售其漢堡，面對的不是單純的產品行銷，若將麥當勞的漢堡視為一個象徵美國的文化物件，則麥當勞在以色列社會中的銷售行為，其實呈現的是全球文化與在地文化的衝突與調和（格瑞斯沃德 2008：195～198）。然而，本研究運用文化菱形的目的，並不在於從臺灣崑曲的發展來探析臺灣社會的文化及社會變遷，而是意欲借用文化菱形的架構及概念，突顯參與臺灣崑曲發展的人們，其從事的活動、扮演的角色、彼此間的互動關聯，以及其對崑曲藝術本身、對崑曲在臺灣社會被認識的影響力。換言之，文化菱形架構除了是一個提供更為全面和有系統的方式來關注

文化物件與現象的設計，並可用以解釋任何文化與社會間的複雜關聯，進而探討社會現象背後的文化意義體系，但本研究使用文化菱形的目的，不在於探索臺灣崑曲發展現象背後的文化意義體系，而是在於讓本研究更為有系統和全面地關注並探討，參與臺灣崑曲發展的人們在其中所扮演的角色，以及他們各自與崑曲相關事物之間的關係，以協助筆者清晰地探討本文所關注的研究問題。

　　研究限制之三，本研究雖涉及觀眾發展，但並未實際執行觀眾研究，因為本研究是以過去的歷史為時間範圍，有些重要演出場次的相關數據及資料已經無法取得，例如新象在 1990 年代引進的數場中國崑劇展演，其票房數字及相關資料已經不存在〔註 18〕，故無法進行分析；另一方面，嚴謹的觀眾研究需要一定的人力、財力及時間，若僅以單一場次演出的觀眾做研究樣本，會有以偏概全之虞，因此更難以用現今任何一場演出，對過去的觀眾行為進行研究，囿於上述原因，本研究僅能從他人的研究論述與結果做出間接的推論，因此效度有限。

〔註 18〕根據筆者電話詢問新象董事長樊曼儂的助理黃琪珊所得到的回覆（訪談。2014年 9 月 19 日）。

第二章　臺灣崑曲發展的歷程

　　本章節將臺灣崑曲發展的歷史時間，上推至 17 世紀的荷蘭時期，下達於 21 世紀的 2014 年，透過對歷史的爬梳，試圖描繪出臺灣崑曲發展的歷史脈絡。

　　根據現有的史料，臺灣可能早在 1949 年以前，就有來自中國的崑曲戲班到臺灣做商業演出，只是未能持續流傳於本地，最後甚至銷聲匿跡，直到 1949 年，崑曲才再度從中國渡海而來，並且能夠在臺灣這個沒有任何崑曲資源的地方，僅靠著崑曲愛好者的推動，使崑曲在臺灣傳承近 40 年，直到 1987 年開放與中國交流之後，才獲得豐沛的發展能量，短短 10 年左右，不但崑劇的觀眾迅速增加，崑曲也成為戲曲研究的顯學之一，更在進入 21 世紀之後，臺灣的崑曲團體數量有所成長，崑劇團及京劇團也都分別投入展演、編創崑劇的工作，讓崑劇成為人們生活中尋常可見的表演藝術。

　　在進入臺灣崑曲發展歷程的探索之前，有必要先大致瞭解崑曲在中國的發展過程，因為在歷史上，崑曲有清曲與演劇兩條看似獨立卻相互影響、彼此交織的發展脈絡，到了臺灣以後，崑曲的發展仍然遵循著同樣的脈絡展開。以下將依循年代，先從中國的崑曲演劇發展談起，接著帶入清曲發展，最後結束在深具歷史意義的「崑劇傳習所」成立的 1921 年。

　　如今我們所稱的崑曲，是指 16 世紀中葉（明代嘉靖年間）經過魏良輔改革後的崑曲，他以既有的崑山腔為主體，兼採北曲及其他南曲的長處，創造出一個在音樂體制及演唱技巧上都更為精緻的崑曲「新聲」。此新聲一出，很快就受到文人的喜愛及欣賞，但是，要能夠廣為社會其他地區及階層所接納，則是透過職業戲班在江南各地的舞臺上演出而散播出去（宋波 2005：39～

45）。到16世紀末葉，崑曲就從眾多地方聲腔中脫穎而出，獨佔「官腔」〔註1〕一類，可見崑曲廣受喜愛的程度，上至皇室貴族，下至平民百姓，都熱衷於聽崑曲、看崑劇，也因此，專演崑劇的職業班社以及私人置辦的家班〔註2〕大量增加，投入劇本創作的文人也愈來愈多〔註3〕，由於整體的創作能量相當高，使崑劇逐漸建立起屬於自己的表演體系及藝術特色。

及至17世紀中葉（約康熙初葉），「折子戲」的演出形式蔚然成風（陸萼庭 2002：272），終於成就了如今所見的崑劇表演藝術。所謂「折子戲」是將全本戲當中，情節較為完整，或藝術表現較為精彩的單齣，抽離出來做獨立的演出。由於折子戲都是廣受歡迎的齣目，因此，在經過歷代藝人反覆琢磨加工之後，或能豐富原作思想內容，或能塑造更完美的藝術形象，或使劇本更加通俗化；同時，因各家門〔註4〕皆有其本工戲，得以發揮各自專長，因而建立起崑劇家門具體而細緻的表演藝術體系（洪惟助《崑曲辭典》2002：9）。

崑曲盛行直到18世紀末，其演劇活動開始逐漸沒落，貴為宮廷的「雅部」難敵來自各方的「花部」劇種〔註5〕，歷時近百年的「花雅之爭」就此

〔註1〕 作於1593～1596年（萬曆21年至24年）間的《群音類選》，由明代胡文煥編選，為戲曲及散曲選集，全書46卷，分為「官腔」、「諸腔」、「清腔」、「北腔」四類，其中「官腔類」收錄當時盛行之崑曲共26卷，佔全書二分之一以上（洪惟助《崑曲辭典》2002：34）。

〔註2〕 家庭戲班，一開始是士大夫階層為了私人娛樂而組織，漸漸地成為一種社會風尚，清代康熙開始，家班風氣更甚，連富商也置辦家班以顯財勢，主要為宴客應酬之用（陸萼庭 2002：181；楊惠玲 2006：85）。

〔註3〕 從梁辰魚創作第一部以崑腔演唱的傳奇《浣紗記》開始，便激勵更多文人投入傳奇的創作，並開啟了整個明代傳奇的大時代（宋波2005：35～151）。除了文人為劇本創作主力之外，戲班老藝人也自行編創劇本，只是藝人所編創的劇本較重視劇場效果，其藝術品味與價值則不高（陸萼庭2002：144）。

〔註4〕 崑劇稱行當為家門，據周傳瑛口述，崑劇有5個總家門，即生、旦、淨、末、丑，其下又按劇中人物的身份、年齡、特徵，以及獨特的表演藝術手法，大致又可分為20個細家門（1988：118）。

〔註5〕 徐扶明推論「花、雅」的分類應該是始於乾隆初年。他引用《燕蘭小譜》（此書成於乾隆34年，即1769年）所載：「今以弋陽、梆子等曰花部，崑腔曰雅部。」以及《揚州畫舫錄》（此書成於乾隆60年，即1795年）所言：「兩淮鹽務例蓄花、雅兩部，以備大戲。雅部即崑山腔，花部為京腔、秦腔、弋陽腔、梆子腔、羅羅腔、二簧調，統謂之亂彈。」兩淮鹽務照例蓄養花、雅兩部以備大戲，自是為了要迎接皇帝南巡，而考證乾隆皇帝南巡則是始於乾隆16年（1751年），因此「花、雅」的分類應該早於該年（2010：44）。從「花、雅」的分類中也可見花部諸腔興起的盛況，並預示了崑腔衰微的必然。

展開。這些地方聲腔劇種所到之處都大受歡迎，使崑劇一路從北方逐漸敗退回到江南，及至 1870 年代，新興的京劇從北方南下，大舉攻佔以上海為中心的南方劇壇，上海的京戲園甚至從各崑班挖走名角，以京崑合班的演出方式吸引觀眾，崑戲園面對各京戲園所擁有的雄厚資金及崑劇人才，其在財力與人力上都無法與之匹敵，最後全都關閉歇業，那些蘇州崑班只好放棄上海的據點回到蘇州（陸萼庭 2002：424～491；宋波 2005：228～232）。當時不只上海有這種文武合班〔註6〕的做法，曾經流傳至南北各地的崑劇，長期與當地發展出來的聲腔合班演出，於是在這些地方戲中，或多或少可以看到崑劇的身影，但也因此，全崑班的生存就更加困難了（周育德 2005：281）。而那些回到蘇州的崑班最後也支持不住，到了 1908 年（光緒末年），歷史悠久的四大老班〔註7〕，只剩全福和鴻福兩班在江湖間流轉，維繫著崑劇的一線生機，直到 1921 年由蘇州曲家張紫東、徐鏡清及貝晉眉等人所倡議成立的「崑劇傳習所」〔註8〕延攬全福班後期藝人授課，崑劇藝術才得以繼續傳承下去。

　　崑曲除了演劇活動之外，唱曲活動的歷史更為悠久。唱曲本是文人的詩歌吟唱活動，其源流可追溯自宋詞，甚至更早的樂府詩，到 14 世紀中葉（元末明初）南北曲興盛之時，文人以唱散曲為主。當時各地方有各自的音律腔調，有的專用於地方戲曲，如弋陽腔；有的則戲曲、清唱皆可用之，如海鹽腔；而崑山腔則僅用於文人清唱，也因此其流傳範圍不廣，即使在魏良輔開創新聲之時，崑腔仍是用以清唱為主（朱昆槐 1991：1～2、8、34～52）。到 16 世紀中葉（約明代嘉靖年間）傳奇興起，崑曲以演劇形式廣為流傳之後，才漸漸發展出與「清曲」相對的「劇曲」，兩者的演唱要求和特點各有不同：「清曲」以曲子為單位，講究音韻唱法；「劇曲」則以劇本為單位，表演為主、唱工為輔，著重的是演出的全面性（陸萼庭 2002：127～128；洪惟助《崑曲辭典》2002：457）。

〔註6〕崑班也稱「文部」或「文班」；花部戲班則亦稱為「武部」或「武班」（周育德 2005：280）。

〔註7〕四大老班為大章、大雅、鴻（洪）福、全福，1850 年（道光末年）時即已成立，其中大章及大雅最為上海觀眾所熟悉（陸萼庭 2002：426、434）。

〔註8〕蘇州曲家張紫東、徐鏡清及貝晉眉等人有鑑於崑劇藝術面臨失傳的危機，於是倡辦傳習所，在企業家穆藕初的鉅資支持之下成立，延攬全福班後期藝人授課，除專業課程外，還開設文學、英語、算術等文化基礎課程。因所有學員的藝名皆有「傳」字，後來學者便以稱之以「傳」字輩藝人。

在崑曲風行之時，由於上層社會的喜愛，有雅樂之稱的清曲，其地位自然較劇曲爲高，成爲士大夫及地主富商們妝點身份、標榜風雅的嗜好與消遣。而這樣的清曲傳統大抵保留在上層社會，特別是在士大夫之家，所以即使到了 19 世紀末（晚清時期）戰事帶來社會的變動，這些處於上層社會的清曲家〔註9〕們其愛好依然，在崑劇如風中殘燭、各崑班竭力求生之際，崑曲清曲社〔註10〕卻能興盛一時。此時有部分曲家漸漸向劇曲靠攏，除了鑽研曲學之外，也求教於崑劇藝人學習臺步身段與做表，以登臺表演做爲習曲的最後階段。這些曲家通常也是有社會影響力的一群，他們眼見崑劇面臨失傳的危機，都願意不同程度地爲崑劇的延續做出貢獻，其中最重要的便是成立了「崑劇傳習所」，培養出一批傑出的藝術家，使崑劇薪火得以傳承而不滅（陸萼庭 2002：127〜133、494〜510）。

在 20 世紀上半葉，整個中國都是處於動盪不安的年代，然而崑曲藝人及曲家卻同樣對崑曲藝術有相同的執著，即使歷經中日戰爭、太平洋戰爭到國共戰爭，仍然有部分藝人與曲家堅持守護，使崑曲得以被保存下來，並且在1949 年前後，隨著部分崑曲愛好者來到臺灣，經由他們的推動倡導，讓崑曲在這塊土地上有了另一個重生的機會。

從以上崑曲在中國發展的歷史大概來看，崑曲從形成之初就分爲清曲與演劇兩條發展脈絡，分別在文人階層與藝人階層中展開，但兩種階層的人們並非互不往來，反而是關聯密切、相互幫忙的關係，如此發展傳統到了臺灣仍然被延續著，只是隨著社會變遷而不再顯得清晰可辨了。

從臺灣的角度來看，臺灣有崑曲活動應該可以追溯到 17 世紀的荷蘭時期（1624 年〜1662 年），在 18 世紀的清領時期（1683 年〜1895 年），同時也是崑曲在中國興盛的時期，甚至曾經有來自中國蘇州的崑曲戲班到臺灣做商業演出，此時崑曲活動雖然看似活躍，但因其流傳範圍有限，始終未曾真正落腳生根，及至 20 世紀之初的日治時期（1895 年〜1945 年），崑曲活動更是聲銷跡匿，只能從其他劇種中窺見其身影。一直要到 1949 年，崑曲才又再度隨著曲友及學者來到臺灣，並且在這些崑曲好愛者近 40 年的努力耕耘之下，特

〔註 9〕 「清曲家」（或稱「曲家」）是指鑽研清曲有成者。

〔註 10〕 「曲社」是曲友的社群組織，以崑曲清唱爲主。而曲友間的聚會則稱爲「曲會」。曲會的舉辦是由成員輪流擔任主人招待曲友，而舉行的地點也由主人決定。

別是在校園中，培養出許多本地崑曲愛好者，待 1987 年解嚴並開放與中國交流之後，崑曲從演劇到學術研究等活動，才有了蓬勃發展的能量，及至 2001 年崑曲被列為世界非物質文化遺產，此舉對臺灣及中國的崑曲發展都極具意義，臺灣崑曲也因此進入新的發展階段。

　　本章即依上述幾個時間點，將臺灣崑曲的發展歷程分為四個時期分別敘述：（一）1949 年以前。由於從荷蘭時期晚期到日治時期結束，這長達近 300 年的歷史中，關於臺灣的崑曲活動，至今都未有更詳盡確實的史料可供考查佐證，僅能從有限的戲曲相關文獻中推論可能的發展概況，故以 1949 年為界，將在此之前的臺灣崑曲活動一併討論。（二）1949 年至 1987 年。在 1987 年解嚴以前，這段長達近 40 年的時間，是臺灣崑曲扎根立基的時期。（三）1987 年至 2001 年。這段時期受益於開放與中國交流，臺灣崑曲得以蓬勃發展。（四）2001 年至 2014 年。自 2001 年崑曲被列為世界非物質文化遺產開始，臺灣崑曲發展進入新的階段。

第一節　1949 年以前

　　臺灣在荷蘭時期就有戲曲隨著中國福建移民渡海而來，之後的清領時期陸續傳入許多聲腔劇種，基本上都是福建各地盛行的劇種，最早傳入並深受歡迎的是南管，但 19 世紀開始北管就漸漸取而代之，到日治時期一直都是臺灣最流行的聲腔劇種（林勃仲、劉還月 1990：39～43）。到了 1891 年（光緒 17 年）以後，臺灣也開始有京劇演出，在 1937 年中日戰爭爆發之前，從上海來臺演出的京班就超過 40 團（徐亞湘 2000：11、25）。至於崑曲何時傳入臺灣，在臺灣傳播的情形如何，由於文獻史料闕如之故而無法確知，但仍可以從中推論，從荷蘭時期到日治時期這段漫長的時間裏，來自中國蘇州的崑曲有可能是因為駐臺官員及兩地商人的喜愛而引進，但在 19 世紀中葉花部興起之後，就可能因為官員富賈的喜好轉向而逐漸不再被傳唱（張啓豐 2004：197）。不過雖然如此，當時盛行於臺灣的聲腔劇種如北管、十三腔及京劇，因形成過程中受到崑曲影響而保留著部分崑腔，臺灣民眾可從中一瞥崑曲的身影。

　　以下將 1949 年以前的臺灣崑曲分為兩個部分來談：一是來自中國蘇州的崑曲，一是臺灣其他聲腔中的崑腔。

一、來自中國蘇州的崑曲

臺灣最早出現戲曲活動可推估至荷蘭時期，最常被援引的資料爲《臺灣外誌後傳》的〈平海氛記〉，描述當時的臺灣通事何斌「家中造下二座戲臺，又使人入內地，買二班官音戲童及戲箱戲服，若遇朋友到家，即備酒席飲酒看戲或小唱觀玩。」（呂訴上 1961：163）其中所謂的「官音」，張啓豐認爲以荷蘭時期（1624 年～1662 年）對應中國境內可類比的劇種，有可能就是崑劇（2004：26～27），不過這卻是個未見定論的說法〔註 11〕。然而，即使荷蘭時期就已經有崑曲活動，由於沒有其他文獻可以佐證，以致於無法進一步勾勒當時臺灣崑曲的發展輪廓。

真正能直接說明臺灣崑曲活動的最早文獻，是見於 1783 年（乾隆 48 年）的〈翼宿神祠碑記〉。該碑原立於中國蘇州梨園公所，即老郎廟所在，是當時崑曲戲班聚議的場所，也是清廷對崑劇藝人的管理機構，蘇州所有的崑曲班社及行會組織（稱爲「局」，至少兩個班社才能立）需在老郎廟掛牌登記，其主管機關是蘇州織造局。這個碑文是爲了記載重修老郎廟並改名爲翼宿神祠的緣由，其後附有 1780 年（乾隆 45 年）7 月至次年 5 月間的捐款名單，當中有「臺灣局」捐款「六三錢三十一兩」，是碑文所載的 16 個外地班局中〔註 12〕，捐款金額最高的（曾永義、施德玉 2011：956）。這份文獻說明兩件事：一是當時臺灣至少有兩個崑班存在；二是臺灣局的財力雄厚（洪惟助〈臺灣的崑曲活動與海峽兩岸的崑曲交流〉2000：24；張啓豐 2004：207）。

但當時臺灣到底有多少崑班存在，以致於臺灣局能夠捐出鉅款呢？或許可以從當時臺灣與中國的商業往來情形來考查。由於兩地貿易頻繁，從中國移住臺灣的商人眾多，在各地組織稱爲「郊」的商業同業公會〔註 13〕，以臺

〔註 11〕 對於「官音」所指爲何，學者有不同的見解。據張啓豐的引用，江武昌同意邱坤良的推測，認爲可能是北管戲（2004：26），而林鶴宜甚至認爲資料來自晚出的小說文類，何斌造戲台演官音戲之事「恐怕是小說家想當然爾造成的誤會」（2007：17）。

〔註 12〕 據周秦所言，這 16 個外地班局爲：湖廣局、湖廣小班局、河南局、山東局、山西局、福建局、臺灣局、京局、天津局、保定局、上海局、濟南局、膠州局、池州局、長興局、六合局等（2002：240）。這些都是蘇州崑班到外地演出所組的同業公會，可見當時崑曲流播範圍之廣。

〔註 13〕 光緒年間臺南舉人蔡國琳在《臺南三郊由來》中提及：「三郊乃臺南之大西門城外的北郊、南郊、港郊之總稱也。雍正三年來臺貿易者，以蘇萬利、金永順、李勝興爲嚆矢。從事配運至上海、寧波、天津、煙臺、牛莊等處貨物者，

南最大的「北郊」而言，擁有超過 20 家商號，其貿易範圍北從天津、煙臺，南到寧波、上海，這表示很有可能吸引這些地方的戲班來臺做商業演出，而當時崑曲在中國境內還是處於興盛時期，上海也一直是蘇州崑班衝州撞府的重要據點〔註 14〕，大批的北郊商人自上海等地引進崑班是極有可能的，而且以當時的經濟情況來看，臺灣的演出機會應該相當多，雖然無從得知確實的崑班數量，但被機會吸引前來的崑班應該不少，才有可能組成「臺灣局」並且有能力捐出鉅款。

除上述的〈翼宿神祠碑記〉之外，尚有一些與清領時期戲曲活動相關的文字記述，可以幫助我們推斷當時可能的崑曲活動情形。首先是朱景英的詩集《來鷗館詩存》，當中就有戲曲活動的相關記載，這些記載比 1783 年的〈翼宿神祠碑記〉時間更早。朱景英是在 1769 年（乾隆 34 年）初夏到臺灣任職海防同知，在他任職期間（1769 年～1772 年），以詩作記述個人生活及交遊情形，這些詩作都收錄在《來鷗館詩存》裏，其中就有與戲曲活動相關的作品，包括邀請同僚到官舍戲園觀賞自己的劇作《桃花緣》〔註 15〕、與同僚一起到東堂看戲〔註 16〕、宴請友人飲酒聽曲、自己暇餘度曲徵歌等，根據張啓豐的推論，朱景英所記述的應該都是崑曲無誤，因為對照朱景英的另一個作品《東海札記》〔註 17〕中所提到的，他認為梨園戲是「發聲詰屈不可解」，而潮劇是「音調排場，亦自殊異」，可見當時盛行於臺灣民間的戲曲，對朱景英這群從中國來臺灣任職的官員來說是有欣賞難度的（2004：68～73），所以朱

稱為北郊，郊中有廿幾家商號經共推蘇萬利為首。之後商業日興，遂成三郊巨號。」（轉引自張啓豐 2004：208）

〔註 14〕早在 1572 年（明代萬曆初年）以前，上海就出現崑曲的重要流派，進入清代之後，更設有梨園總局，在數百年間，一直是蘇州崑班駐地演出的重要地區之一（陸萼庭 2002：424；周秦 2002：263）。

〔註 15〕《桃花緣》的〈小引〉：「癸未（乾隆 28 年，即 1763 年）暮春，余之官閩海，舟泝瀟湘，食眠少適，偶閱唐《本事詩》，取崔護事，戲填詞四折，南北雜陳，宮調頗協，命家僮倚腔歌之。」其體製應屬南雜劇，並用崑山水磨調歌唱，而此劇被《崑曲辭典》納入崑曲劇目中，故應為崑劇無疑（洪惟助 2002：143；張啓豐 2004：71；曾永義、施德玉 2011：955）。

〔註 16〕當天所演的是周忠介公的事跡，據張啓豐考證，應該是《綴白裘》的選齣，出自李玉的《清忠譜》，而《清忠譜》既是崑曲劇本，所以當天所演應為崑劇（2004：71～73）。

〔註 17〕《東海札記》是朱景英記錄他對臺灣種種的觀察，其中關於戲曲活動的部分，主要是記述庶民百姓的喜好習慣，不同於《來鷗館詩存》是士大夫間的聚遊（張啓豐 2004：68）。

景英及其同僚和友人在公餘消遣時，所聽、所看、所唱的應該不會是臺灣本地戲曲。

在朱景英的作品中有〈冬夜南園同人觀演拙製《桃花緣》傳奇〉七言絕句 4 首，詩中他自比湯顯祖，不但熟諳音律也能教導伶人演出，同時也描寫當天演員們唱做俱佳，但在座者很多是行家，使自己頗感緊張（2004：68～73）。從這段記述中，或許能一窺當時崑曲在臺灣演出的樣貌。

朱景英曾在《桃花緣》傳奇的〈小引〉中提及，該劇最初是朱景英「命家僮倚腔歌之」〔註18〕，可見他在福建任職時就有自己的家班，爾後到臺灣任職也許攜帶家班隨行，也許是到任以後再置辦家班，以當時士大夫蓄養家班的風氣來看是有可能的。但也可能是聘請職業崑班演出，以 18 世紀中葉臺灣與中國的貿易往來熱絡的情形，應該是有不少職業崑班被演出機會吸引到臺灣，所以朱景英若要找一個職業崑班來演出自己的劇本應該也非難事；從另一方面來看，當日演出的伶人應該都是崑劇演員，才有能力在短時間內學會並演出新戲，這也表示 1769 年至 1772 年間的臺灣是有崑劇伶人從事演出的。另外，詩中提到當日在座的觀眾當中，有不少和朱景英同樣精熟音律的行家，雖無從得知這天的觀眾是否都是從中國來的駐臺官員，但官員雅好崑曲的影響所及，臺灣本地仕紳甚至富賈喜愛崑曲應該也是有的。

此外，1930 年於臺南出刊的《三六九小報》〔註19〕在其〈史遺・舊春行事〉的專題中，曾述及 1862 年至 1875 年間（同治年間）臺南地區幾位出色的伶人，其中著名旦角天麟旦「且擅崑劇」、阿顯旦「崑劇亦其擅長」〔註20〕，同時也提到，當時這些名角都是由在地豪紳自上海聘請的名師所教授的（蔡欣欣 2011：41）。但由於沒有演出相關報導或其他文獻支持，因此無法從中推斷這段期間臺灣崑曲的活動情形。不過，對照當時崑劇在中國的景況，已經是不敵自北方南下的徽班及京班勢力，從花、雅之爭中全然敗落，因此 1849 年（道光 29 年）以蘇州為基地的崑班只剩下鴻福、大雅、大章、全福 4 個班

〔註18〕詳見註 15。

〔註19〕由日治時期臺南地區一群受中國教育的文人所創辦的，1930 年 9 月 9 日出刊，1935 年 9 月 6 日停刊。報紙內容主要是一些小品，但可藉以瞭解當時臺灣文人的生活樣貌（蔡欣欣 2011：41）。

〔註20〕1930 年代使用的「崑劇」一詞尚無劇種的概念，加上報導中的伶人是由來自上海的名師所教授，而當時上海風行的是皮黃戲，故其演出的「崑劇」很有可能就是保留在京班中的崑腔戲。

（周秦 2002：299），恐怕沒有餘力從中國來臺灣演出。另外，從報導中的文字來看，這兩位名伶只是「兼」擅崑腔戲，所以他們肯定不是崑班演員，因此，可以推論在 1862 到 1875 年間，臺灣已經沒有崑班從事演出了。而在中國，崑劇發展到了 1908 年（光緒 34 年），鴻福、大雅、大章、全福四大老班只剩下全福班一個，苦撐到 1923 年秋天也終告報散（周秦 2002：300），在此情況下，中國的崑班更不可能來到臺灣演出。由此可以大膽推論，臺灣自 19 世紀中葉以後，已不復見來自中國蘇州的崑曲，也沒有任何崑曲班社存在了。

　　以上主要從臺灣與中國貿易情況、官員履臺記述、文人小報等，來推論清領時期臺灣的崑曲活動，然而，除了碑文中的寥寥數字是直接證據之外，其餘文獻都只能做接間證明，因此，最有可能的推論是：崑曲在其興盛的時期，隨著移居臺灣的官員富賈而傳入，但僅僅在特定階層的觀眾間流傳，未曾深入庶民百姓的生活，待 19 世紀中葉花部興起、觀眾興趣移轉之後，崑曲活動無論是唱曲或演劇也就此停止，此後，崑曲的身影只能從盛行於臺灣的其他聲腔戲曲中尋找。

二、臺灣其他聲腔中的崑腔

　　崑曲在極盛之時，曾隨著職業班社演出或士大夫履任而流傳至各地〔註21〕，對於當地聲腔、劇種或者產生影響，或者與之融合變異〔註22〕，因此，隨閩粵移民傳入而曾經盛行於臺灣的聲腔中，多少可以看到崑曲的身影。而後來稱霸劇壇的京劇，更是從形成之初到發展成熟，都多方面受到崑曲的影響，在來臺的京班演出中，亦可瞥見崑曲藝術的光彩展現於舞臺上。以下將其他聲腔中的崑腔分為兩類分述之：一是北管、十三腔與南管中的崑腔，一是京劇中的崑腔。

（一）北管、十三腔與南管中的崑腔

　　曾經盛行於臺灣各地的北管〔註23〕，大約是在 18 世紀末、19 世紀初

〔註21〕 關於崑曲傳播範圍以及和各地腔聲的關係，詳見周秦的《蘇州崑曲》第四章「四方歌曲，必宗吳門」（2002：225～297）。

〔註22〕 《崑曲辭典》中收錄的相關辭條包括「南音中的崑曲」、「京劇中的崑曲」、「臺灣亂彈戲和十三腔中的崑曲」以及其他聲腔劇種共有 14 條（洪惟助 2002：20～26）。其中「崑曲」意即「崑腔」，故本節皆以「崑腔」稱之。

〔註23〕 「北管」包含音樂及戲劇兩種形式，其中戲劇型式又稱為「北管戲」，習稱「亂彈」或「亂彈戲」。

開始陸續傳入，很快就受到民眾喜愛，到了清領時期晚期及至日治時期，各地的職業鼓吹班、職業戲班及業餘館閣林立，成為最普及的戲曲聲腔。而十三腔是雅樂十三音的俗稱，最早可追溯自 1835 年（道光 15 年），當時為了臺南孔廟祀典，從閩浙地方招聘樂師來臺教習，是一種演變自古樂八音的絲竹樂，爾後向南北傳播而流行於各地。至於南管〔註 24〕，更是早在 17 世紀末、18 世紀初就已經在臺灣流行，是北管之前獨領風騷近百年的聲腔音樂。

北管的表演團體有三類，一是職業鼓吹班，二是職業戲班，三是業餘館閣。職業鼓吹班以廟會或喪葬的導迎鼓吹為主要活動，演奏目曲非常有限；職業戲班被稱為「亂彈班」，主要在迎神賽會的場合做戲曲演出，人們將之稱為「亂彈」或「亂彈戲」；業餘館閣也稱「子弟館」，偶爾也在社區廟宇的酬神謝神場合粉墨登場，人們則稱之為「北管子弟戲」，但業餘館閣主要活動並非演戲而是清唱與演奏。從音樂種類來看，北管樂系可分為：戲曲、細曲、弦譜及牌子。「戲曲」有扮仙戲、古路戲、新路戲三種腔調，「細曲」為清唱歌曲，「弦譜」為絲竹樂，「牌子」為鼓吹樂。其中「戲曲」分演劇及唱曲二種表演型態，演劇型態的北管稱「北管戲」，習稱「亂彈」或「亂彈戲」，其三種腔調的來源分別是：扮仙戲源自崑腔、古路戲源自西秦腔、新路戲源自皮黃腔，因此亂彈是一個多腔調劇種（呂錘寬 2004：40、53；2011：47、115；曾永義、施德玉 2011：1025、1048）。

在整個北管樂系當中，與崑曲相關的音樂有「扮仙戲」、「細曲」及「牌子」。「扮仙戲」的來源為崑腔，多為曲牌體，有不少是崑曲的曲牌及劇目，因此北管藝人也將之稱為「崑腔」，但其表演、音樂、唱法多已有不同。「細曲」也稱「崑腔」，其曲目有崑腔，也有時調小曲，實際上是混合多種類型的樂曲，但因風格近似崑曲，故北管藝人混稱為崑腔。「牌子」是由嗩吶及打擊樂器合奏的音樂，其曲牌名稱多數和崑曲中的曲牌名相同（李殿魁 2000：44；洪惟助〈臺灣的崑曲活動與海峽兩岸的崑曲交流〉2000：26、2004：525～527；呂錘寬 2004：40～41）。

至於十三腔，原稱雅樂十三音，本為孔廟祀典所設，後來向南北傳播演變，高雄崗山以南又稱之為「聖樂」，主要為文廟及武廟的祀典演奏，風格近

〔註24〕「南管」也稱「南音」，包含音樂及戲劇兩種形式，不過，通常「南管」是指音樂形式，戲劇形式則稱為「南管戲」或「梨園戲」。

似南管；嘉義以北則稱爲「崑腔」，主要在地方廟會活動及婚喪喜慶等場合中演奏，風格幾乎與北管中的細曲相同，由於往北發展變異之故，崑腔成爲十三腔與北管音樂兩個樂系的交界範疇（賴錫中 2004：47～49）。換句話說，十三腔音樂有四大部分：祭祀音樂、崑腔〔註 25〕、大小牌、詞曲小調，除了祭祀音樂之外，後三者被北管吸收，成爲其音樂中的「細曲」類曲目（洪惟助《崑曲辭典》2002：26；洪惟助、孫致文 2004：525；曾永義、施德玉 2011：1040）。

以上可見，北管中的細曲、北管中的扮仙戲、十三腔、十三腔中的崑腔，四者都有「崑腔」之稱，從名稱及使用的曲目、劇目都顯示出，北管及十三腔中的音樂、歌曲、戲曲的來源，與崑曲有相當密切的關係，甚至有些曲牌及劇目名稱，不但與崑曲的曲牌及劇目名稱相同，而且歌詞及曲調也大致相同，只是經過吸收融合後，在語言音調及表現風格上已經有所變異，成爲北管及十三腔音樂中的一環了。

然而，北管及十三腔所吸收的崑腔，是受到在臺灣流傳的崑曲所影響嗎？根據艋舺「集音閣」樂師王宋來（1910 年～2000 年）所言，其師吳三水曾謂其所學之「崑腔」，是大約 18 世紀末（約乾隆末年）從北京傳到福建漳州的龍溪縣，再傳到臺灣的，亦即，崑曲先從江南北傳之後，再自北方向東南傳播至漳州龍溪，所以吳三水所學的「崑腔」也許是來自龍溪的崑腔戲班，也可能是已經與當地腔調融合變調後的崑腔，之後再從龍溪傳到臺灣。而十三腔音樂的源起，則是孔廟在 1835 年爲了祀典，由當時的樂局董事紳士吳尚新、劉衣紹等主唱，特地前往閩浙等地招聘樂師到臺灣教習（曾永義、施德玉 2011：1039～1040），由於閩浙地區也是崑曲傳播範圍，可以推斷其音樂曲目與崑曲的關係自是不淺。從上面兩條資料來看，無論北管還是十三腔，其音樂雖然確實受到崑曲的影響，但應該與從蘇州傳到臺灣的崑曲沒有關聯，無從考證這些「崑腔」是崑曲到臺灣後的本土化表現〔註 26〕。

〔註 25〕據 1928 年（昭和 3 年）林登雲編輯、石印出版的《典型俱在》所載的崑腔整齣及部分曲詞，經過比對，其唱詞和工尺譜與崑曲曲譜大致相同（洪惟助〈臺灣的崑曲活動與海峽兩岸的崑曲交流〉2000：26）。

〔註 26〕蔡欣欣論及 1783 年至 1945 年間臺灣崑曲發展樣貌，其所得的結論爲：「從有清一代到日治時期……以音樂或戲曲的樣式，或『原型展示』或『涵融結合』於臺灣的傳統音樂與戲曲劇種中……可窺見崑曲逐漸以『本土化』的步伐，奠基涵化於臺灣的常民生活之中。」（2011：43）

上述兩種聲腔音樂都是在崑曲之後才發展出來的，故在其形成的過程中，崑曲提供了養分以豐富其內涵，因此崑曲對北管及十三腔的影響比較顯著。南管則是比崑曲更早發展形成的聲腔音樂，其演奏方式保存了唐、宋遺制，劇目曲牌也保留許多宋、元戲文，梨園戲的表演更是獨具一格，自有一套嚴謹的基本程式動作，稱為「十八步科母」，對手、眼、身、步等每個動作都有嚴格規範，只是南管雖然源起甚早，在其漫長的發展過程中，也曾吸收其他類型的音樂，崑腔便是其中之一〔註27〕，在傳奇興起的時代，也曾採用傳奇故事做為其創作題材，如《琵琶記》、《荊釵記》等，將之改以閩南方言演唱，其旋律、節奏、唱腔都已經與崑曲不同，但是即使如此，我們仍然可以從南管中聽到崑腔音樂，從梨園戲看到與崑劇相同的劇目（洪惟助《崑曲辭典》2002：22；呂鍾寬 1986：6、18、98～99）。不過，這樣的吸收融合早在南管入臺以前就已經完成，雖然南管流傳到臺灣以後持續被創作，從現存曲譜中可以發現歌詠臺灣的作品〔註28〕，但是並未有任何受在臺崑曲影響的跡象，因此，南管中的崑曲元素也不能視之為崑曲本土化的表現。

但從另一個角度來看，臺灣在 19 世紀中葉以後，雖因花部興起而不再傳唱崑曲，然而崑曲的身影，卻隱藏於北管、十三腔與南管的音樂及戲曲當中，以另一種面貌融入臺灣人民的生活之中。

（二）京劇中的崑腔

自從崑劇在花、雅之爭落敗之後，北京城中專演崑劇的戲班紛紛解散，但是留在京中的崑劇藝人還是相當多，這些崑劇藝人只好倚身於花部戲班兼唱亂彈〔註29〕，如此長期的徽、崑合演，間接促進了京劇藝術的形成（陸萼庭 2002：403～404）。之後在京劇的發展過程中，崑曲劇目不但被改編並保留了多達 80 餘齣折子戲，還有許多崑腔曲牌被京劇吸收應用，另外從表演、排場、臉譜、服飾到道具等，普遍都受到崑劇的影響，而京劇藝人也以「崑亂

〔註27〕除崑腔外，尚有弋陽腔、青陽腔、佛曲、道曲，以及民間固有音樂，是使用口語化的泉州音寫成的套曲（呂鍾寬 1986：18）。

〔註28〕在鹿港百年館閣「雅正齋」所存的曲譜抄本中，有三支歌詠臺灣的散曲，分別是「臺灣慶昇平」、「虎山風景妙」、「台中好整齊」，都是南管來臺後的創作痕跡（呂鍾寬 1986：9）。

〔註29〕當時在北京的崑班及藝人都是來自蘇州。崑班解散後，在京的崑劇藝人大多加入當時的四大徽班（四喜、三慶、春台、和春）中的四喜班和三慶班。四喜班因吸收了最多崑劇藝人，故其演出也以演唱崑曲聞名（陸萼庭 2002：401、403；陳芳 2002：16）。

不擋」爲劇藝的最高要求（周秦 2002：270～273）。1860 年代徽班京班相繼南下進駐上海之後，很快地風靡江南，崑班因而完全失去上海這個基地，只得退回蘇州苦撐，到 1923 年終告報散。反觀京劇到上海之後，不但深受南方觀眾喜愛，在表演風格上受到徽劇及梆子戲很大的影響，使得表演及身段動作更具強烈、誇張的特色，唱腔運用則是更加靈活且流暢（徐亞湘 2000：162～163），逐漸形成與講究意境與韻味的北京「京朝派」京劇大異其趣的「海派京劇」。

　　而臺灣自日治時期開始〔註30〕，就有大量的京班來臺灣各地演出，從 1895 年到 1937 年中日戰爭爆發爲止，從中國上海、福建、廣東 3 個地方來臺灣從事商業演出的戲班超過 60 個，分屬 12 個不同劇種，其中來自上海的戲班以京班爲主，在 1908 年到 1936 年之間，共計有超過 40 個上海京班在臺灣各地演出（徐亞湘 2000：25、68）；這些京班在臺灣所展演的是海派京劇，並且多爲武戲及連臺本戲，還有當時上海流行的時事戲、清裝戲及洋裝戲，以強烈誇張的表演風格和炫目新奇的機關佈景引起觀賞熱潮。然而，從徐亞湘所整理的「日治時期來台演出之中國戲班一覽表」中，當時來臺演出的 12 個劇種中未見崑劇，60 餘個中國戲班也沒有崑班（2000：241～245），這可間接證實日治時期的臺灣確實沒有崑劇活動。另外，從徐亞湘所列出上海京班在臺演出的連臺本戲劇目可以發現（2000：159～161），這些連臺本戲與崑劇的相關性並不高，其中也許有崑腔的演唱〔註31〕，甚或有完整單齣的崑腔戲，但由於這些崑腔戲已經被京劇吸收，在經過融合變異之後，應視爲是海派風格的京劇崑腔戲，觀眾僅能從中瞥見一點崑劇藝術的光彩。

　　儘管在北管、十三腔和京劇中都保有些許崑曲的身影，特別是京劇保存了相當多崑曲劇目，但對於這些聲腔劇種而言，崑曲只是其發展過程中的養份來源之一，而非原型移植的展現，即使是完整單齣的崑曲劇目，也已是經過融合變異、深具該聲腔劇種特色的崑腔戲，與源自蘇州的正宗崑曲已經大不相同了。

〔註30〕其實最早有記錄的是 1891 年，當時的臺灣布政使司唐景崧爲母祝壽，聘請上海京班來臺演出，但由於是私人堂會性質，觀眾是少數的特定對象，對臺灣戲劇文化的影響不大（王安祈 2002：25）。

〔註31〕如上海聯合京班所演新戲《普陀山南海觀音收十八羅漢》以及新排的《狸貓換太子》就都安排崑調的演唱（蔡欣欣 2011：43）。

縱觀 1949 年以前臺灣的崑曲發展，無論是從最早推估的荷蘭時期晚期（1660 年～1662 年），或是在官員富賈間流傳的清領時期（1662 年～1895 年），甚至是中國戲班頻繁來臺的日治時期（1895 年～1945 年），也許是因為語言的隔閡，使崑曲只流傳於少數特定階層的觀眾之間，縱使在其他流行的聲腔劇種當中也可窺見崑曲的身影，也許是因為審美趣味的不同，未能使崑曲更深入民間成為臺灣民眾的集體記憶，雖然偶爾有懂得欣賞崑曲的觀眾能夠品評崑劇藝術（蔡欣欣 2011：42～43），但整體來說，崑曲要真正在臺灣落地生根，則是 1949 年以後的事了。

第二節　1949 年～1987 年

自 1949 年國民黨政府布告戒嚴令並隨後遷臺，至 1987 年解嚴並開放與中國交流之前，這將近 40 年的時間裏，崑曲能在臺灣得到發展的契機，主要是因著崑曲曲友〔註 32〕與戲曲學者的熱心推動。這些崑曲愛好者分別在 1949 年前後來到臺灣以後，除學者們在學術上開展戲曲研究的道路，在教育上透過課堂授課，引領學生認識崑曲藝術之外，曲友們則是組織曲社，定期聚會、以曲會友，成為曲友、學生課外學習崑曲之所，而學者與曲友協力合作成立的校園崑曲社，更是培育新進崑曲愛好者的苗圃。

若從當時整體的文教環境來看，國民黨政府自 1949 年遷臺後，治理臺灣的施政方針便以「三民主義統一中國、復興中華文化」為最終目標，因此教育及藝文相關政策也是據此而訂（蘇桂枝 2003：97、103、168），及至 1970 年代後期，政府提出的 12 項建設中特別加入文化建設一項，其專責部門「行政院文化建設委員會」便是據此於 1981 年成立，緊接著在 1982 年制定施行「文化資產保存法」，其中包含「民族藝術」〔註 33〕及「民俗及有關文物」兩類，都與傳統戲曲的保存、維護及發揚有關，而這些法令政策對於崑曲的推動是有正面的影響（蘇桂枝 2003：162、165；蔡欣欣 2011：55～56）。

〔註 32〕在《崑曲辭典》中，「曲友」辭條解釋的第一句是「江南一帶崑曲曲社的社員互稱」，並稱這個專名早在清代乾隆、嘉慶年間就已流行。沿用至今，有同道之人的意思，是曲社中各色人等都能接受的習稱（洪惟助 2002：7）。但隨著崑曲活動的變遷，「曲友」的意涵也隨之擴大，如今不限於指稱曲社社員，而是更廣泛地指學習崑曲清唱並持續以此為好的人。

〔註 33〕2000 年修定後改為「傳統藝術」。

　　因此可以說，崑曲真正在臺灣扎根是從 1949 年開始，自此臺灣崑曲在以民間力量爲主、政府政策爲輔的情勢下漸漸發展起來。而 1987 年對臺灣崑曲的發展尤爲重要，這一年有兩個重要事件，深刻影響了接下來的臺灣崑曲發展：一是該年宣布解除戒嚴令並開放與中國進行文教交流，開啓了臺灣崑曲發展的新頁；一是誕生了臺灣第一個崑劇團〔註 34〕，標示著崑曲在臺灣薪傳有成。這個時期的崑曲活動大致可分爲兩個領域：一是由學者及曲友所推動的崑曲教育，一是展現在舞臺上的崑曲演劇。以下將梳理 1949 年至 1987 年之間臺灣崑曲發展的重要面向。

一、萌芽的崑曲教育

　　自 1949 年國民黨政府布告戒嚴令並隨後遷臺，至 1987 年解嚴並開放與中國交流，在這將近 40 年的時間裏，崑曲能在臺灣得到發展的契機，主要是因著曲友與學者的熱心推動。這些崑曲愛好者在 1949 年前後來到臺灣，其中有曲友開始組織曲社，定期聚會、以曲會友，曲會更成爲喜愛崑曲的學生在課外學習崑曲的去處，而學者則在學術上開展戲曲研究的道路，同時也在課堂上引領學生認識崑曲藝術，另外，曲友與學者協力合作成立校園崑曲社，以培育新一代崑曲愛好者。

　　來臺的曲友當中，徐炎之、陳霆銳與周雞晨三人在 1949 年 9 月組織了臺北「同期曲會」，是臺灣第一個曲社，夏煥新與焦承允則於 1953 年組織了「崑曲清唱雅集」，其後因成員增加而在 1962 年更名爲「蓬瀛曲集」〔註 35〕，前故宮博物院院長蔣復璁〔註 36〕及世新大學創辦人成舍我都是其中曲友。這兩個曲社都是兩週聚會一次，但彼此是錯開舉行的，所以對許多曲友來說每週都有曲會可以參加，密集的聚會加強了曲友間的交流，也加深了彼此的情誼以及對曲社的支持，這樣緊密的關係，使得兩個曲社的聚會都可以維持至今不間斷。

〔註 34〕此即爲水磨曲集崑劇團，由受業於徐炎之、張善薌夫婦的各校畢業曲友所組成。

〔註 35〕有關曲社的成立及曲會活動，請參考洪惟助主編《崑曲辭典》中相關的辭條（2002）。

〔註 36〕蔣復璁是曲學大師吳梅的弟子，在北京大學時期，因參加音樂研究會的崑曲組而開始學習崑曲，這段學習歷程使他主張「崑曲的研究及學習，最好設置在大學」。他很早就精通崑曲，能夠演唱各種行當，來臺灣以後由於一直身居顯要，其對崑曲的熱心推動，對於臺灣崑曲扎根工作的貢獻不小（洪惟助《崑曲辭典》2002：692；張充和 2010：162）。

　　繼第一個曲社成立後，第一個校園崑曲社於 1957 年在師範大學國文系教授汪經昌的倡導之下，與國文系教授程發軔、公訓系教授夏煥新共同成立，同年，臺灣大學崑曲社也在當時訓導長查良釗的全力支持下成立。此後，北一女（1959 年）、西湖商職（1959 年）、淡江大學（不詳，但 1968 年即已存在）、中興大學（1969 年）、政治大學（1969 年）、銘傳商專（1971 年）、中央大學（1973 年）、東吳大學（1980 年）等院校都陸續成立崑曲社（蔡欣欣 2011：47、林佳儀 2014：110～112）〔註 37〕，除了師大崑曲社是由焦承允、夏煥新指導教授之外，其餘學校的崑曲社都是由徐炎之與張善薌夫婦負責指導。而校園崑曲社與前述的兩個曲會的關係則是，由於師大崑曲社是由夏煥新與焦承允所指導，所以該社社員較常參與蓬瀛曲集的聚會，而其他校園崑曲社則因為徐炎之的關係，其社員參與的多是同期曲會。因為徐氏夫婦在多所校園崑曲社耕耘數十年，他們所教授的學生中如蕭本耀、陳彬、宋泮萍、周蕙蘋等〔註 38〕，後來承接了校園薪傳以及維繫同期曲會的工作，成為崑曲傳播及教育的主要力量。由於徐氏夫婦兩人教戲的分工，是由徐炎之奔走於各校教授所有角色的唱唸，學生再於課後到徐家，由張善薌於家中教授所有角色的身段並排練（林佳儀 2014：109），因此，各校崑曲社學生彼此熟識，以致日後能夠凝聚力量成立水磨曲集崑劇團。

　　至於來臺的學者當中，鄭騫及張敬在臺灣大學中文系授課，是他們促進了臺大崑曲社的成立；盧元駿在政治大學教授詞曲，政大崑曲社也在他的倡議之下成立；而汪經昌則在師範大學教授曲學課程，他擅長曲律，又能唱曲吹笛也會製譜填詞，師大崑曲社即是由其「曲選」課的學生所組成。這幾位學者不但為臺灣的戲曲研究開展道路，更引領學生從戲曲史、戲曲文學和曲學等方面來認識崑曲，也會帶著學生或參與曲社或課堂拍曲，他們的學生當中就有不少因而進入研究戲曲的學術領域，如曾永義、洪惟助、李殿魁、賴橋本、張淑香、王安祈、陳芳英、朱昆槐、林逢源等，並且日後在崑曲推廣及學術研究上都有很大的貢獻（張充和 2010：26、28；蔡欣欣 2011：44～45；洪惟助《崑曲辭典》2002：994）。

〔註 37〕關於北一女崑曲社的成立時間，蔡欣欣與林佳儀二人說法不同，前者與《崑曲辭典》所記相同，都是 1950 年，後者則是由第一手訪談資料得知為 1959年，故此處筆者採用後者說法。

〔註 38〕蕭本耀、陳彬、宋泮萍三人是水磨曲集崑劇團的前後任團長，周蕙蘋現在是臺北同期的召集人。

　　除了曲社及校園崑曲社之外，也有學者及曲友從崑曲的研究或政策方面著力。1968 年成立的中華學術院崑曲研究所，便是由蔣復璁與中國文化大學創辦人張其昀所倡辦，由夏煥新擔任所長，與高明、盧元駿、鄧昌國、梁在平等學者，共同爲崑曲的學術研究教育人才。在政策方面，成立於 1967 年的中華文化復興運動推行委員會，雖然在戲劇方面是以提倡京劇爲主，但在蔣復璁與夏煥新等建議之下，也曾設立過崑曲組以推動崑曲教育，當時的國立藝專、中國文化學院、三軍劇校及復興劇校等也都曾開設過短暫的崑曲課程，邀請徐炎之及夏煥新等人教授崑曲音樂、唱曲或者身段表演。另外，臺北市社會教育館曾於 1982 年開設爲期 5 年的崑曲研習班，由夏煥新主持，許聞珮與張金城等負責教授（蔡欣欣 2011：46～47；蘇桂枝 2003：99～100；洪惟助《崑曲辭典》2002：692～693、699；鍾廷采 2006：134）。這些崑曲傳承與推動的工作雖然不一定都能長久持續，但呈現出曲友與學者多方嘗試將崑曲的種子散播在臺灣這塊土地的努力。

　　到 1987 年，臺灣終於成立了第一個崑劇團「水磨曲集」，由授業於徐炎之與張善薌夫婦的各大專院校畢業曲友所組成，主要成員有陳彬、宋泮萍、蕭本耀、林逢源等，該劇團成立的主要目的，便是期望能夠以展演方式向社會推廣崑曲藝術。

二、展現於舞臺上的崑曲演劇

　　前面提過，自崑劇在花、雅之爭落敗而衰微之後，其部分劇目隨著崑班演員加入京班之後，漸漸被京劇吸收而保存下來，因此崑劇藝術或多或少也能透過京劇演出而展現在舞臺上。在 1992 年崑劇藝術家華文漪受邀來臺演出之前，臺灣觀眾除了觀賞曲友的彩串〔註 39〕演出，及兩場新象活動推展中心（今之國際新象文教基金會，以下簡稱「新象」）製作的《牡丹亭》之外，部分京劇團的崑劇演出，也是社會大眾得以接觸崑劇藝術的管道之一。

　　曲友的彩串演出以蓬瀛曲集及校園崑曲社爲主。前者在 1960 年到 1986年間，每年在臺北市實踐堂舉辦兩場公演，前來觀賞的觀眾多爲曲友及曲友認識的人，由於蓬瀛的曲友中多有高官顯達，所以常有貴賓蒞臨觀賞，如前

〔註39〕「彩串」指曲友化妝登臺演戲（洪惟助《崑曲辭典》2002：6），有部分曲友會以彩串爲習曲最終目標。

總統嚴家淦夫婦、中研院院士李方桂夫婦都曾是座上嘉賓，雖然觀眾層面有限，但在某個程度上能得到政府方面對崑曲推廣的支持。校園崑曲社有的能夠在校內劇場做一場完整的演出，如臺大崑曲社，有的是參與校內活動做為眾多節目之一，如銘傳崑曲社，但無論如何，其觀眾幾乎都是社員的同學師長以及親朋好友，雖然觀眾人數少，傳播範圍有限，但確實也能引起其他學生的好奇因而參加崑曲社，達到崑曲推廣的目的。

　　新象製作的兩場《牡丹亭》分別於 1980 年及 1984 年推出，都是由徐露主演，1984 年那場演出還是由白先勇擔任策劃，徐炎之擔任樂團指揮，文武場成員全是他一手培養的學生。徐露是當時「小大鵬」〔註 40〕傾全力培養的第一位本地演員，先跟朱琴心學過兩三齣崑劇〔註 41〕，之後在校方的安排下再向徐炎之夫婦學習，比如〈遊園驚夢〉〔註 42〕，是徐露先聽梅蘭芳的錄音帶學習，再由徐炎之為其逐一分析劇中的杜麗娘、柳夢梅、春香三個角色的唱念做表，此外徐炎之也曾指導過徐露的〈春香鬧學〉、〈思凡〉、〈刺虎〉等戲〔註 43〕，為徐露奠定崑劇表演的基礎（李殿魁 2006：16～18）。徐露不僅自己學習，也帶著後期學妹如古愛蓮、鈕方雨、郭小莊、高蕙蘭、王鳳雲、孫麗虹等一起學習，爾後大鵬劇隊才有能力推出不同旦角的組合演出《牡丹亭》，成為大鵬的重要代表作之一（王安祈 2002：65；蔡欣欣 2011：51）。這個《牡丹亭》其實僅是由〈學堂〉、〈遊園〉和〈驚夢〉三個折子戲串接而成，因為《牡丹亭》其他齣目只在中國的崑劇團內傳承，但即便如此，新象先後所辦的兩場《牡丹亭》都因為呈現出古典戲曲的文學與表演之美，而引起藝文界的關注，特別是 1984 年那場，不僅由白先勇

〔註 40〕 1954 年隸屬空軍的大鵬劇隊成立訓練班，俗稱「小大鵬」。

〔註 41〕 朱琴心曾與四大名旦齊名，受大鵬戲劇職業學校之邀，從香港來臺教學（李殿魁 2006：16）。

〔註 42〕 〈遊園〉和〈驚夢〉通常算做兩個折子戲，但因經常連著演出，所以也合稱〈遊園驚夢〉，視為一折。

〔註 43〕 京劇稱〈春香鬧學〉，崑劇稱〈學堂〉。然而早在 1949 年京劇團演出的戲目中，即已出現〈春香鬧學〉一折（王安祈 2002：214），但無法確定是唱崑腔還是京調，蓋因傳統戲曲常有同樣劇本、不同聲腔演唱的情況，但可以確定的是，徐露所演的是崑劇。徐露稱〈春香鬧學〉、〈思凡〉、〈刺虎〉都接受過徐炎之的指導，但從徐露的敘述來看，這些戲應該都不是張善薌所傳的版本，而且徐露曾經跟朱琴心學過崑劇，所以徐炎之應該是指導其唱腔聲情，以求表演能具有崑味。

出面策劃，也舉辦了多場由徐露親自示範的講座，使社會大眾有機會認識並觀賞由職業京劇演員所演出的崑劇，也帶動了藝文界對古典戲曲的研究熱潮（蔡欣欣 2011：52）。

　　至於部分京劇團演出的崑劇，基本上以大鵬劇隊爲主，曾推出《牡丹亭》及其他曾經接受徐炎之夫婦指導的崑劇，如〈春香鬧學〉、〈思凡〉、〈刺虎〉等；此外，在雅音小集的創團首演中，郭小莊曾演出〈思凡〉以及與曲友田士林合作演出的〈下山〉，但這些接受過徐炎之夫婦所指導的崑劇，只是眾多京劇演出作品中隔幾年才會插入的劇目（陳芳英 2009：261），然而在缺乏專業崑劇表演的年代，這些演出仍然提供了社會大眾一條認識崑劇的途徑。至於保留在京劇中的崑腔戲，如武戲〈夜奔〉、〈探莊〉、〈扈家莊〉、〈水鬥〉等，其實已然被京劇吸納而成爲京劇劇目，是京劇藝術內涵之一（王安祈〈崑劇表演傳承中京劇因子的滲入〉2012：121～122、132），所以應稱之爲京劇中的崑腔戲，而不能稱之爲崑劇。不過即使京劇中有不少崑腔戲，但一向都只是京劇團演出的點綴〔註44〕，而且幾乎是以武戲爲主，因此，觀眾其實未必能夠透過觀賞這些崑腔戲的演出來體驗崑劇之美，舉筆者的經驗爲例，當時縱然已經學了崑劇，但在觀賞這些崑腔戲時，是將之視爲京劇而非崑劇，蓋因這些崑腔戲的風格已然變異爲京劇，而不具備崑劇的表演美學，當中能被辨認爲崑曲元素的只有音樂、曲牌與文詞。

　　整體而言，因爲「崑亂不擋」仍是彰顯京劇演員技藝水準的重要指標，少數京劇演員願意在劇團中演出崑劇（如徐露、郭小莊），或與曲友合作演出崑劇（如劉玉麟、高蕙蘭），這情形在某種程度上擴大了崑劇的觀眾層面，而這種藉由京劇演員的參與以拓展崑劇觀眾的方式，在日後則成爲臺灣崑曲發展的重要方式之一。表2－1所列的是從 1949 年到 1987 年間重要的崑劇演出記錄，包含曲友的彩串以及京劇演員的參與。

〔註44〕臺灣京劇團演出的崑腔戲以武戲和吹腔戲爲主，請參考王安祈《臺灣京劇五十年》附錄二〈民國 35～44 年京劇演出報紙戲單〉（2002：198～281），以及魏子雲所列出臺灣京劇團演出過的崑曲劇目（洪惟助〈臺灣的崑曲活動與海峽兩岸的崑曲交流〉2000：27）。

表 2-1：1949 年至 1987 年臺灣崑劇重要演出記錄

年	月／日	地點／劇目	演出單位／演員	備　註
1951	1 月	臺北市中山堂／《牡丹亭‧學堂》	曲友夏煥新、沈元雙、沈元元等	曲友在臺灣的首次彩串。
1979	5／18	臺北國父紀念館／〈林沖夜奔〉、〈思凡下山〉	雅音小集／李環春飾林沖 郭小莊飾色空 田士林飾本無	雅音小集的創團首演。
1980	3／17	臺北國父紀念館／《牡丹亭‧學堂、遊園驚夢》	新象活動推展中心／徐露飾演杜麗娘 鈕方雨飾演春香 劉玉麟飾演柳夢梅	第一屆國際藝術節
1980	11／12	國軍文藝活動中心／〈遊園〉、〈寄子〉、〈斷橋〉、〈小宴〉、〈刺虎〉	中華學術院崑曲研究所召集各大專院校崑曲社共同演出。	臺北市戲劇季
1982	12／23	臺北市實踐堂／〈斷橋〉、〈下山〉、〈遊園驚夢〉	中華甘棠雅樂團／曲友張惠新、朱惠良等，及京劇演員李光玉、周陸麟、王鳳雲等。	張惠新、朱惠良都是臺大崑曲社校友。
1984	9／16～17	臺北國父紀念館／《牡丹亭》	新象活動推展中心／徐露飾杜麗娘 高蕙蘭飾柳夢梅 及王鳳雲、馬元亮等。	白先勇策劃，徐露舞臺告別之作。
1987	4／12	臺大視聽館小劇場／〈遊園、驚夢〉、〈拾畫〉、〈斷橋〉	臺灣大學崑曲社	第 30 屆年度公演
	8／30～31	臺北國軍文藝活動中心／〈上壽〉、〈借茶〉、〈遊園、驚夢〉、〈拾畫〉、〈夜奔〉、〈斷橋〉、〈掃松〉、〈刺虎〉、〈思凡〉、〈下山〉。	水磨曲集崑劇團	水磨曲集創團首演，以祝賀徐炎之先生九秩嵩壽。

資料來源：整理自鍾廷采碩士論文〈臺灣業餘崑劇團觀眾發展之研究——以水磨曲集崑劇團爲例〉附錄三「臺灣崑曲大事紀」，2006：133～135。

　　這個列表顯示出，從 1949 年開始由學者與曲友所推動的崑曲薪傳工作，在 20 多年之後逐漸向社會大眾展現其成果，並且透過雅音小集的傳統崑劇演出〔註 45〕、新象製作的崑劇節目，以及臺北市戲劇季的崑劇表演安排，使崑曲的觀眾層面逐漸從曲友擴大到京劇戲迷、文化界及藝術界（蔡欣欣 2011：53），雖然只是激起小小漣漪，但已使社會大眾開始認識崑曲。

　　縱觀這個時期的崑曲發展，先是崑曲教育爲往後的演劇活動立下基礎，接著以崑曲演劇的舞臺展現來顯出薪傳工作的成果。到了 1987 年，第一個大學崑曲社已經走過 30 載歲月，而水磨曲集劇團的成立更是爲這個時期的崑曲發展下了最好的註解。有了這些學習及欣賞人口的基礎，在同年政府宣布解嚴並開放與中國的交流之後，臺灣崑曲才得以蓬勃發展起來。

第三節　1987 年～2001 年

　　1987 年政府解除戒嚴令，緊接著開放民眾赴中國探親，有關與中國進行文化交流的政策也隨即展開，如 1987 年有出版品審查、傑出人士來臺參觀訪問的作業要點，1992、1993 年有關於延聘傑出民族藝術人士、傑出藝術專業人才來臺傳習的辦法，這些因解嚴而開放的政策，使臺灣崑曲進入新的發展階段。

　　首先因對中國政策鬆綁之故，臺灣學者得以前往中國觀賞專業演出的崑劇藝術，因而促發了「崑曲傳習計畫」的誕生，在政府經費的支持下，從 1991 年 3 月起到 2000 年 10 月結束，總共辦理了 6 屆，其中以社會大眾爲對象的研習班，培養了更多的戲迷觀眾，構成日後各崑劇團演出的基本觀眾群，而後來增設的「崑曲業餘劇團與師資培養小組」，更是進一步提昇臺灣崑劇的表演水準，促使本地崑劇演員及崑劇團邁向專業化道路。另一方面，從 1992 年

〔註45〕 該演出的〈思凡下山〉中，郭小莊飾演的色空是授自韓世昌弟子梁秀娟，而小和尚本無一角則由崑曲世家田士林教授飾演（張啓豐 2010：256）。這也是京劇演員與崑曲曲友合作的案例之一。而向來按皮黃路子來演的〈林沖夜奔〉，當天爲了配合〈思凡下山〉的崑曲風格，也改以崑曲演法演出，丁秉鐩評論「完全是崑曲的傳統老演法……只有三位演員表演，卻吸引得臺下三千人沈醉的專心欣賞……演員以卓越的演技，表達了傳統劇藝的精湛內涵。」（該篇戲評原刊登於中央日報，此處轉引自「郭小莊的戲劇世界」部落格。http://www.yayin329.com/ensemble/1979-05-31b.html。檢閱日期：2013 年 5 月 30 日）。

起,由上海崑劇團(以下簡稱「上崑」)開啓中國職業崑劇團來臺演出的歷史扉頁,在學術界的主導之下,演出劇目均以展現傳統崑曲表演藝術爲主,此後幾乎每一年都有崑劇團來臺灣演出,輪流爲本地觀眾展示崑曲的藝術精粹;2000 年底至 2001 年初,由臺灣與中國兩地崑劇團聯袂演出的「跨世紀千禧崑劇菁英大匯演」,則顯示出臺灣近 10 年崑曲傳習與推動的成果,其表現在演員表演技藝的成長以及觀眾人數的最大化。在這熱鬧開演的數年間,關於崑曲的學術研究也跟著有所開展,相關的論文發表、文物典藏、學術研討以及影音著書的出版,都使崑曲一時成爲戲曲學者關注的焦點。2001 年 5 月 18 日,崑曲被聯合國教科文組織(UNESCO)公告爲世界非物質文化遺產,這項殊榮使崑曲在進入 21 世紀之後獲得新的發展能量。

　　整體而言,1987 年至 2001 年的臺灣崑曲發展特點主要展現在以下三方面:一是以崑曲傳習計畫爲主的傳習與推廣活動;二是中國職業崑劇團來臺灣的演出;三是崑曲學術研究的開展。

一、崑曲傳習計畫及其他研習課程

　　在解嚴開放之初,便有曲友遠赴美國、日本或香港觀賞中國崑劇團的演出,但 1990 年由曲友賈馨園舉辦了一趟「崑曲之旅」,則開啓了崑曲在臺灣傳習的契機。這個由學者、曲友及崑曲社學生共 32 人組成的團體,前往上海唯一目的便是觀賞上崑的演出,其中曾永義、洪惟助、朱昆槐等學者有感於崑劇藝術的精緻優美,於是商議應該在臺灣辦理「崑曲傳習計畫」,結合民間、學術界及政府的力量,使崑曲藝術得以在臺灣繼續傳承及發揚。

　　因此 1991 年 3 月,由行政院文化建設委員會主辦、中華民俗藝術基金會承辦的第一屆「崑曲傳習計畫」正式開始,臺灣大學中文系曾永義教授擔任計畫主持人,中央大學中文系洪惟助教授則爲總執行,目的在於提供社會大眾研習崑曲藝術的管道。該計畫從 1991 年至 1995 年陸續舉辦了三屆,每一屆爲期一年,課程規劃爲唱曲班、崑笛班與專題講座。唱曲班及崑笛班依照學員程度分初、高級班,唱曲班也兼學身段表演。專題講座則從多方面談論崑曲,使學員對崑曲藝術有更進一步的認識。第四屆以後則改由文建會國立傳統藝術中心主辦,國立國光戲劇藝術學校(今之臺灣戲曲學院)承辦,由洪惟助教授主持。第四屆在 1996 年底開班,除了持續對社會大眾開放招生之外,更成立「崑劇業餘劇團與師資培養小組」,簡稱「藝生班」,招考崑劇基

礎比較紮實的曲友，加上由國光劇團、復興劇團推薦的京劇演員，共招收小生及旦行共 20 名學員，目的在培養臺灣崑劇傳承的師資，並進一步組成業餘崑劇團以推廣崑曲。1998 年初第五屆開辦，藝生班除了原有的旦組及生組之外，再增加老生、丑兩個行當組別，也增設文武場藝生班，目的在養成專屬於崑劇的樂隊，此外也增加唱曲藝生班。整個計畫於 2000 年底結束〔註46〕，在結束的前一年，即 1999 年秋天，以藝生班中京劇演員為班底，成立了「臺灣崑劇團」，做為整個計畫的成果總結（洪惟助〈臺灣的崑曲活動與海峽兩岸的崑曲交流〉2000：29～30；蔡欣欣 2011：57～59）。

　　這個為期長達近 10 年的傳習計畫，自開辦以來，平均每屆招收上百位學員，尤其是第三屆開始，邀請到多位中國崑劇團的一級演員、一級樂師為授課教師，更增添課程的吸引力，學員的組成更廣泛，有家庭主婦、普通上班族、學生、研究生、中小學教師、大學教授等等，年齡從小學五年級學生到祖父母輩都有，這些學員後來成為「傳統戲曲最熱情的觀眾和最堅強的支持者」（洪惟助《崑曲辭典》2002：1016）。其中有些學員因而投入崑曲的學術研究，有些學員彩串能夠達到一定水準，也有些學員能夠擔任演出的崑笛吹奏，這些成效都顯示出該計畫對臺灣崑曲的推廣及流傳有相當大的影響（洪惟助〈臺灣的崑曲活動與海峽兩岸的崑曲交流〉2000：30）。傳習計畫除了嘉惠臺北的愛崑人士之外，也吸引少數外縣市對崑曲有興趣的人們，不定期地抽空前來旁聽課程，成功大學教授梁冰枏（已於 2001 年退休）便是其中一例，並自此成為崑曲曲友，固定參與曲社舉辦的曲會，更因此帶領成大國劇社轉型，改以學習崑劇為主，讓崑曲得以向臺灣南端傳佈〔註47〕。

〔註46〕蔡欣欣在其文〈崑曲在臺灣發展之歷史景觀〉列出崑曲傳習計畫的執行期間為：第一屆 1991／3～1992／2；第二屆 1992／7～1993／6；第三屆 1994／4～1995／3；第四屆 1996／9～1997／12；第五屆 1997／12～1999／6；第六屆為 1999／10～2000／12（2011：58）。然根據《崑曲傳習計畫. 第四屆、第五屆（第一階段）、第五屆（第二階段）：成果報告書》及《崑曲傳習計畫. 第六屆：成果報告書》（洪惟助 1997：無頁碼、2000：無頁碼），最後 3 屆的執行期間為：第四屆 1996／12～1997／10；第五屆 1998／02～1999／05；第六屆 1999／10～2000／10。此處乃採用成果報告書的資料。

〔註47〕成大國劇社成立於 1948 年，但大環境轉變，京劇的學習及演出越來越不容易，在梁冰枏與高美華兩位教授的帶領下，於 2002 年轉型以學習崑曲為主（成大國劇研究社.https://nckuca.wordpress.com/社團總覽/康樂性質社團總覽/國劇研究社/。檢閱日期：2015 年 6 月 25 日）。

　　除了崑曲傳習計畫之外，受益於文建會在 1992 年訂定的「補助延聘大陸地區及旅外傑出藝術專業人才傳習處理要點」，以及教育部在 1993 年訂定的「延攬大陸地區傑出民族藝術及民俗技藝人士來臺傳習許可辦法」，崑劇團及藝術學院也都得以延聘中國崑劇藝術家或劇校教師來臺授課指導。前者如水磨曲集劇團曾聘請華文漪、周志剛、朱曉瑜等來臺傳習，絲竹京崑劇團〔註48〕則邀請到沈世華、龔世葵等合作演出；後者有國立臺灣藝術學院（今之國立臺灣藝術大學）曾延攬林爲林、蔡鎔銑兩位一級演員授課講學，還有國立藝術學院（今之國立臺北藝術大學）曾聘請華文漪來臺教學，以擴展學生的視野及豐富其藝術涵養。這些由傳習計畫、劇團、藝術學院延聘來臺灣傳習的專業人士，除了在受邀單位開設的課程授課之外，也被其他組織團體如校園崑曲社、劇校、劇團、大學、基金會等，邀請至各地示範、演講或演出，這些活動也都一定程度地達到了推廣崑曲的效果。

　　從崑曲的傳習與推廣成果來看，透過崑曲傳習計畫及其他研習課程達到三種成效：一是培養忠實觀眾；二是曲友表演專業化；三是京劇演員的參與投入。第一，歷屆傳習計畫的學員人數已有數百人之多，這些學員在長期學習崑曲之後，對這項古典藝術有較高的鑑賞能力，成爲崑劇最忠實的觀眾（曾永義 2002：299；洪惟助《崑曲辭典》2002：1016）。第二，多年以來曲友都是以前輩／學長姐帶領後輩／學弟妹的方式學習，在中國崑劇藝術家陸續來臺傳習的這幾年，原本崑劇基礎較爲紮實的曲友，如林美惠及筆者，得以透過藝生班有系統並密集的課程，跟隨這些藝術家學藝，讓自己的能夠表演邁向專業化。第三，吸收京劇演員如陳美蘭、郭勝芳等人加入藝生班，使他們從崑劇汲取更多藝術養分，從而提昇表演技藝，並且反餽在自身的京劇表演之中；此外，身爲職業演員的他們，基本功底紮實、角色行當齊全、舞臺經

〔註48〕絲竹京崑劇團於 1995 年成立，團長吳陸森是陸光劇團的京劇演員，後爲學崑曲曾求教於蔡正仁、沈世華及龔世葵等藝術家（施德玉 2010：91）。劇團成員基本上都是職業京劇演員，其成立的宗旨是爲要傳承京崑表演藝術，故以演出傳統折子戲爲主。1996 年邀請中國戲曲學院鈕驃、沈世華夫婦同臺演出《牡丹亭·遊園、驚夢、尋夢》及《獅吼記·梳妝、跪池》，1998 年邀請浙崑王世瑤、張世錚排演《十五貫·訪鼠、測字》、《獅吼記·梳妝、跪池》等折子戲，1999 年再度邀請浙崑王世瑤、張世錚以及龔世葵來臺合作《風箏誤》，2000 年邀請上崑計鎮華、梁谷音同臺演出《獅吼記》（鍾廷采 2006：142〜149）。但此後便少見大型全崑劇的演出，多以小型社區推廣演出京崑傳統折子戲爲主。

驗豐富、已擁有一定的知名度，這些優點使他們成為臺灣崑劇團的最佳班底，在日後承擔起劇團所有的演出任務，使京劇演員也成為臺灣崑曲發展的主力之一。

二、中國職業崑劇團的演出

　　自 1949 年至 1992 年超過 40 年的時間，臺灣崑曲的發展在曲友及學者的推動下，奠定了一定的基礎，到 1992 年開始展現出活潑的景象。首先是由國立中正文化中心所製作的《牡丹亭》於 10 月初揭開序幕，該製作邀請前上海崑劇團一級演員華文漪與大鵬劇團京劇小生高蕙蘭合作演出，為了拓展該演出的社會效應，國立中正文化中心先是於 9 月份策劃了「崑曲之美講座」為演出暖場，之後還有搭配演出的「湯顯祖與崑曲藝術研討會」及「崑曲資料展」，此舉也建立了學術研討與戲曲觀摩的「套餐式」活動型態（蔡欣欣 2011：62），而經由大眾傳播媒體的大篇幅報導，社會大眾逐漸熟知崑曲藝術。

　　緊接著在 10 月底是上崑應新象的邀請來臺演出，該團除了岳美緹因人民代表的身份無法入境之外，所有的一級演員及演奏員都參與了這個歷史性的演出，上崑先在臺北演出 5 天，接著到臺中、高雄及臺南各演出 1 天，帶來了《長生殿》及《爛柯山》兩個全本戲，還有〈擋馬〉、〈活捉〉、〈盜甲〉、〈嫁妹〉、〈寫狀〉、〈扈家莊〉等經典折子戲，讓臺灣觀眾得以見識到文戲武戲都細膩雅緻的傳統崑劇藝術。此後中國六大崑劇團〔註49〕幾乎每年輪流來臺灣公演（見表 2－2），帶給臺灣觀眾最豐盛的崑劇饗宴，對這些中國崑團而言，臺灣儼然成為「崑曲最大的市場」（洪惟助〈臺灣的崑曲活動與海峽兩岸的崑曲交流〉2000：29）。

〔註49〕 六大崑劇團為：上海崑劇團、江蘇省蘇崑劇團（今之江蘇省蘇州崑劇院）、江蘇省崑劇院（今之江蘇省演藝集團崑劇院）、浙江崑劇團、湖南省崑劇團、北方崑曲劇院。此外還有一個永嘉崑曲傳習所（今之永嘉崑劇團），保留了許多南戲聲腔，其藝術風格獨樹一幟。

表 2－2：1992 年至 2000 年中國職業崑劇團來臺灣演出記錄

年份	日期	主辦單位	演出單位	演出劇目
1992	10／28 ～ 11／5	新象文教基金會	上海崑劇團	《長生殿》、《爛柯山》2 個全本戲及〈請神降妖〉、〈擋馬〉、〈寄子〉、〈喬醋〉、〈活捉〉、〈盜甲〉、〈嫁妹〉、〈寫狀〉、〈扈家莊〉等折子戲。
1993 ～ 1994	12／27 ～ 1／2	新象文教基金會	浙江崑劇團	《牡丹亭》及〈千里送京娘〉、〈界牌關〉等折子戲。由傳字輩老藝人姚傳薌、鄭傳鑑及張嫻擔任藝術總監。
1994	11／10 ～ 11／15	新象文教基金會	上海崑劇團	《玉簪記》、《十五貫》、《潘金蓮》、《爛柯山》、《牆頭馬上》等 5 個全本戲與其他經典折子戲。
1995	5／9 ～ 5／10	新象文教基金會	上海崑劇團	「崑曲美之旅」臺北公演，演出〈受吐〉、〈掃松〉、〈跪池〉、〈斷橋〉、〈吃糠遺囑〉、〈扈三娘〉等折子戲。
1997	11／27 ～ 12／7	新象文教基金會	上海崑劇團、北方崑曲劇院、浙江崑劇團、湖南省崑劇團、江蘇省蘇崑劇團	「大陸南北崑劇超級名角大匯演」，共演出 11 天 14 場，劇目包括《琵琶記》、《西廂記》、《牡丹亭》、《義俠記》、《玉簪記》等 5 個全本戲及 40 餘齣折子戲。
1998	11／11 ～ 11／18	雅韻藝術傳播公司	江蘇省崑劇院	《朱買臣休妻》及〈玩箋、錯夢〉、〈掃秦〉、〈狗洞〉、〈守歲〉、〈照鏡〉、〈繡房〉等折子戲。
1999	4／21 ～ 4／25	新象文教基金會	浙江崑劇團	《十五貫》、《繡襦記》、《西園記》、《呂布與貂嬋》、《牡丹亭》等 5 個全本戲和 2 場折子戲。

年份	日期	主辦單位	演出單位	演出劇目
1999	11／26 ～ 11／29	雅韵藝術傳播公司	江蘇省崑劇院	《朱買臣休妻》、《牡丹亭》、《風箏誤》等全本戲，以及〈議劍〉、〈蘆林〉、〈踏傘〉、〈酒樓〉、〈遊園驚夢〉等折子戲。
2000	1／6 ～ 1／15	新象文教基金會	浙江崑劇團	1／6、1／10 分別在成功大學、中央大學演出《西園記》，1／12 至 1／15 於國家戲劇院演出《西園記》及《牡丹亭》。
	12／11 ～ 12／24	新象文教基金會	上海崑劇團、江蘇省崑劇院、永嘉崑曲傳習所、浙江崑劇團、水磨曲集崑劇團、臺灣崑劇團	「跨世紀千禧崑劇菁英大匯演」一共演出 24 場並搭配「長生殿座談會」，劇目有：上海崑劇團《長生殿》、《白蛇傳》、《玉簪記》、《新蝴蝶夢》、《販馬記》（邀請國光劇團魏海敏同臺演出）、《占花魁》等全本戲及兩場折子戲；水磨曲集演出〈詠花〉、〈南浦〉、〈學堂〉、〈蓮花〉、〈剔目〉等折子戲；臺灣崑劇團演出〈照鏡〉、〈吟詩脫靴〉、〈藏舟〉、〈小宴〉、〈贈劍〉、〈亭會〉等折子戲；江蘇省崑劇院演出《白羅衫》、《竇娥冤》、《看錢奴》、《朱買臣休妻》4 個全本戲與 2 場折子戲。
2001	1／9 ～ 1／14	新象文教基金會	上海崑劇團、江蘇省崑劇院、永嘉崑曲傳習所、浙江崑劇團、水磨曲集崑劇團、臺灣崑劇團	永嘉崑曲傳習所演出《張協狀元》；浙江京崑藝術劇院演出《西園記》、《牡丹亭》以及「林爲林專場」與「梅花獎專場」2 場折子戲。

資料來源：整理自鍾廷采碩士論文〈臺灣業餘崑劇團觀眾發展之研究——以水磨曲集崑劇團爲例〉附錄三「臺灣崑曲大事紀」，2006：136～151。

從上表中可以看見中國崑團來臺演出的盛況，在這數年間，中國崑團可說是精銳盡出，在臺灣學者「主導性」的挑選下（蔡欣欣 2011：62），各團都使出混身解數，除了常演的折子戲之外，連甚少演出的經典老戲也都重新排練只爲登上臺灣的舞臺〔註 50〕，而無論是傳統折子戲，還是經過整理改編的全本戲，其劇場美學必需要能夠符合臺灣對崑曲的藝術品味。

回顧從 1992 年上崑首度來臺演出到 2001 年初的跨世紀大匯演，崑曲演劇幾乎每年出現在臺灣的傳統戲曲舞臺上〔註 51〕，如此頻繁的商業演出顯示出，崑劇在臺灣是有一定的市場，這都歸功於過往數十年曲友及學者的辛勤耕耘，臺灣崑曲才能在專業劇團精彩展現崑曲藝術的時刻，得以蓬勃發展起來。而在世紀之交的大匯演，則可視之爲近 10 年崑曲傳習與推廣的成果展示，因爲水磨曲集崑劇團及臺灣崑劇團的參與演出，表明了本地崑劇團的表演技藝已達到一定水準；另一方面，自 1991 年起舉辦的崑曲傳習計畫培養出許多忠實觀眾，而新象與雅韻藝術傳播公司年年邀請中國崑劇團來臺演出，更吸引許多新觀眾，使崑劇人口愈來愈多，展現了崑劇在臺灣發展的潛力（曾永義 2002：304～305）。

三、崑曲研究的開展

臺灣高等學府中的戲曲研究是由鄭騫、張敬、盧元駿及汪經昌等曲學大家開啓的，到 1980 年以後，戲曲研究走向呈現論題專精化、方法多樣化，並且逐漸重視跨領域的研究，研究者對於戲曲的概念重心逐漸從「曲」轉移到「戲」，開始將劇場領域納入戲曲研究之中，而崑曲的研究也在這樣的趨勢之下，從曲學研究跨到劇場研究。受益於開放與中國交流，崑曲研究者更易於從中國取得大量的文史資料及研究成果，也得以親眼見識展現於舞臺的表演

〔註 50〕多位中國崑劇演員都曾表示，中國的觀眾只要看熱鬧的戲，所以劇團根本不敢排出那些過於唯美抒情、卻是演員專精的戲，但臺灣觀眾水準很高，連表演的細微處都有回應，所以他們很樂於將這些拿手好戲帶給臺灣觀眾（陳芳英 2009：269）。

〔註 51〕1996 年雖然沒有中國崑劇團來臺灣演出，但仍然有水磨曲集劇團及絲竹京崑劇團的年度公演，只是當時本地劇團的演出並不售票。

藝術，使「案頭」與「場上」有交互印證的機會，這些都豐富了研究者的崑劇視野，進而擴大了崑曲研究的格局（王安祈 2001：229、231～232；林鶴宜 2009：10～11、37）。

從研究成果來看，臺灣第一篇以崑曲為研究主題的學位論文，是 1969 年由中國文化學院中華崑曲研究所的研究生劉文六所撰寫的碩士論文《崑曲研究》，該論文由該所所長夏煥新與鄧昌國所指導，而中華崑曲研究所則是由蔣復璁及張其昀所倡辦，但是此後卻有超過 25 年的時間，沒有任何以崑曲或崑劇為主題的學位論文產出。直到 1997 年至 2000 年，4 年之間就共有 5 篇以崑曲或崑劇為題名的碩士論文，其中 4 篇以崑劇劇本及劇場藝術為研究主題、1 篇以崑曲音樂為研究主題〔註52〕（詳見附件一），而其他相關的期刊文章以及研究專書數量也有所增加；此外，搭配演出觀摩的學術研討會也陸續舉辦，如 1997 年的「明清戲曲國際研討會」，邀請到中國崑劇名家張繼青等人演出「崑劇折子戲專場」，顯示出學界對崑劇藝術的關注程度（蔡欣欣 2011：65～68）。

另一方面，在學者推動及政府補助之下，有三項重要事件更是促進了臺灣的崑曲研究：一是中央大學戲曲室的成立；二是《崑曲辭典》的編纂；三是崑劇的錄影（洪惟助〈臺灣的崑曲活動與海峽兩岸的崑曲交流〉2000：33）。首先，中央大學戲曲研究室在文建會主委郭為藩和中央大學校長劉兆漢的支持下，於 1992 年 1 月成立，以崑曲資料的蒐集與研究為主要工作。戲曲室收藏有大批的戲曲文物、文獻史料、學術論著及影音資料等，也執行戲曲相關的調查研究計畫，在戲曲教學、研究與資料典藏方面有重大的貢獻，也是從事中國戲曲研究者資料蒐集的重要來源之一（洪惟助〈臺灣的崑曲活動與海峽兩岸的崑曲交流〉2000：32～33；蔡欣欣 2011：67）。

《崑曲辭典》的編纂則是戲曲室另外一項重要的工作，在政府的經費支持之下，網羅了臺灣與中國兩地的戲曲學者與專家共同撰稿及審稿。這部崑曲辭典的內容包括；通論、作品與作家、理論批評與理論家、音樂、表演藝術、曲家與表演家、舞臺美術、組織與演出場所、文物、演出習俗、佚聞傳說、大事年表等，全書共約 3 百萬字。臺灣在崑劇資源貧乏的情況下，主導

〔註52〕統計自「臺灣博碩士論文知識加值系統」，查詢條件是以論文名稱為「崑曲」或「崑劇」為查詢字串、畢業年度為民國 76 年（1987 年）至民國 89 年（2000 年）所有的博碩士論文（http://ndltd.ncl.edu.tw/cgi-bin/gs32/gsweb.cgi/ccd=qoZ6-JG/result#result。檢閱日期：2013 年 5 月 1 日）。

策劃了這大部頭工具書的編纂及出版計畫，表現出的是介入崑劇傳承與發展的積極態度（洪惟助〈臺灣的崑曲活動與海峽兩岸的崑曲交流〉2000：32～33；林鶴宜 2009：21、36；蔡欣欣 2011：67）。

　　為了讓崑劇舞臺藝術得以保存下來，以曾永義及洪惟助為主持人的「崑劇錄影保存計畫」，在文建會的支持與委託之下，由中華民俗藝術基金會分別於 1992 年及 1996 年執行製作，共錄製了中國六大崑劇團的代表性經典折子戲 124 折及全本戲 1 本，再後製為 39 集的《崑劇選輯》出版，成為海內外教學及研究的重要資料。其後還有由國立傳統藝術中心主辦的其他錄影製作，錄製的是中國崑團來臺演出的劇場實況〔註 53〕，如 1997 年的《中國崑劇藝術團精選》，是「大陸南北崑劇超級名角大匯演」的大部分演出劇目，1998 年的《秣陵蘭薰》，是江蘇省崑劇院來臺演出的所有劇目，還有 1999 年的《秣陵蘭蘊——江蘇省崑劇院表演藝術》、2001 年初浙江京崑藝術劇院（以下簡稱「浙崑」）的《西園記》、《牡丹亭》，以及永嘉傳習所的《張協狀元》等，保存了當代重要的崑曲名家經典劇目，深具史料記錄的功能價值。這些錄影製作是有史以來規模最大的，幾乎當時所有能演出的經典劇目都被臺灣記錄保存下來（洪惟助〈臺灣的崑曲活動與海峽兩岸的崑曲交流〉2000：30～31；蔡欣欣 2011：59～60）。

　　以上可見臺灣的崑曲研究受益於開放與中國交流，除了易於取得的大量文物史料之外，展現於舞臺的表演藝術，更使研究者有「案頭」與「場上」交互印證的機會，在整體戲曲研究的進程中，崑曲研究逐漸走出文學傳統跨向劇場藝術，兼顧了「曲」與「戲」兩個層面，而成立戲曲研究室、編纂崑曲辭典及大量錄製崑劇，更是促進了臺灣的崑曲研究，對崑曲的傳承與發展有重大影響。

　　自 1987 年起，因解嚴而開放與中國進行的文教交流，使臺灣學者及曲友終於得見崑曲藝術的舞臺魅力，從而積極籌劃「崑曲傳習計畫」，結合民間、學界及政府的力量，有系統地進行長達近 10 年的傳習與推廣工作；在此同時，本地崑劇團及藝術學院也陸續開設一些研習課程，或為團員進修或為合作演出，也為藝術系學生拓展視野，透過這些課程及崑曲傳習計畫，不但培養了大批觀眾，也提高了曲友的表演技藝，更培訓了部分京劇演員，使其成為日

〔註 53〕詳見表 2－2。

後臺灣崑曲發展的主要力量之一。另外，1992 年華文漪在臺灣演出的《牡丹亭》，揭開了中國崑劇藝術家及職業崑劇團來臺表演的序幕，此後幾乎每年都有中國職業崑劇團及崑劇藝術家來臺做各種大小型演出，他們以各自獨特的風格及精湛的技藝，向臺灣觀眾展現出崑劇典雅細膩特色下的各種面貌。而自 2000 年底至 2001 年初的跨世紀大匯演，不但有本土崑團加入演出，也展現了臺灣崑劇發展的潛力，顯示出臺灣崑曲傳承及推廣的整體成效。除此之外，崑曲的研究範圍也從文學跨向劇場，無論是學位論文、期刊文章或研究專書都較以往增加，而中央大學戲曲研究室的成立、崑曲辭典的編纂及崑劇舞臺藝術的錄製則是促進臺灣崑曲研究的重要因素，也表現出臺灣學界為崑曲傳承發展所做的貢獻。臺灣崑曲在經過這蓬勃發展的階段之後，因聯合國教科文組織於 2001 年將崑曲列為世界非物質文化遺產，使得進入 21 世紀之後的崑曲獲得新的發展能量。

第四節　2001 年～2014 年

2001 年 5 月 18 日聯合國教科文組織公告首批「口傳非實物文化傳承傑作」〔註54〕，崑曲名列 19 項文化遺產之一，這項榮銜對崑曲的傳承與發展有極大的影響，中國政府開始進行一系列的政策擬定、資源投入及慶祝活動，目標是搶救、保護和振興崑曲（鄭培凱 2006：224～227；蔡欣欣 2011：69）。對臺灣崑曲發展而言，最大的益處則是這項榮銜本身即是最佳宣傳，使社會大眾對崑曲的印象，從大陸劇種一躍而成世界非物質文化遺產。2001 年以後，臺灣的崑曲演劇活動持續活躍，除了每年最少一次的中國崑團來臺演出，臺灣也陸續成立本土崑劇團，大多都能維持一定的演出量，這些劇團各具風格，使演出呈現出多元的風貌。而這個時期的崑曲演劇雖然仍以展示經典折子戲為主，但全本戲的展演有增加的趨勢，其類型從整編程度最少的串本戲〔註

〔註54〕此榮銜是聯合國教科文組織在 1999 年 11 月所創制，至 2003 年 10 月通過世界文化遺產保護《公約》時，才演變為現今使用的「非物質文化遺產」。相關討論請見雷競璇〈見於兩份文件、三種語言的文化遺產保護〉一文，該文收錄於《口傳心授與文化傳承》（2006：28～41）。

〔註55〕串本戲基本上只是將折子戲按照劇情先後順序安排串組而成的全本戲，有時會視情況略加整理修改，但修編幅度並不大。通常稱「串本戲」是用以強調「由折子戲串組而成的全本戲」。

55）,到具實驗精神的小劇場實驗劇都有,有的是中國崑團所製作,有的是由臺灣主導、與中國合作的成果,更有臺灣自製自演的作品;這些演劇活動展現的是,新世紀的臺灣崑曲已經發展到有能力與中國協同製作,甚至可以自行創作的程度。在崑曲的學術研究方面,2002 年起,洪惟助策劃的《崑曲叢書》預計總共出版 5 輯 30 冊崑曲論著;另外,由曾永義策劃的《國家戲曲研究叢書》也於 2004 年開始發行,這兩套叢書都是臺灣與中國兩地學者對崑曲／戲曲研究的智慧結晶。

總體來說,從 2001 年到 2014 年底為止,可從三個主要特點來說明與探討這段時間的臺灣崑曲發展:一是本土崑劇團及崑曲團體的成長;二是崑劇全本戲展演的增加;三是學術研究範圍的擴大。

一、本土崑劇團及崑曲團體的成長

1987 年臺灣成立了第一個崑劇團,即是由徐炎之及張善薌夫婦的學生所組成的水磨曲集崑劇團,到 1999 年才有第二個崑劇團——臺灣崑劇團,該團是由崑曲傳習計畫藝生班的京劇演員為班底所組成,不過在此之前,有兼唱京劇與崑劇的絲竹京崑劇團是 1995 年由京劇演員吳陸森所成立。進入 21 世紀後,陸續有詠風劇坊、台北崑劇團及蘭庭崑劇團分別於 2000 年、2003 年及 2005 年成立,而 2006 年則有以實驗崑劇為創作主軸的 1／2Q 劇場成立,2011 年風城崑劇團於新竹縣登記成立,是第一個臺北市以外的崑劇團,2014 年底則有東寧雅集於臺南成立,顯示出崑曲藝術的種子已然在南臺灣落地生根。這些劇團風格各異,呈現出多元的演出風貌;除了上述劇團之外,還有不以演出為主要任務,但也致力於推展崑曲的團體也相繼成立,包括專研崑曲音樂演奏的幽蘭樂坊,以及推廣崑曲唱曲活動的台北崑曲研習社,而早在 1953 年就組成的蓬瀛曲集則是到 2010 年才終於登記立案取得法人身份。以下將分別介紹規模較大的全崑團,包括水磨曲集崑劇團、臺灣崑劇團、台北崑劇團、蘭庭崑劇團,另外也介紹較為特別的 1／2Q 劇場,其他崑劇團及崑曲團體則併於一處簡述之。

（一）水磨曲集崑劇團

水磨曲集崑劇團(簡稱「水磨」)成立於 1987 年,是臺灣第一個崑劇團,蕭本耀是第一任團長,後由陳彬接任,目前團長為宋泮萍。該團在其網站上

的基本資料中介紹，其創始團員都是大專院校崑曲社的校友，在校時期即跟隨徐氏夫婦學習崑曲，有人專攻吹笛如蕭本耀及林逢源，有人專攻表演如陳彬及宋泮萍。他們在畢業多年之後，由蕭本耀發起創立劇團，一方面為了凝聚同儕、彼此切磋以提昇技藝，一方面也為了將兩位老師所教的內容傳承下去，而最終目標是將崑曲推展出去，以培養更多觀眾，因此劇團在秉持著「學而優則演，演而優則教」的精神，以「培訓專一的崑劇演出者」、「舉辦多元的演出暨推廣活動」、「傳承不息的崑劇薪火」為經營理念〔註56〕，對內提昇表演者的演出水準，對外則透過各種形式的推廣活動以開發潛在的崑曲愛好者。

在中國職業崑劇團來臺演出之前，水磨是唯一的全崑劇演出團體，早期多邀請京劇演員參與演出，如劉玉麟及徐中菲的《長生殿》、高蕙蘭及陳美蘭的《還魂記》〔註57〕，同時間，學校崑曲社也已培養出一些年輕曲友，如東吳崑曲社的林美惠、鍾廷采，銘傳崑曲社的許珮珊及筆者，日後逐漸成為水磨演出的主力之一。1994 年水磨邀請到華文漪指導旦角團員〔註58〕，又聘請上海崑劇團周志剛來臺指導小生團員，並且為 1995 年初的成果展演做總排，這是水磨首度自行辦理劇團內部研習課程，也是團員在崑曲傳習計畫之外的自我進修；1999 年開始更持續聘請周志剛、朱曉瑜夫婦來臺指導團員，與周氏夫婦合作密切的師友關係，使水磨得以逐漸型塑出自己的路線及風格：一是「打磨整理」傳統經典折子戲，二是「挖掘捏塑」有劇本但無人排演過的折子戲，三是「串組加工」折子戲以組合成串本戲（蔡欣欣 2011：84）。經過 10 多年的學習積累，水磨至今能搬演的劇目已超越了「張十齣」〔註59〕，但

〔註56〕引自水磨曲集崑劇團部落格（http://shuimokun.pixnet.net/blog。檢閱日期：2013 年 4 月 30 日）。

〔註57〕這兩齣整編全本戲是水磨參加 1990 年文藝季的演出內容。《長生殿》的楊貴妃由徐中菲一人飾演，唐明皇則除了劉玉麟外，還有曲友朱惠良、香港曲家楊世彭及顧鐵華分別扮演，而曲友貢敏則飾演李龜年；《還魂記》即《牡丹亭》，陳美蘭飾演杜麗娘，高蕙蘭與曲友陳彬分飾柳夢梅。在此之前也有其他的合作演出，但以該次規模最大，兩本戲都需要到大量龍套，這些龍套演員都來自校園崑曲社。

〔註58〕當時華文漪是受國立藝術學院戲劇系正式聘請來臺任教，而水磨團員學習的是〈偷詩〉、〈斷橋〉、〈遊園〉、〈驚夢〉、〈贈劍〉、〈小宴〉共 6 齣折子戲，學習者以程度較高的剛畢業崑曲社校友為主。

〔註59〕張善薌所傳授的 10 齣折子戲，包括〈學堂〉、〈遊園〉、〈驚夢〉、〈佳期〉、〈拷紅〉、〈琴挑〉、〈小宴〉、〈斷橋〉、〈刺虎〉、〈思凡〉。

無論是折子戲或串本戲，均以展現崑劇折子藝術為演出風格，並且以延續師承傳統為努力方向。

　　水磨分別在 1998 年、2000 年、2006 年、2007 年、2009 年皆獲文建會評選為「扶植團隊」〔註 60〕，在政府的經費補助之下，各項團務工作得以順利進行，包括團員進修計畫的落實、演出品質的提昇、推廣活動的開展等。經過 20 年的磨練之後，水磨自 2007 年開始，已有能力展開跨縣市的演出活動，2007 年的串本戲《浣紗記》、2009 年的串本戲《長生殿》、2012 年的「萬里巡行——周志剛、朱曉瑜伉儷傳承經典崑曲作品展」，都跨出臺北市及臺北縣（今新北市），到桃園、苗栗、彰化進行展演，將崑劇藝術推廣至大臺北以外的其他縣市，這對於一個由曲友所組成的業餘劇團而言，無疑是個很大的進展與成功。另外，劇團從 2006 年起每年開辦春、秋兩季的「崑劇表演藝術工作坊」，直接面向社會大眾推廣傳承崑劇藝術，不但為劇團培養義工及忠實觀眾，更重要的是為崑劇培養核心觀眾，以成為支持崑劇的中堅力量〔註 61〕。

　　由於水磨有幾位成員在校園崑曲社教學，加上劇團開設的崑劇工作坊，使其逐漸建立起自己的社群網絡，並且藉由「學長姐——學弟妹」與「老師——學生」的雙重關係，進一步強化網絡的連結性，這使得每當水磨有展演任務時，總是能找到一群義工，或者臺上跑龍套、或者臺下幫忙工作，這些義工同時也是劇團的忠實觀眾，擁有這樣的「人力資源」，正是水磨令其他崑劇團相當羨慕的優勢。水磨雖然是一個由曲友組成的業餘劇團，但其認真經營劇團的專業精神不下於職業劇團，而它的成功一定程度地代表著崑劇藝術在臺灣扎根的成果。

〔註60〕 「扶植團隊」是對獲得文建會某項補助計畫補助的演藝團體的俗稱。該補助計畫即是文建會自 1992 年開始實施的「國際性演藝團隊扶植計畫」，1998 年改為「傑出演藝團隊徵選及獎勵計畫」，2001 又更名為「表演藝術團隊發展扶植計畫」，2009 年再度變更為目前的「演藝團隊分級獎助計畫」，獲選團隊得以因政府提供的經費補助，而能夠維持行政能量並專心於創作（溫慧玟 2009：55～58），1999 年臺北市文化局成立之後，也實施地方層級的「臺北市傑出演藝團隊甄選與獎勵計畫」，其補助制度即是脫胎自前述的補助計畫（參考自〈表演藝術補助制度的未來展望〉。http://cci.culture.tw/cci/cci/market_detail.php?sn= 9517。檢閱日期：2014 年 12 月 1 日）。

〔註61〕 以上資料整理自〈水磨曲集崑劇團活動年表〉（陳彬 2012：194～205）。

（二）臺灣崑劇團

臺灣崑劇團（簡稱「臺崑」）成立於 1999 年，在洪惟助的帶領之下，以崑曲傳習計畫藝生班中的京劇演員爲班底而組成，其經營目標是「致力於崑劇藝術的傳承、提昇與推廣；積極建立深具臺灣特色的專業崑劇團」〔註62〕，而京劇演員所擁有的專業技藝、舞臺經驗及知名度都是達成上述目標的有利條件。成團以來每年都舉辦各種大、小型公演，更從 2005 年起採取「臺、中合作／師生聯演」的經營策略，幾乎每年都邀請中國職業崑劇演員來臺合作，從而迅速累積演出實力，至今能演出的傳統折子戲已超過 50 折（蔡欣欣 2011：86），與知名崑劇演員同臺合演也可以提高劇團及演員的知名度，成功地建立起「專業崑劇團」〔註63〕的形象。臺崑除了折子戲之外，也致力於串本戲的整理及演出，目前已累積了 11 個串本戲，包括《牡丹亭》、《爛柯山》、《風箏誤》、《蝴蝶夢》、《玉簪記》、《琵琶記》、《獅吼記》、《西廂記》、《奇雙會》、《尋親記》、《荊釵記》等，爲各崑團之冠。臺崑的一大優勢就是因著團長洪惟助的關係，與中國的戲曲學術界及崑曲界都有較密切的往來，儼然成爲「兩岸崑曲藝術的交流平臺」（蔡欣欣 2011：87）。

除了展演之外，臺崑也開辦崑曲推廣班，包括崑笛班及唱腔身段班，分別由蕭本耀及楊莉娟授課，唱腔身段班有時也會聘請中國崑劇名家來臺教學，如 2010 年邀請到北方崑曲劇院的張毓文老師來傳授《漁家樂・刺梁》一折，推廣班的目的同樣是希望能夠傳承與發揚崑劇藝術，進而拓展戲曲的欣賞人口（蔡欣欣 2011：86）。臺崑也曾分別在 2004 年、2006 年、2007 年、2010 年獲文建會評選爲「扶植團隊」。

由於臺崑的團員除了崑曲藝生楊汗如是曲友之外，其他都是職業京劇演員，故其所擁有的角色行當是臺灣各崑劇團中相對齊全的，包括小生、老生、旦、老旦及丑，能排演的劇目種類較爲多樣，而職業京劇演員紮實的基本功底，也成爲臺崑的優勢。然而，長年的京劇訓練，卻也使得這些京劇演員的

〔註62〕引自臺崑網站的簡介（臺灣崑劇團。http://www.taikun.com.tw/P-1.htm。檢閱日期：2013 年 4 月 30 日）。

〔註63〕其實「專業崑劇團」的説法有待商榷，因爲臺崑是由京劇演員組成，雖然有紮實的戲曲功底，但並沒有受過嚴格的崑劇訓練，其京、崑表演美學的掌握和分辨能力都還有可斟酌之處，故陳芳英認爲「臺灣沒有專業崑劇團」（2009：291）。除了臺崑，以京劇演員爲演出主力的蘭庭崑劇團也自許爲「專業崑劇團」。

崑劇演出有京劇化的傾向，雖然他們在完成崑劇「傳承」之初的成果展演還依稀可見崑劇表演美學的痕跡，但其後隨著時間過去，會形成以京劇方式來唱演崑劇的情況，而這種京劇化現象則是臺崑展演及傳承崑劇的一項隱憂〔註64〕。另一方面，由於團員分別來自國光劇團及臺灣戲曲學院京劇團，因此，除非京劇團願意支持配合，否則要安排培訓及排演就會變得相對困難，團長洪惟助就曾經表示，由於京劇演員的請調困難，成為決定劇團停止營運的原因之一〔註65〕。京劇演員參與崑劇活動日益加深，其影響不僅限於臺崑，對臺灣崑曲整體發展都有相當大的影響，本論文將於第四章對此議題做進一步探討。

（三）台北崑劇團

台北崑劇團（簡稱「台北崑」）成立於 2003 年，團長應平書也是徐炎之的學生，他特地邀請上崑周志剛、朱曉瑜夫婦分別擔任劇團的藝術總監及藝術指導，該團的成立宗旨為「有系統組織崑劇演出，舉辦崑劇欣賞講座提昇崑劇藝術，吸引更多崑劇愛好者，促進兩岸崑劇交流」〔註66〕。

台北崑的經營方向分為兩項，一是展演活動，一是推廣活動。展演活動自 2005 年開始每年至少舉辦一場演出，演員以崑曲傳習計畫藝生班的京劇演員為主，另外再視需要邀請其他行當如武生或花臉的京劇演員參與，但這些京劇演員並非團員而是受邀參與演出。推廣活動則包括示範講座、小型推廣演出，以及推廣研習班，曾至北一女、華僑中學、暨南大學、成功大學進行示範講座，也曾經於傳藝中心、成功國宅進行小型推廣演出，崑曲推廣研習班則是自 2006 年起每年開班，由周志剛、朱曉瑜夫婦教授傳習，研習課程結束後通常會推出成果展演，由學員自費彩串演出〔註67〕。但隨著京劇演員的

〔註64〕陳芳英也提出相同看法，認為從這些京劇演員的演出看來「崑曲美學特質，京、崑間唱念和風格差別，似乎並不被重視。」，同時也表示「如果向觀眾展示『這就是崑曲』，甚至將來由他們傳承，那還真是有點傷腦筋的事。」而這的確也是部分觀眾的擔憂（2009：265）。

〔註65〕洪惟助於 2014 年接受李巧芸的訪談時，是表示打算結束劇團營運（2014：360），不過，當 2015 年接受筆者訪談時，則表示並非結束劇團，而是結束辦公室運作，同時不再主動規畫任何節目與活動（訪談。臺北市南京西路星巴克。2015 年 3 月 8 日）。

〔註66〕引自《台北崑劇團成立十週年特刊》，第 58 頁。

〔註67〕學員中有多位曲友，蓋因自崑曲傳習計畫結束後，台北崑開設的研習班是唯一固定邀請中國崑劇演員來臺傳習的研習班，故吸引許多曲友參加。

調請日益困難，加上幾位長期參加推廣班的學員已有學習成效，促使台北崑開始逐漸轉型，將這些學員納爲團員，漸次加入劇團演出，而推廣班的開課時間也隨之調整，安排在周志剛及朱曉瑜兩位老師來臺爲劇團排練演出劇目的期間，到了 2012 年，這些由推廣班培養的團員已經能夠承擔劇團的年度公演任務，而不再需要依賴京劇演員了〔註68〕。

　　台北崑的崑劇傳習及展演都是以傳統折子戲爲主，除了京劇演員本來就從藝生班或臺崑的團員進修課程所學的崑劇折子戲之外，其他就是由周志剛夫婦所教授的折子戲，包括《浣紗記・分紗》、《焚香記・陽告》、《蝴蝶夢・搧墳》等，與水磨曲集一樣，台北崑也是以延續並呈現師承傳統爲劇團展演的主要目標。

（四）蘭庭崑劇團

　　蘭庭崑劇團（簡稱「蘭庭」）成立於 2005 年，其前身爲「蘭庭藝苑」，是已故京劇小生高蕙蘭在 1994 年爲遠赴美國及法國演出《牡丹亭》〔註69〕所組的劇團，高蕙蘭辭世之後，其友人朱惠良、蕭本耀、王志萍等，以發揚崑劇之名重新登記爲「蘭庭崑劇團」。團長王志萍曾擔任臺大崑曲社社長，和朱惠良、蕭本耀都是徐炎之的學生。該團的成立宗旨爲「集結海內外菁英，發揮臺灣在文化創意產業的優勢，將崑劇這一門古老的藝術與當代人的生命情調有所連結，帶動崑劇在臺灣的多元發展面貌」〔註70〕，其經營方向則是「致力於『小全本』、『跨界新古典崑劇』演出製作及崑劇表演藝術推廣活動」〔註71〕。蘭庭曾於 2009 年及 2010 年被臺北市文化局評選爲「臺北市傑出演藝團隊」而獲得經費補助。

　　蘭庭到 2014 年爲止，已經推出過 3 個小全本：《獅吼記》、《長生殿》、《玉簪記》，以及一個新古典崑劇《尋找遊園驚夢》，另外也有主題式的折子戲選粹，包括展現小生藝術的《蘭庭六記》與旦角藝術的《崑旦的千種風情》。這些製作都邀請到戲曲學者及崑劇藝術家共同參與，在劇本整編方

〔註68〕以上資料整理自《台北崑劇團成立十週年特刊》（2013），及筆者對台北崑劇團團長應平書的訪談（應平書自宅，2014 年 10 月 6 日）。

〔註69〕這個《牡丹亭》的版本及主要演出陣容與 1992 年國立中正文化中心製作的《牡丹亭》相同（見本章第三節），也是邀請華文漪合作演出。

〔註70〕引自蘭庭崑劇團部落格（http://blog.yam.com/lanting。檢閱日期：2013 年 4 月 30 日）。

〔註71〕同上註。

面，有浙崑演員張世錚的《獅吼記》、臺大中文系教授李惠綿的《尋找遊園驚夢》、《長生殿》、《玉簪記》；藝術指導則邀請無垢舞蹈劇場林麗珍及浙崑張世錚、周雪雯夫婦擔任；也邀請到前北方崑曲劇院溫宇航〔註72〕、江蘇省演藝集團崑劇院孔愛萍爲榮譽駐團藝術家。在演員方面，如同臺崑及臺北崑，也是以職業京劇演員爲主體，這些演員透過參與這3崑劇團的演出，拓展本身能演的崑劇劇目及表演機會，特別是在蘭庭，因爲作品多以生旦戲爲主，故而多次開設內部旦角研習課程，聘請浙崑教師周雪雯擔任劇團的藝術指導，並且經常來臺授課，幾位京劇旦角演員如朱安麗、陳長燕因而受惠良多。

除了大型公演之外，蘭庭也推出各種小型展演及推廣講座，並舉辦多場清唱活動，自2010年起也每年固定兩次對外開設崑曲小生研習班，由溫宇航授課，相較於臺崑及台北崑多以旦角爲主的研習課程，蘭庭在推廣小生藝術上著力較多。此外，蘭庭也將推廣崑劇藝術的途徑拓展至專書及影音的出版，其中影音出版品的製作是其他崑劇團未曾著力之處，其所製作的2007年度大戲《尋找遊園驚夢》DVD得到當年度金曲獎「最佳專輯製作人獎」（團長王志萍）、2008年度大戲《蘭庭六記》DVD得到當年度金曲獎「最佳詮釋獎」（駐團藝術家溫宇航）、2009年度大戲《長生殿》DVD也入圍當年度金曲獎3個獎項，這些榮譽對於蘭庭以及臺灣崑劇都是相當大的鼓勵。

（五）1／2Q劇場

1／2Q劇場（簡稱「1／2Q」）成立於2006年，團名「二分之一」表明劇團組合既非全然戲曲也非全然現代劇場，而英文字母Q則是取「崑曲」漢語拼音「Kunqu」之諧音。關於1／2Q的創團初衷，劇團藝術總監楊汗如說得明白：

> 像我們傳統戲曲……被迫要置身在現代劇場裏面，你即使以爲你是演一個傳統的折子戲，可是你進入的是一個現代的劇場……戲曲跑到一個現代劇場裏面一定要有一些改變，它才能夠合適於這個空間，尤其是實驗劇場的空間，我們是這樣的開始，等於是我們這個

〔註72〕溫宇航於1999年在紐約演出陳士爭的《牡丹亭》並且從此留在美國，2006年受蘭庭邀請來臺演出《獅吼記》後便一直合作至今，2007年及2009年先後與國立國光劇團合作《繡襦記》及《李慧娘》，在2010年正式加入國光劇團，現定居臺北。

劇場就是一定會有崑曲，最重要的就是保持它的音樂，還有就是我
們就會有一半是現代劇場，那個現代劇場就包羅萬象。〔註73〕

「實驗崑劇」便是劇團的創作主軸，主要創作者除了楊汗如之外，還有現代
劇場導演戴君芳及裝置藝術家施工忠昊，他們以各自不同的藝術背景及專
長，期望激盪出既古典又前衛的「新崑劇」。

　　1／2Q 的首部作品是在成團之前的 2004 年所推出的《柳‧夢‧梅》，該
劇結合崑劇與裝置藝術，其創新的手法頗受戲曲界的注目，之後陸續推出以
傳奇為本的改編作品，包括《情書》（取材自《西樓記》，2005 年第二號作品）、
《戀戀南柯》（取材自《南柯記》，2006 年第三號作品）、《小船幻想詩》（取材
自《喬影》，2006 年第四號作品）、《半世英雄‧李陵》（取材自《牧羊記》，2008
年第五號作品）、《掘夢人》（取材自《牡丹亭》，2009 年第六號作品）、《亂紅》
（取材自《桃花扇》，2012 年第七號作品）、《風月》（取材自《紅樓夢》，2014
年第八號作品）等〔註74〕，創作方向都是以崑曲折子戲為藍圖，再結合劇場、
視覺、舞蹈等各種媒材做跨界組合（蔡欣欣 2011：96），試圖為「傳統戲曲尋
找前衛性的可能」〔註75〕。

　　然而跨界實驗本非容易之道，陳芳英認為 1／2Q 至 2008 年末所有作品
中，除了《小船幻想詩》取得了某種合諧之外，多數作品仍顯出「在異質元
素中掙扎的困境」〔註76〕（2009：339）。但無論如何，創作團隊畢竟是「提
出了現代人觀看經典的另一種態度」，這句話雖是王安祈用以說明其「京劇小
劇場」的創作緣由（2008：25），但也同樣適用於 1／2Q，至於未來能否撞擊
出新的可能，則需要更長的時間來觀察。

（六）其他團體

　　除了上述崑劇團之外，到 2014 年底為止，尚有以下團體相繼成立：

〔註73〕引自楊汗如在 1／2Q 第七號作品《亂紅》獲得第十一屆（2013 年）台新藝術
　　　　獎「表演藝術類」入圍時，接受臺北當代藝術館的訪問（臺北當代藝術館
　　　　Youtube 頻道。http://youtu.be/Z-6irydNo9k。檢閱日期：2014 年 8 月 8 日）。
〔註74〕資料整理自 1／2Q 部落格及 Facebook 專頁（http://halfqtheatre.blogspot.tw/。
　　　　檢閱日期：2013 年 4 月 30 日；https://zh-tw.facebook.com/pages/二分之一 Q-
　　　　劇場/169362436509017。檢閱日期：2015 年 6 月 25 日）。
〔註75〕傅裕惠用以描述戴君芳的創作策略（2008：160）。
〔註76〕這困境的背後因素可參閱傅裕惠對戴君芳、楊汗如、施工忠昊三人合作的討
　　　　論（2008：141～164），以及陳芳英提及採用現代劇場演員演出崑劇的問題
　　　　（2009：336）。

1. 絲竹京崑劇團，1995 年成立，兼演京劇及崑劇，最近數年來鮮有大型全崑劇演出，多以演出小型社區推廣演出京崑傳統折子戲為主。〔註77〕

2. 詠風劇坊，2000 年成立，團長黃麗萍是崑曲藝生，劇團兼演崑劇及歌仔戲，以深入社區及校園做小型演出為主。〔註78〕

3. 幽蘭樂坊，2006 年成立，是專研崑曲音樂演奏的業餘團體，成員為崑曲傳習計畫藝生班中的文武場班藝生，以推廣崑曲音樂為志。〔註79〕

4. 台北崑曲研習社，2009 年成立，社長韓昌雲為第四屆崑曲傳習計畫藝生班藝生，該社旨在提倡崑曲唱曲活動及推動崑曲傳習，已舉辦過數次清唱會及研習班，每週有固定拍曲課，每年也會舉辦一場彩演。〔註80〕

5. 蓬瀛曲集，1953 年成立，2010 年才登記立案取得法人身份，現任團長為劉玉明，曾是師大崑曲社社員，也是夏煥新與焦承允的學生。蓬瀛一直維持曲會活動不曾間斷，成為社團法人則有利於對外拓展崑曲推廣的活動，不但恢復每年固定舉辦的彩演活動，還要開設崑曲研習班，目標是要傳承並發揚蓬瀛曲集推廣與薪傳崑曲藝術的精神。〔註81〕

6. 風城崑劇團，2011 年於新竹成立，是第一個臺北市以外的崑劇團，團長鍾艾葥曾是臺大崑曲社社長、崑曲傳習計畫唱曲班及身段班學員，該團致力於將崑劇藝術帶進新竹縣並在當地扎根，所以劇團活動以推廣演出及崑劇研習班為主，希望透過展演培養當地崑劇觀眾。〔註82〕

7. 東寧雅集，2014 年於臺南成立，成為第二個臺北市以外的崑劇團，該團負責人高美華是徐炎之夫婦的學生，現為成功大學中文系副教授，團長曾子津則長期參加在臺北開設的崑曲研習班，二人同時擔任成大國劇社指導老師，該社團在成大退休教授梁冰枏的引領下，於 2002 年轉型學習

〔註77〕 詳見註 48。
〔註78〕 詠風劇坊部落格。http://blog.xuite.net/solefer_jh/twblog。檢閱日期：2013 年 5 月 2 日。黃麗萍原為薪傳歌仔戲團小生演員，後參加崑曲傳習計畫並考進藝生班，同時經營以唱歌仔戲為主的賞樂坊及詠風劇坊。
〔註79〕 幽蘭樂坊網頁。http://www.yulanyuehfang.rumotan.com/。檢閱日期：2013 年 5 月 2 日。
〔註80〕 台北崑曲研習社網頁。http://www.tkqs.org.tw/。檢閱日期：2013 年 5 月 2 日。
〔註81〕 蓬瀛曲集已經於 2013 年開始舉辦彩演，由曲友自費演出，並計畫 2015 年開設研習班（劉玉明。訪談。錦安二活動中心。2014 年 10 月 12 日）。
〔註82〕 風城崑劇團的崑劇研習班已於 2013 年 9 月開課，上課地點設在新竹縣湖口圖書館，每週固定上課一次，師資除了團長之外，還有崑曲藝生鍾廷采（鍾艾葥。訪談。鍾艾葥自宅。2014 年 10 月 4 日。）。

崑劇〔註 83〕，經過十多年的經營，初步展現了校園札根的成果，於是高美華與曾子津決定召集國劇社社員、校友以及有志者，共同組成崑劇團，以擴大崑曲藝術在臺南的推廣。〔註 84〕

以上總共有 12 個崑曲團體，其中有 9 個是劇團，另外是 2 個曲社和 1 個樂團，除了絲竹京崑劇團之外，其他 11 個團體的創始團員幾乎都是由校園崑曲社或崑曲傳習計畫所培養出來的曲友及演員，可見校園崑曲社與崑曲傳習計畫對於臺灣崑曲的傳承有很大的貢獻。另外，12 個團體當中，有 5 個成立於 2001 年以前，其後不過 13 年的時間，就陸續成立了 7 個團體，並且近年開始往臺北市以外地區擴展，如此的成長速度，反映出臺灣崑曲活動的活躍程度較之以往更盛許多。

二、崑劇全本戲展演的增加

經過 1990 年代的經典折子戲展演之後，為了讓崑劇更加普及、吸引更多新觀眾，各中國崑團開始增加全本戲展演的份量，一方面彌補傳統折子戲數量不足的缺點，一方面也藉由整理改編傳奇，表達當代劇作家及表演者的觀點，而全新編創的全本戲則是除了能展現創作團隊對於崑劇藝術的掌握能力，也有更大發揮創意的空間。對臺灣而言，全新編創全本戲是一個既能隱藏崑劇傳統底蘊不足，又能表現無限創意的最佳選擇。

相較於折子戲，全本戲具有完整情節的故事，由於傳奇動輒 20、30 齣以上，若試圖重構完整劇情則勢必要分次演出，這類全本戲視劇情長度有分為兩本（如 2012 年《南柯夢》）、三本（如 2004 年《牡丹亭》），甚至四本（如 2010 年《長生殿》），但大部分全本戲都是能在 3 個小時之內演完，又稱之為「小全本」。現今以明清傳奇為本的全本戲無論劇幅長短，都是經過整理修編的，另外還有一類全本戲是全新編創的，王安祈因此依照劇本創作程度，將全本戲分類為整編本、改編本及新編本〔註85〕（1996：19～47）；整編本是將明清傳奇重新整理，以原有的折子戲為基礎，做適度的選擇、裁剪及移置，使之成為較完整的全本戲，而修編幅度最小者常稱之為「串本戲」，意即僅將

〔註83〕關於成大國劇社，請見註 47。
〔註84〕因筆者為創始團員之一，故對其成立緣由及過程有第一手觀察與瞭解。
〔註85〕王安祈對於整編及改編兩者創作程度的分別並未有更明確標準，筆者為了突顯全本戲類型的多樣化，因此將整編及改編分為兩個不同類別。

原有折子戲串在一起成為全本戲，是最能維持折子戲傳統的編修方式；改編本雖然也是以傳奇為基礎，但拆解修改的幅度更大，有更多的創作成分；而新編本則是不以明清傳奇為依據的全新創作。雖然崑曲演劇多以折子戲為主，但全本戲一直以來也是中國崑團努力的方向〔註 86〕，無論是整編、改編或是新編，都做出了一番成績，只是來到臺灣演出的，除了最能表現崑劇藝術精華的折子戲之外，全本戲以深具傳統底蘊的整編及改編本為主，新編本除了 1997 年的《釵頭鳳》〔註 87〕之外，其他的在 21 世紀以前都不曾出現在臺灣的崑劇舞臺上。

在進入 21 世紀之後，臺灣的崑曲演劇活動雖然仍以展現經典折子戲為主，但全本戲的展演卻有增加的趨勢，其類型也愈趨多樣化，前者是向傳統致敬，後者則是整體創作能力的展現。表 2－3 是臺灣自 2001 年至 2014 年全本戲的演出記錄，筆者依照劇本編修程度分類為：串本戲（將之獨立於整編本之外是為了強調其編修程度最小）、整編本、改編本及新編本，另加一類是深具實驗精神的小劇場實驗劇，如上崑的《傷逝》及 1／2Q 劇場的所有作品。這些全本戲除了有中國崑團所製作的之外，2001 年之後也開始出現由臺灣主導、與中國合作的方式所製作的，更有臺灣自製自演的作品。

表 2－3：2001 年至 2014 年臺灣崑劇全本戲的演出記錄

（按劇團名稱筆劃排序）

年份	製　作	演　出	劇　目	類型
2001	江蘇省演藝集團崑劇院	江蘇省演藝集團崑劇院	《白兔記》	串本戲
			《釵釧記》	串本戲
			《永團圓》	串本戲
			《琵琶記》	串本戲
			《滿床笏》	串本戲
	臺灣崑劇團	臺灣崑劇團	《牡丹亭》	串本戲
			《爛柯山》	串本戲

〔註86〕有關崑劇從折子戲到全本戲的發展變化，請參見王安祈〈從崑劇折子戲到全本戲〉一文，收錄於《傳統戲曲的現代表現》（1996：1～57）。

〔註87〕1997 年的《釵頭鳳》是由國立國光劇團製作，邀請華文漪來臺與高蕙蘭二度合作。該劇是上崑的作品，於 1981 年首演，編劇為鄭拾風，據他自己所作之同名蘇劇改編而成。

年份	製　作	演　出	劇　目	類型
2002	水磨曲集崑劇團	水磨曲集崑劇團	《牡丹亭》	串本戲
2003	上海崑劇團	上海崑劇團	《傷逝》	實驗劇
	浙江崑劇團	浙江崑劇團	《玉簪記》	串本戲
			《西園記》	改編本
			《暗箭記》	新編本
	臺灣崑劇團	臺灣崑劇團	《朱買臣休妻》	整編本
			《風箏誤》	串本戲
2004	1／2Q 劇場	1／2Q 劇場	《柳・夢・梅》	實驗劇
	白先勇、樊曼儂	江蘇省演藝集團崑劇院	《牡丹亭》三本	整編本
			《牡丹亭》精華版	整編本
	國立國光劇團	國立國光劇團、臺灣戲曲學院京劇團、臺灣崑劇團	《梁祝》	新編本
	建輝社會文教基金會、石頭出版社〔註88〕	江蘇省演藝集團崑劇院、中國崑曲博物館、蘇州崑劇傳習所	《長生殿》三本	整編本
			《長生殿》精簡版	整編本
	臺灣崑劇團	臺灣崑劇團	《朱買臣休妻》	整編本
2005	1／2Q 劇場	1／2Q 劇場	《情書》	實驗劇
	白先勇、樊曼儂	江蘇省演藝集團崑劇院	《牡丹亭》三本	整編本
			《牡丹亭》精華版	整編本
	國立國光劇團	國立國光劇團	《梁祝》	新編本
	臺灣崑劇團	臺灣崑劇團	《朱買臣休妻》	整編本
			《牡丹亭》	串本戲
	臺灣崑劇團	華文漪、蔡正仁、顧兆琳主演，國立國光劇團	《長生殿》兩本	串本戲
			《販馬記》	串本戲

〔註88〕該基金會及出版社的董事長皆爲陳啓德，他於 2011 年成立建國工程文化藝術基金會，將建輝社會文教基金會及石頭出版社崑劇組整併爲新基金會的崑劇組（http://www.ckarts.org/?post_type=kunqu&p=53。檢閱日期：2013 年 4 月 10 日）。

年份	製　作	演　出	劇　目	類型
2006	1／2Q 劇場	1／2Q 劇場	《戀戀南柯》	實驗劇
			《小船幻想詩》	實驗劇
	上海崑劇團	上海崑劇團	《司馬相如》	新編本
			《繡襦記》	串本戲
	浙江崑劇團	浙江崑劇團、上海崑劇團、江蘇省演藝集團崑劇院	《十五貫》	改編本
			《鐵冠圖》	串本戲
	臺灣崑劇團	臺灣崑劇團	《風箏誤》	串本戲
	蘭庭崑劇團	蘭庭崑劇團	《獅吼記》	改編本
2007	水磨曲集崑劇團	水磨曲集崑劇團	《浣紗記》	串本戲
	臺灣戲曲學院京劇團	臺灣戲曲學院京劇團	《孟姜女》	新編本
	臺灣崑劇團	臺灣崑劇團、上海崑劇團合演	《牡丹亭》	整編本
			《蝴蝶夢》	整編本
			《爛柯山》	整編本
	蘭庭崑劇團	蘭庭崑劇團	《尋找遊園驚夢》	新編本
2008	1／2Q 劇場	1／2Q 劇場	《半世英雄・李陵》	實驗劇
	臺灣崑劇團	臺灣崑劇團	《玉簪記》	串本戲
		臺灣崑劇團、上海崑劇團合演	《玉簪記》	串本戲
			《占花魁》	改編本
2009	1／2Q 劇場	1／2Q 劇場	《掘夢人》	實驗劇
	上海崑劇團	上海崑劇團	《占花魁》	改編本
			《玉簪記》	串本戲
			《爛柯山》	整編本
			《班昭》	新編本
	水磨曲集崑劇團	水磨曲集崑劇團	《長生殿》	整編本
	白先勇	江蘇省演藝集團崑劇院	《玉簪記》	整編本

年份	製　作	演　出	劇　目	類型
2009	臺灣戲曲學院京劇團	臺灣戲曲學院京劇團	《李香君》	新編本
	臺灣崑劇團	臺灣崑劇團	《牡丹亭》	串本戲
			《琵琶記》	串本戲
			《爛柯山》	串本戲
		臺灣崑劇團、上海崑劇團合演	《西廂記》	串本戲
			《琵琶記》	串本戲
			《獅吼記》	串本戲
	蘭庭崑劇團	蘭庭崑劇團	《長生殿》	整編本
2010	上海崑劇團	上海崑劇團	《長生殿》四本	整編本
	水磨曲集崑劇團	水磨曲集崑劇團	《玉簪記》	串本戲
	永嘉崑劇團	永嘉崑劇團	《白蛇傳》	整編本
			《琵琶記》	整編本
	臺灣崑劇團	臺灣崑劇團、浙江崑劇團	《西園記》	改編本
			《風箏誤》	串本戲
			《爛柯山》	整編本
	蘭庭崑劇團	蘭庭崑劇團	《長生殿》	整編本
			《尋找遊園驚夢》	新編本
			《獅吼記》	改編本
2011	水磨曲集崑劇團	水磨曲集崑劇團	《占花魁》	改編本
			《爛柯山》	整編本
	臺灣戲曲學院京劇團	臺灣戲曲學院京劇團	《楊妃夢》	新編本
	臺灣崑劇團	臺灣崑劇團、上海崑劇團合演	《西廂記》	串本戲
			《尋親記》	串本戲
			《牆頭馬上》	改編本
	蘭庭崑劇團	蘭庭崑劇團	《長生殿》	整編本
			《獅吼記》	改編本

年份	製　作	演　出	劇　目	類型
2012	1／2Q 劇場	1／2Q 劇場	《亂紅》	實驗劇
	水磨曲集崑劇團	水磨曲集崑劇團	《琵琶記》	串本戲
	北方崑曲劇院	北方崑曲劇院、上海崑劇團、江蘇省演藝集團崑劇院	《紅樓夢》兩本	新編本
	建國工程文化藝術基金會〔註89〕	江蘇省演藝集團崑劇院	《南柯夢》兩本	整編本
	國立國光劇團	國立國光劇團	《梁祝》	新編本
	臺灣崑劇團	臺灣崑劇團	《玉簪記》	串本戲
			《西廂記》	串本戲
			《牡丹亭》	串本戲
			《荊釵記》	串本戲
2013	1／2Q 劇場	1／2Q 劇場	《情書》	實驗劇
	上海崑劇團	上海崑劇團	《邯鄲夢》	整編本
			《景陽鐘變》	改編本
			《煙鎖宮樓》	新編本
			《獅吼記》	串本戲
	臺灣崑劇團	臺灣崑劇團	《西遊記》	串本戲
		臺灣崑劇團、浙江崑劇團、義烏市婺劇團	《范蠡與西施》	新編本
	蘭庭崑劇團	蘭庭崑劇團	《玉簪記》	整編本
2014	1／2Q 劇場	1／2Q 劇場	《風月》	實驗劇
	北方崑曲劇院	北方崑曲劇院	《紅樓夢》兩本	新編本
			《續琵琶》	整編本
	臺灣崑劇團	臺灣崑劇團、湖南崑劇團	《白兔記》	整編本
			《風箏誤》	串本戲
			《荊釵記》	整編本

〔註89〕詳見註88。

資料來源：參考王安祈整理的中國崑團整編及改編本相關資料表（1996：32～35）、
　　　　　鍾廷采碩士論文附錄三「臺灣崑曲大事紀」（2006：151～161），及相關團
　　　　　體的網站資料。

　　從上面列表中可以看出，全本戲的類型仍是以明清傳奇爲本的串本、整
編及改編的小全本爲主流，但新編本及小劇場實驗劇也都有其展現的機會。
除了 1／2Q 劇場表明以實驗崑劇爲創作主軸之外，臺灣崑團所製作的全本戲
多是串本戲，或是直接採用中國崑團製作的整編、改編本，因爲這三者都是
以折子戲爲基礎，基本上劇團只要將師承傳統表現出來即可，所以執行上較
爲容易，不過其中蘭庭崑劇團的全本戲卻選擇自行整理修編劇本，展現出不
一樣的企圖心。而在這一片榮景之中，國立國光劇團與臺灣戲曲學院京劇團
也參與其中，前者兩度製作《梁祝》，後者則陸續製作《孟姜女》、《李香君》
及《楊妃夢》，這 4 個新編全本戲都是由曾永義編劇、周秦譜曲；另外，臺崑
也於 2013 年首度推出全新製作《范蠡與西施》，由洪惟助編劇、周雪華編曲，
這些新編全本戲都表現出臺灣編創製作新戲的能力。

　　除了中國崑團製作的全本戲，以及上述各類型臺灣自製自演的全本戲之
外，最特別的是由臺灣主導，採取與中國合作方式所製作的全本戲。首先是
2004 年不約而同出現兩個規模龐大的全本戲：《牡丹亭》及《長生殿》，兩者
都是由臺灣的文化人主導製作、由江蘇省演藝集團崑劇院演出的大型崑劇，
其後兩個製作團隊（白先勇及建國工程文化藝術基金會）又分別於 2009 年及
2012 年各推出《玉簪記》及《南柯夢》，都是以臺灣的文化品味及創新能力，
結合中國崑團深厚的藝術傳承打造而成的全本大戲，受到臺、中戲曲學界及
崑壇的關注，這種合作模式的效應及影響值得繼續觀察。

　　前面提過，一般而言，臺灣的崑曲演劇仍是以搬演折子戲爲主，但進入
21 世紀以後全本戲的演出有增加的趨勢，除了幾乎每年來臺演出的中國崑團
之外〔註90〕，臺灣的崑團也相當活躍〔註91〕，且演出地點不再僅限於臺北市，
各崑團都盡可能地將崑劇以折子戲或全本戲的型式傳播到其他縣市，這使得
整體的演出場次相較於以往都高出許多，由此可見這個時期臺灣崑曲演劇活
動興盛的情況。

〔註90〕雖然幾乎每年都有中國崑團來臺演出，但從表中可以看出，掛名中國崑團的
　　　　20 個演出場次中，有 6 場是只有邀請一些知名演員來臺與臺灣崑團合作演出。
〔註91〕因水磨曲集崑劇團及台北崑劇團都是以演出折子戲爲主，故於表 2─3 之中少
　　　　見其名，但兩團的演出場次其實不少。

三、學術研究範圍的擴大

臺灣的戲曲研究從 1980 年以後開始將焦點從「曲」轉移到「戲」，而崑曲研究也在這樣的趨勢之下跨界至劇場領域，加之開放與中國交流後，不但得以借助中國豐富的文史資料及研究成果，也透過舞臺藝術的展演讓「案頭」與「場上」有交互印證的機會，這些因素都使崑曲研究能逐漸兼顧到「曲」與「戲」兩個層面，而中央大學戲曲研究室的成立、崑曲辭典的編纂、經典崑劇的錄製，更促進了崑曲研究的開展，從 2001 年至 2014 年為止，直接以崑曲或崑劇為題名的學位論文共有 23 篇〔註92〕，研究範圍含括了表演藝術、演員研究、劇場藝術、歷史發展、音樂研究、劇本創作及改編，甚至是觀眾發展、藝文政策、傳播效應等層面，相較於 1990 年代僅有 6 篇碩士論文，其研究範圍為劇本、音樂及劇場藝術，進入 21 世紀之後的崑曲研究範圍擴大許多，另外崑曲相關的學術論文，無論是發表於期刊或是研討會的，其研究的範圍涵蓋更廣，成果也相當豐碩（詳見附件一）。

此外，崑曲相關的書籍包括工具書、叢書、專書也大量出版，特別是工具書及叢書的編輯都是浩大的工程，需要大量人力、物力還有經費的投入，其中工具書最受矚目的便是由洪惟助主編的《崑曲辭典》〔註93〕，在大量且廣泛地蒐集資料及田野訪談之後，終於在 2002 年出版問世，同年中國也出版了由吳新雷所編撰的《崑曲大辭典》，這兩部辭典對崑曲的研究都是極為重要的參考書。而在編輯《崑曲辭典》所蒐集與訪談的各類資料也分別整理編纂成冊，一為《崑曲研究資料索引》，一為《崑曲演藝家、曲家及學者訪問錄》，前者收錄中、日、西文等與崑曲相關的研究著書及文獻資料目錄，提供研究者相當豐富的資料訊息；後者則是中國崑曲演藝家、曲家及學者共 100 人的口述歷史，並選輯 40 多位老藝人及資深學者的談話片段製成 VCD 附於書後，留下了彌足珍貴的影像資料（洪惟助《崑曲演藝家、曲家及學者訪問錄》2002：3；蔡欣欣 2011：97〜99）。這兩本重要的工具書都收錄於由洪惟助規劃、國家出版社出版的《崑曲叢書》，這套叢書預訂出版 5 輯 30 冊，從 2002 年到 2014

〔註92〕 統計自「臺灣博碩士論文知識加值系統」，查詢條件是以論文名稱為「崑曲」或「崑劇」為查詢字串、畢業年度為民國 90 至 103 年的所有博碩士論文共 23 篇，其中 8 篇以「崑曲」為主題，15 篇以「崑劇」為主題（http://ndltd.ncl.edu.tw/cgi-bin/gs32/gsweb.cgi/ccd=50lMuG/webmge?mode=basic。檢閱日期：2015 年 6 月 25 日）。

〔註93〕 詳見本章第三節。

年爲止，已經出版 2 輯共 12 冊，包含了臺灣及中國兩地學者的研究論著。另外還有一套叢書則是由曾永義策劃、國家出版社出版的《國家戲曲研究叢書》，其主題內容的範圍更廣，舉凡與戲曲相關的研究論著都包含其中，每輯有 6 本書，中國學者所著 4 本，臺灣學者所著 2 本，自 2004 年至 2014 年已經發行了 16 輯共 94 本書，其中與崑曲相關的研究論著自然不在少數；以上兩套叢書，都是臺灣及中國兩地學者專家的智慧結晶。

　　除了上述工具書與叢書之外，當然還有其他專書的出版，多樣的研究命題與多元的觀照角度，都豐富了整體崑曲研究的內容（詳見附件一）。以上這些 21 世紀產出的論文著述，是過去數十年累積下來的學術能量，呈現出臺灣學術界對於崑曲的資料保存記錄與研究的積極投入，而這些成果也直接或間接地推動著臺灣崑曲的傳承與發展。

　　臺灣崑曲在上個時期受惠於開放與中國交流，無論是傳習推廣、經典展演或學術研究都得以蓬勃發展，而剛進入 21 世紀，崑曲便被聯合國教科文組織列入首批 19 項世界非物質文化遺產之一，這項榮銜對崑曲的傳承發展有極大的影響，從而促進臺灣崑曲演劇活動更加活躍。除了中國職業崑劇團持續來臺演出，臺灣也陸續成立了幾個本土崑劇團，這些劇團各具風格，使演出呈現多元的風貌。雖然崑曲演劇仍以折子戲爲主，但全本戲也有增加的趨勢。依創作程度來分，其類型從串本戲到小劇場實驗劇都有，含括了中國崑團的製作、臺灣主導的合作成果，以及臺灣自製自演的作品，這些演劇活動展現出臺灣在崑曲發展上的態度，已經由被動接受逐漸轉而主動投入，這樣的轉向主要是借助於學術界的力量。臺灣的崑曲研究在 21 世紀有更大的開展，結合了中國學者專家的智慧結晶，論文著述是過去的數十倍，而《崑曲辭典》及《崑曲叢書》、《國家戲曲研究叢書》的出版更表現出臺灣學界的積極態度。學界的熱心推動一直是過去臺灣崑曲得以傳承發展的主要動力之一，而 21 世紀以後學界的積極參與及介入，則更廣泛且深遠地影響著崑曲未來的發展。

第五節　小　結

　　本章將臺灣崑曲的發展歷程分爲四個階段，其中 1949 年以前的歷史由於史料不足之故，無法確實描繪出當時的發展情況，但可以肯定的是，即使崑曲曾經流傳一時，終究沒有留下什麼影響。眞正扎根是在 1949 年到 1987 年

間，以曲友為主的崑曲唱曲及演劇的傳承推廣工作，從曲社及校園崑曲社立下發展基礎，學者則從學術研究開展道路。1987 年以後到 2001 年之間，可說是臺灣崑曲發展的黃金年代，所有當今頂尖崑劇表演藝術家都曾來臺展演與傳習，在曲友、學者、表演藝術經紀公司的共同合作，以及政府的財務支持下，不但培養出大批崑劇觀眾，更培訓了一批崑曲藝生，同時間，崑曲的學術研究也大幅開展，確立了崑曲的學術地位及文化價值，為下一階段的臺灣崑曲發展累積能量。2001 年之後到 2014 年為止，臺灣崑曲發展進入新的階段，上個時期累積的成長能量在這個時期開花結果，由於本土崑曲團體數量明顯增加，崑劇展演的內容及活動也更加多元，學術研究也有相當豐碩的成果，而京劇職業演員也深度參與崑劇活動，因而成為推廣及傳承崑劇的主力之一。

　　綜觀本章爬梳的臺灣崑曲發展歷程，除了第一時期之外，無論是哪一個階段，都可以看到曲友與學者施力的痕跡，他們協力合作推動著崑曲的傳承及推廣；而第三時期之後，表演藝術經紀公司（如新象）、企業基金會（如建國工程文化藝術基金會），以及陸續成立的各崑劇團，也都紛紛主動投入推展崑劇的工作，相較於曲友與學者靜水流深的推廣方式，經紀公司、基金會及各崑劇團，則是透過大量的崑劇展演活動，使崑曲藝術能廣泛地被社會大眾所認識、欣賞。這些推廣及傳承崑曲的工作之所以能夠順利進行，依賴的是政府提供的財務支持，由於學者向政府力陳崑曲的文化價值，使得政府願意在符合國家文化政策的前提之下，支持各項崑曲傳承、推廣、展演、研究等計畫，進而促使崑曲能夠在臺灣快速發展。據此，臺灣崑曲之所以能夠發展成功，可以歸納出以下三項關鍵因素；一是民間自發性的傳承與推廣，二是以演劇形式擴大欣賞人口，三是文化政策營造的發展環境。然而這三項關鍵因素何以能夠促成臺灣崑曲發展？其背後成因為何？對臺灣崑曲發展產生什麼樣的影響？筆者將於下一章探究其中緣由。

第三章　臺灣崑曲發展的關鍵因素

　　上一章回顧了整個臺灣崑曲歷史，將臺灣崑曲發展分為四個時期：（一）1949 年以前；（二）1949 年至 1987 年；（三）1987 年至 2001 年；（四）2001年至 2014 年。其中除了第一個時期之外，第二到第四個時期，亦即 1949 年到 2014 年，才是臺灣崑曲真正從在地扎根到成長茁壯的時期，觀察這 3 個時期的發展歷程可發現，曲友與學者合力推動崑曲的身影無所不在，其後有表演藝術經紀公司、企業基金會及陸續成立的崑曲團體漸次投入推廣與傳承崑曲的行列，特別是開放與中國交流之後，大量的崑劇展演活動更廣泛地引起社會大眾的注意，而這些推廣與傳承崑曲的活動能夠順利進行，則是依賴政府提供的財務支持，據此，可歸納出臺灣崑曲成功發展的關鍵因素有三項：（一）民間自發性傳承與推廣；（二）以演劇形式擴大欣賞人口；（三）文化政策營造發展環境。

　　針對上述三項關鍵因素的討論，本章試圖將之與臺灣社會脈絡做連結，而非獨立於整體社會之外來理解，因為，在臺灣崑曲發展過程中所涉及參與其中的個人（如學者、曲友、演員、觀眾）、社群（如曲社、校園崑曲社、學術圈）、組織（如劇團、經紀公司、贊助者、政府單位），都是整體社會的組成，無論是個人還是組織團體，他們在各式各樣的活動互動中促成了臺灣崑曲發展，而社會的變遷同時也影響了這些參與者的行動，也就是說，這些關鍵因素所涉及的是，在臺灣這個社會脈絡中的人們所採取的行動促成了崑曲的發展，這些行動包括傳承、宣揚、展演、教學、研究、傳播……等活動，而採取行動的人們可稱為「行動者」，因此，本章探討的焦點將放在行動者所從事的活動，崑曲發展就是這些活動的結果。為了更清楚看見行動者之間的互動關聯，本章將藉由藝術社會學中檢視文化與社會間關係的「文化菱形」（Cultural Diamond）架構，用以分析臺灣崑曲的發展。

　　文化菱形是由溫蒂・格瑞斯沃德（Wendy Griswold）所提出的一種概念架構，用以檢視文化與社會間的複雜關聯網絡，透過分析特定文化物件以及與之相關聯的其他三個元素：創造者、接收者、社會世界，得以對特定文化有整體的理解。維多利亞 D.・亞歷山大（Victoria D. Alexander）在格瑞斯沃德的文化菱形基礎上，增加一個介於創造者與接收者之間的中介角色，即分配者，它將藝術帶向大眾，並且影響了藝術散播的種類及範圍。無論是格瑞斯沃德還是亞歷山大的文化菱形，這個分析工具的概念在於，透過檢視人們如何創造、生產、分配、接收、詮釋某文化物件，以及在這些活動過程中人們如何行動與互動，以理解這文化物件在其所處的社會脈絡中表現出來的文化現象，以及該文化現象所反映的社會型態。將之應用在臺灣崑曲上，可以幫助我們更清楚看見人們在參與臺灣崑曲發展的過程中，因出於自身的動機或意識所採取對其具有意義的行動，並因不同的行動而扮演不同角色，同時也可以看清楚這些行動者之間的多重關聯，並據此進一步探究促成臺灣崑曲發展的關鍵因素的形成、影響及重要性。

　　本章藉由文化菱形的概念架構，對臺灣崑曲發展的關鍵因素進行分析探究。第一節將先說明文化菱形的概念架構，接著將之應用於臺灣崑曲發展的分析，以呈現在臺灣社會中與崑曲活動相關的行動者——創作者、中介者、接收者；第二節則分析自發性投入傳承與推廣崑曲工作的都是些什麼樣的個人、團體、組織，而他們的行動又是如何影響臺灣崑曲的發展，而這些行動者也就是文化菱形中的中介者；第三節將要探討崑曲的演劇形式如何擴大欣賞人口，又對臺灣崑曲的發展有什麼影響，涉及的是創作者、中介者、接收者之間的互動關聯；第四節則是討論國家的文化政策何以是臺灣崑曲發展的最佳助力，可以看見臺灣社會透過文化政策建構的文化觀點及藝文環境對崑曲發展的影響。

第一節　臺灣崑曲的「文化菱形」

一、文化菱形的架構與啓發

　　文化菱形（見圖 3－1）是由溫蒂・格瑞斯沃德所提出的〔註1〕，它是「一

〔註 1〕 本節參考格瑞斯沃德的著作時，爲求完整理解作者的原意，同時參閱作者 1994 年的原文著作及 2008 年的中譯版本。

種用來進行解釋的設計，目的是為了更完整的理解任何（文化）〔註2〕物件與社會世界的關聯。」（2008：25）。這個菱形的 4 個端點各代表的是：文化物件（cultural object）、創造者（creator）、接收者（receiver）、社會世界（social world）等 4 個元素，還有 6 條連接各端點的線（Griswold 1994：15、2008：24）。

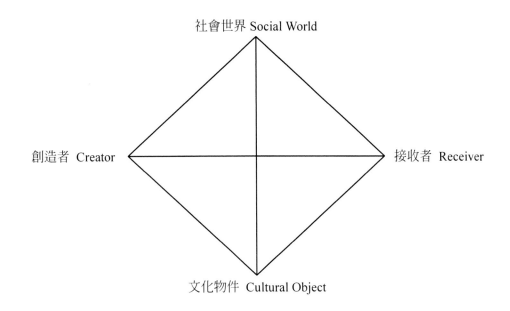

圖 3－1：溫蒂・格瑞斯沃德的文化菱形

格瑞斯沃德主張，文化物件是「社會上具有意義的表現，是聽得到的、或看得見的、或有形的、或是可被訴說的。」（Griswold 1994：11），它是由人們創造出來的，為要表達、溝通、傳遞某個理念、想法、知識、態度，物件被創造出來之後，必須向大眾展示且被接收、經驗並賦予意義，如此，物件才算融入整個文化脈絡，成為文化物件，具有同一文化圈成員共享的文化意義。但格瑞斯沃德也強調，這個菱形並不是一種理論，因為它完全沒有解釋點與點之間的關聯應當為何，也不是一種模型，因為它並沒有指出因果關係。這 4 個端點之間的 6 條連接線僅用於指出，點與點之間確實存在著某種關聯，

〔註 2〕譯文並沒有「文化」二字，但查原文是使用「cultural object」（Griswold 1994：15），為求語意完整，故依原文將「文化」二字加進去。

是為了呈現出 4 個元素之間有著交互滲透的多重關係（Griswold 2008：23～25、32）。

　　格瑞斯沃德的文化菱形很簡明扼要地呈現出，一個物件之所以能成為某一文化圈中的文化物件，其創作者與接收者是必要同時存在的，而且兩者必都同處一個社會世界、同屬一個文化圈，若有創作者創造出某物件，卻無法傳遞給接收者，甚至沒有接收者可以經驗它並賦予意義，則該物件就不會成為具有文化意義的文化物件。

　　維多利亞 D.・亞歷山大則依據其對「藝術世界」〔註3〕（art worlds）的研究，將這個菱形稍做修改〔註4〕（見圖 3－2），即在 4 個端點之間嵌入一個分配節點（distribution node）。亞歷山大認為，藝術是一種溝通，藝術家創作出作品之後，需要透過人、組織或網絡進行分配，以便將藝術帶給消費者，因此，將藝術家（或說生產體系）與分配體系做出區分〔註5〕，更可以突顯兩者之間，有時是各自獨立（如大部分的小說家），有時是難以分割（如許多電視編劇）。同時也可以清楚看見，藝術家與消費者之間，因為不同型態的分配體系，被介入的層次可以是多重的，例如流行音樂的聽眾對音樂的喜愛與否，是透過唱片公司的銷售數據回饋給音樂創作者；或者，也可以是很簡單的，例如欣賞 pub 現場演出的觀眾，能夠直接和音樂創作者交流（Alexander 2003：62、2009：80～81）。

〔註3〕這是出自霍華・貝克（Howard S. Becker）的著作《藝術世界》（Art Worlds）。貝克認為藝術不僅僅是已完成的作品，更是一種集體活動（collective activity），任何藝術作品在完整呈現之前，都會經過許多必要的過程及活動，參與其中的人們形成一個網絡，協力合作以完成能夠展示於大眾眼前的藝術作品，這樣的網絡貝克稱之為「藝術世界」，藝術在其中被創作、生產並分配給大眾欣賞（Becker 2008：1～6、34）。換句話說，藝術並不僅是被有天賦的藝術家所創造，也被藝術世界這個社會網絡中的其他參與者如：贊助者、經紀公司、評論家、行銷人員等等共同建構出來，這意味著藝術在被生產及經銷的過程中，會受到參與其中的人們或組織所過濾及影響。

〔註4〕本節參考亞歷山大的著作時，為求完整理解作者的原意，同時參閱作者 2003 年的原文著作，以及 2008 年的臺灣中譯版和 2009 年的中國中譯版，例如「distrubitors」一詞，臺灣中譯版譯為「經銷商」，而中國中譯版譯為「分配者」，參考原文之後，筆者認為「分配者」更能準確傳達作者原意，故採用此譯文。

〔註5〕根據貝克的說法，藝術生產是將想法以某種形式呈現出來的活動，而藝術分配則是將藝術帶給大眾的活動，兩者可以是壁壘分明的，也可以是相互重疊的（Becker 2008：74）。

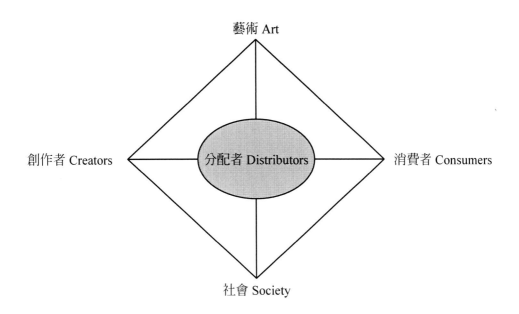

圖 3－2：維多利亞 D.·亞歷山大修改後的文化菱形

　　亞歷山大認為這個修改後的文化菱形最大優點是，它顯示出藝術與社會之間的關聯永遠不會是直接的，必然會同時受到創作者、分配者、接收者的中介影響；從另一個角度來看，社會（包括廣義的規範、價值觀、律法、制度、社會結構）也會對藝術創作者、分配體系、文化消費者產生影響，並且經由此三者型塑出藝術。這個菱形同時也提醒我們，從文化生產面來看，藝術的創造與生產不僅受到藝術家或藝術團體之影響，也會因為不同型態的分配體系而影響被傳的藝術類型以及傳播的廣泛程度；從文化消費面來看，接收藝術的並非「社會」，而是各種不同類型的閱聽人，其所消費的文化產品及從中取得的意義會各不相同（Alexander 2003：61～63）。

　　和格瑞斯沃德不同的是，格瑞斯沃德將文化的創造、生產與分配視為文化生產的不同環節，表現在文化菱形上便是菱形中間的水平線（2008：125）。而亞歷山大則是基於霍華·貝克（Howard S. Becker）所論的「藝術是集體活動的結果」，認為藝術的分配者與創作者、接收者在藝術完成的活動過程中，是具有同等重要的地位，故而將文化生產中的「生產」（藝術家）與「分配」（經銷商）區分開來，以分配節點表示，將之置於文化菱形的中間，用以突

顯分配體系〔註6〕在藝術的生產與接受、藝術與社會之間的中介（mediation）作用。

二、臺灣崑曲的文化菱形

　　亞歷山大的文化菱形雖然適用於所有藝術類別，但其中的分配者是著眼於其從事藝術分配的活動及功能，例如前述流行音樂的分配者：唱片公司及pub，兩者的主要功能都是提供一個管道，讓音樂創作者將音樂散布出去，使大眾得以接觸並選擇其喜愛的音樂；然而，分配者在分配藝術的過程中，會在不同程度上影響到音樂創作者的創作、聽眾的特性及數量、被接收的音樂類型等等。換句話說，亞歷山大所說的分配者除了進行藝術分配之外，也會在分配的過程中產生中介作用（2006：61）。

　　關於中介作用，阿諾德・豪澤爾（Arnold Hauser）在其著作《藝術社會學》〔註7〕中曾提出看法，他認為藝術家需要中介者（mediators）以使其作品能夠被大眾適切地理解和欣賞，而接收者也會需要一系列的中介者及中介工具，以幫助其理解創作者的意圖，可以說，中介者不但為藝術家與大眾兩端鋪平通向彼此的道路，更是兩者之間的溝通橋樑。這中介者包括教師、藝術權威、

〔註6〕貝克認為分配體系是一種機制，可以在藝術家創作出作品之後，幫助藝術家為大眾建立深入欣賞作品的品味能力，同時還使大眾願意支付報酬，以回饋藝術家為創作所投入的時間與金錢，而這些報酬也能夠支持藝術家繼續從事創作。對此，貝克進一步將之分成三種類型：自助型（self-support）、贊助型（patronage）、公開銷售型（public sale）。自助型，指藝術作品的傳播與介紹是由藝術家自己進行，或是在一個小型網絡裏進行，這類分配體系提供藝術家最大的創作自由，但也必須付出代價，因為自助型的分配體系最大的侷限，就是其所能接觸的閱聽人是最少的，也因此，藝術家無法賺取足夠的報酬，必須依賴其他工作維生；贊助型，贊助者可以是組織也可以是個人，他們提供藝術家金錢上的資助以交換藝術作品，由於藝術家通常必須取悅贊助者，因此贊助者對藝術的生產有相當大的影響力，甚至實際決定藝術作品的內容；公開銷售型，處於必須遵循供需法則的市場體系之中，這類分配體系由專業的中間人進行價格敏感的商業行為，可分為三種型態：視覺藝術經銷商、表演藝術經理人及文化工業（Becker 2008：93～129）。

〔註7〕豪澤爾是位匈牙利籍藝術史學家，他的《藝術社會學》著於1974年，書中提出「藝術不只是表達也是溝通」、「藝術是社會集體活動的結果」等見解（1982：432、463），與貝克相同，且早於貝克。筆者此處參考豪澤爾的著作時，為求完整理解作者的原意，同時參閱作者1982年的英文譯作，以及1988年的中文編譯版。

藝術評論者、藝術愛好者、鑑賞家、藝術研究者……等中介個人，以及學校、劇院、出版社、博物館、音樂會、展覽會、藝術團體……等中介組織。豪澤爾同時也認爲，藝術做爲社會的產物是集體活動的結果，中介者參與其中的程度，與藝術的創發者、呈現者、接收者是相等的（Hauser 1982：462～464、1988：139～141、154）。豪澤爾對藝術與社會之間的關聯的看法與亞歷山大對藝術世界的理解是極其相似的，不同之處只在於，前者認爲介於創作者與接收者之間的角色是爲中介者，是著重其中介藝術的作用，後者則名之爲分配者，強調的是其分配藝術的功能。在臺灣崑曲的脈絡中，這個位於創作者與接收者之間的角色，進行的不僅是崑曲藝術的分配，並在過程中產生中介作用（如表演藝術經紀公司），更多時候是進行中介崑曲的活動，而不從事分配工作（如學者）。換言之，這個居中角色中介崑曲的功能其實是大於分配崑曲，因此，筆者改用更切合於臺灣崑曲脈絡的「中介者」，以取代「分配者」做爲文化菱形的中間節點。

　　根據前章所述，崑曲在臺灣的傳播相當程度的倚賴崑曲曲友、戲曲學者、曲社、學校崑曲社、藝術經紀公司……等個人或團體，在臺灣崑曲的發展中便扮演著上述所謂中介者的角色，他們所做的不只是將崑曲帶給大眾，正因爲崑曲並非臺灣原生劇種，所以更需要他們幫助大眾從歷史、作品、美學來認識、瞭解崑曲，進而建立欣賞、品味崑曲的能力，故筆者認爲在臺灣崑曲的文化菱形中，中間節點以中介者較分配者爲合適。

　　圖3－3是筆者應用在臺灣崑曲的文化菱形圖示，用以說明崑曲與臺灣社會的關聯。此外，菱形的右端節點仍採用「接收者」而非「消費者」，因爲欣賞崑曲的群體不是只有消費者。

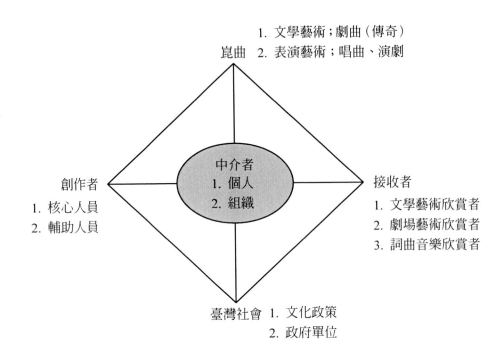

圖3－3：臺灣崑曲的文化菱形

　　首先來看崑曲與左端「創作者」、中間「中介者」、右端「接收者」之間的關聯，也就是菱形的上半部。崑曲是表演藝術，也是文學，其劇本——傳奇——就是屬於詩歌文學，在曲的分類下，歸類為由曲、白、科中組成的劇曲；做為表演藝術，則有唱曲和演劇兩種表現形式，前者以清唱曲子（不帶身段做表）為主，著重在詞曲的音樂表現，後者以劇場呈現為主，著重在全面性的戲劇表現，亦即「崑劇」。

　　菱形左端的創作者——依據貝克對藝術世界的描述——可分為「核心人員」及「輔助人員」兩類，前者指的是擁有特殊技藝、可稱為藝術家〔註8〕（artist）的人們，他們從事較多創造性的工作，是藝術創作的中心；後者指的是協助完成藝術作品的人們，這些人的技藝或能力和藝術作品本身的成功較無必然關係（Alexander 2006：70）。參照其概念，當崑曲以演劇形式表演時，核心人員便是指崑曲的劇作家、演員、文武場、導演等專業人員，輔助人員則是有

〔註8〕 藝術家不必然是指以創作藝術維生的人，根據貝克的觀點，藝術家的身份認定是取決於藝術世界，以及藝術家對藝術世界的追求（Alexander 2003：137、2009：173～174；Becker 2008：38）。

容妝、衣箱、舞臺美術……等技術類的工作人員；當崑曲以唱曲形式表演時，核心人員有劇作家、唱曲者及演奏者；而崑曲被視爲案頭文學來欣賞時，核心人員便是指劇作家。

　　崑曲的接收者是指經驗崑曲這個文化物件的閱聽人，例如：閱讀傳奇劇本的讀者、觀賞大學崑曲社公演的觀眾、聆賞崑曲清唱的聽眾。崑曲的接收者可分爲三種類型：文學藝術欣賞者、劇場藝術欣賞者、詞曲音樂欣賞者，這三種類型分別表現出接收者對崑曲這個文化物件的理解。對文學藝術欣賞者而言，崑曲（劇曲）是承繼唐詩、宋詞、元曲的詩歌文學；對劇場藝術欣賞者而言，崑劇是傳統戲曲的最精緻表現，也是文化產業中的一項文化產品；對詞曲音樂欣賞者而言，崑曲是古代曲樂雅音的遺留，崑曲清唱更是特定社群團體（曲社）的文化活動。以上三種類型的界限經常是重疊的，一個崑曲的閱聽人可以同時集三者於一身（例如曲友），這是崑曲藝術本身的特性使然，面對這類綜合性的藝術，閱聽人自會各取所好以從中得到最大的滿足，並且根據自身不同的期待視野（horizon of expectation）而建構出不同的意義。

　　對接收者而言，相較於案頭文學或崑曲清唱，崑曲演劇因爲能夠雅俗兼顧，更容易使一般觀眾親近和欣賞，是崑曲能夠被廣泛傳播及接受的形式。從歷史上來看，崑曲興盛的重要原因之一，也正是由於隨著民間戲班的衝州撞府，崑曲才有機會被社會上各地區及各階層所接納。不過，崑曲最早卻是以清曲的形式出現，那是源自文人的詩樂傳統（朱崑槐 1991：21～26），故其欣賞門檻較高，是比演劇更小眾的藝術形式，「曲友」便是指稱以唱曲爲好者。在 19 世紀末的中國，有些曲友除了鑽研唱曲之外，也逐漸熱衷於向專業崑劇演員學習身段和表演，甚至將登臺演出視爲習曲最後階段（陸萼庭 2002：503），二戰之後來到臺灣的曲友中，就有部分曲友是承襲這類唱曲傳統，如夏煥新、張善薌就曾分別向鄭傳鑑及姚傳薌學藝（洪惟助《崑曲辭典》2002：699、701）。此外，曲友也是崑劇的核心觀眾〔註9〕，無論是曲友的彩串還是職業劇團的演出，他們都是經常性地參與觀賞活動，由於他們對崑曲理解的程度較深，所以比一般觀眾具有較高的鑑賞能力。

─────────────

〔註9〕這是從行銷的角度所做的分類，核心的觀眾（inward audience）指的是那些「完全投入表演藝術當中，並從經常性的觀賞活動中儘可能獲得最大利益。」的觀眾，此外還有潛在的觀眾（potential audience）、偶爾的觀眾（occasional audience）、經常的觀眾（regular audience）（夏學理等 2003：62～63）。

　　對某些曲友而言，崑曲不只是一種文學或表演藝術，它也意味著精緻、典雅、具文人雅士品味的，甚至是中華文化中的美學典範之一，這些曲友對於崑曲的存續懷有使命感，願意積極地推動與傳承崑曲，持有類似看法的還有部分學者。在這些學者眼中，崑曲更是具有「文化標本」的意義（王安祈2001：232），因此這兩種身份的人都會成為崑曲的中介者，他們自發性地傳播、媒介崑曲，透過各種能力所及的管道及方式，主動地影響他人。臺灣崑曲在1949年至1987年間，就以曲友和學者為中介的主要力量，培養出許多崑曲愛好者，這些愛好者也成為崑劇的忠實觀眾。

　　臺灣崑曲的中介者除了曲友與學者這類中介個人之外，還有表演藝術經紀公司及基金會這類中介組織。表演藝術經紀公司或基金會，基於推展藝術的理念，邀請國外藝術家或藝術團體來臺灣表演，其中知名的經紀公司，如國際新象文教基金會（以下簡稱「新象」）、牛耳藝術、寬宏藝術等等，多年來從國外引進許多知名的節目，拓展了臺灣觀眾的藝文視野，也刺激了國內藝術家的創作能量，對臺灣藝文的環境及發展有重要的影響（郎祖明2006：79～82）。在推展崑曲藝術方面，表演藝術經紀公司除了邀請中國崑劇團、知名崑劇表演藝術家來臺演出之外，也曾自行策劃、製作崑劇，如新象，也曾編印崑曲相關的出版物，如雅韻藝術傳播有限公司（以下簡稱「雅韻」），90年代起臺灣崑曲能夠蓬勃發展，這兩家表演藝術經紀公司也是重要的推手。

　　以上是臺灣崑曲的文化菱形架構的上半部，接著來看崑曲與中間的「中介者」、下端的「社會」之間的關聯。崑曲做為一個文化物件，其文化意義隨著社會變遷而改變。對於二戰之後來到臺灣的曲友及學者來說，崑曲也代表著遠離的家鄉、失去的山河，是「大陸的一切記憶、是非功過、文化遺產」，所以當時的曲友們最愛唱的便是〈望鄉〉、〈彈詞〉、〈慘睹〉，都是亡國之痛的悲歌，也因此，他們深感身負著必須延續中華文化命脈的使命（朱昆槐1991：165），這促使他們積極地從事薪傳崑曲的工作。對於新一代的本土曲友及學者來說，崑曲代表的是中華文化的美學典範之一，是高雅文化、精緻文化的徹底表現，在1980年代國家文化建設以「發揚中華文化」、「傳佈精緻文化」、「提昇民俗文化」為主軸的文化氛圍下（蘇桂枝2003：164～165），有部分曲友秉持著推廣與傳承崑曲的精神成立了水磨曲集崑劇團，及至1987年解嚴後，國家的自由化帶動了文化的多元化及本土化（蘇桂枝2003：229），則促成了以「建立臺灣特色的專業崑劇團」為目標的臺灣崑劇團之成立。

　　進入 21 世紀，臺灣與中國經過近 10 年崑曲交流之後，臺灣崑曲的發展進入另一個階段，有更多的新編戲、新製作、新劇團產生，中介者的中介行動與中介場域也因此趨向多元，例如石頭出版社崑劇組在 2004 年，為其製作的《長生殿》規劃一系列名為「不只是崑曲」的藝術講座，在臺北國際藝術村、誠品書店、新舞臺等場地舉辦，或邀請學者主講（如蔣勳教授談「長生殿的原形——長恨歌」），或由藝文名人對談（如蔡康永與葉錦添對談「打造長生殿」），為節目做宣傳的同時，也從美學、歷史、文學、表演藝術等各方面，為觀眾建立起欣賞《長生殿》的知識與態度。另外，崑曲被列為世界非物質文化遺產，對於臺灣崑曲的創作者、中介者、接收者來說，崑曲不再只是中華文化圈的一個文化物件，而是屬於多元文化世界中、整體人類共享的文化物件，此舉無疑激勵了崑曲的擁護者，使他們更有意願投身於推展崑曲藝術的工作。

　　上述種種都是基於崑曲之於與其相關的人們的不同意義，促成了相呼應的推廣與薪傳崑曲的行動，這也是他們對於社會變遷所做出的文化回應；然而，整體社會的文化現象，不僅僅由人們集體建構形成，同時也深受國家文化政策的影響，對臺灣崑曲而言，文化政策不但營造出其得以擴大發展的環境，也讓政府得以「贊助者」的角色，從財務方面支持其發展。這樣的關聯呈現在文化菱形上，就是上端的「崑曲」、中間的「中介者」、下端的「社會」，以及三者間垂直的連接線。

　　以上將文化菱形應用在臺灣崑曲，大致說明了臺灣的崑曲、與其相關的人們、整體社會之間的關聯。接下來，將透過這個菱形的觀點來看臺灣崑曲得以發展的三個關鍵因素：民間自發性的傳承與推廣、以演劇形式擴大欣賞人口、文化政策提供發展環境；透過文化菱形，我們將可以清楚看到，民間力量就是中介者處於崑曲的創作者與接收者之間，進行崑曲的傳播、介紹、教育、宣揚等活動；演劇形式能夠擴大欣賞人口，是創作者與中介者合作，讓崑劇透過展演與傳播廣泛地接觸接收者，從而增加接收者人口；文化政策則是社會元素對於崑曲發展的影響，政府根據文化政策所制定的法律規範營造了藝文發展的環境，使崑曲的創作、展演、研究、接收、欣賞等活動能夠順利進行，而創作者、中介者、接收者也得以在行動與互動中，共同建構出崑曲之於臺灣社會的文化意義。以下將分為三個節次，分別探討這三個關鍵因素之所以形成的原因，以及其所產生的影響及重要性。

第二節　民間自發性傳承與推廣——「中介者」作用

回顧歷史，推動臺灣崑曲發展的主要力量就是來自民間，無論崑曲這個文化物件對於不同的個人、社群、組織的意義爲何，「傳承崑曲」都是促使他們行動的主要原因，因此，這些行動者自發性地將崑曲藝術介紹給大眾，讓更多人認識、欣賞崑曲，崑曲的保存與傳承才得以持續下去。

從文化菱形來看，這些行動者主要扮演中介者的角色，可分爲個人與組織兩類，前者有曲友與學者，後者有藝術經紀公司與基金會，以下將分爲兩個小節次討論：（一）曲友與學者；（二）表演藝術經紀公司與基金會。

一、曲友與學者——中介個人

曲友是以唱曲爲好者，他們有些人同時也是學者，如早期的汪經昌、張敬，後來的林逢源、朱昆槐，但研究崑曲的學者卻未必是曲友，如曾永義、王安祈，不過，兩者對於崑曲的承繼與復興的關注與用心都是相同的。在實際行動上，曲友以唱曲及演戲的教與學做薪傳，而學者則從崑曲的藝術文化價值方面向大眾宣揚。

（一）曲友

相較於其他戲曲的戲迷票友，曲友是一個相對特殊的群體〔註10〕。由於崑曲是起源於文人清唱的詞曲之樂，從 14 世紀中葉顧堅、顧瑛諸名士聚於崑山曲唱的萌芽，到 16 世紀魏良輔的改良與梁辰魚的發揚，及至後來成熟發展的歷程中，一直都有爲數眾多的文人墨客參與其中，他們以業餘曲友的身份，用專業精神從事崑曲案頭與場上的研究，而曲友對清唱、串演的要求，「型塑崑曲追求雅致，甚至細微處也要求盡善盡美的特質」（陳芳英 2009：259），因此也可以說，曲友與崑曲的關係，是從崑曲萌芽之初就一路參與了這項藝術的創作與完成，若以文化菱形的觀點來看，歷來曲友都不只是接收者，有很

〔註10〕曲友和其他戲曲的戲迷票友在某種程度上是不相同的。以京劇票友爲例，雖然曲友和票友兩者都是各別劇種的基本觀眾，並且不只是將之做爲業餘愛好，在休閒之餘以清唱或串戲自娛，更有甚者以專業精神鑽研其藝，但是，京劇是源自民間地方的劇種，因其後隨著逐漸風行於社會各階層，才得到文人的關注進而成爲票友，投入時間研究藝人的唱腔、表演，他們對京劇的專業精神體現在「憑藉較高的文化水準以精研音韻、考究唱腔，並仔細記錄伶人表演細節，將藝術學理化」（王安祈 1999：166）。因此，票友與京劇的關係，是從旁輔助以提昇京劇的藝術水準。

大一部分的人同時也是創作者及中介者，這使得曲友在崑曲歷史上占有相當
特別的位置。也或許就是這個緣故，曲友大多對於薪傳崑曲懷有相當的使命
感。

　　在二戰之後來到臺灣的曲友也是如此。這些在臺灣的曲友基於對崑曲的
熱情，為崑曲在臺灣的傳承出錢出力，當中有徐炎之、陳霆銳與周雞晨於 1949
年 9 月組織了臺北「同期曲會」，夏煥新與焦承允則於 1953 年組織了「蓬瀛
曲集」，兩者性質略有不同，前者以唱曲與表演自娛，後者主要以清唱為樂（朱
昆槐 1991：166），兩個曲社的聚會維持至今不間斷，使崑曲在臺灣弦歌不輟。
在開放與中國交流之前，這兩個曲社形成了屬於臺灣的崑曲網絡，由於早期
的曲友在臺灣的社會身份多居於上層，在經濟、文化、社會資源方面都擁有
較多的資本，如汪經昌是大學教授及學者、蔣復璁是當時的故宮博物院院長、
焦承允和徐炎之都在鐵路局任職，其後第二代的曲友如陳芳英及朱昆槐都是
學者及教授、朱惠良曾任職於故宮博物院，曲友在網絡中互動頻繁且交換彼
此資源，形成關係緊密的網絡，不僅維繫著曲友間的情誼，更是臺灣崑曲得
以傳承的重要力量之一。

　　除了組織曲社凝聚同好之外，這些曲友也致力於薪傳工作。如夏煥新與
焦承允在師大崑曲社執教，夏煥新唱曲、撫笛、彩串兼擅，焦承允也能吹、
能唱，且善於訂譜，其手抄《蓬瀛曲集》、《壬子曲譜》、《炎薌曲譜》等工尺
譜，都是臺灣曲友的先進後輩們主要使用的曲譜（朱昆槐 1991：166）。另外，
夏煥新也曾主持在臺北市立社教館開設的崑曲研習班，師資就是蓬瀛曲集的
曲友，如許聞珮、張金城等，該班對社會大眾開放教授唱曲及身段，也為蓬
瀛曲集培養新進曲友。而徐炎之與張善薌夫婦更是桃李眾多，徐炎之曾受曲
學大師吳梅的指導〔註 11〕，能吹也能唱，有「臺灣笛王」之譽，張善薌曾先
後向尤彩雲〔註 12〕及姚傳薌學藝，工五旦及六旦（洪惟助《崑曲辭典》2002：
693、701），他們在眾多校園崑曲社任教，由徐炎之撫笛拍曲、張善薌教授身

〔註 11〕吳梅少年即好崑曲，能唱、能吹、能演，也能製曲、訂譜，加上學識豐厚，
　　　　是一位博學的曲學家和戲劇史家。吳梅在 1913 年受蔡元培之聘到北京大學主
　　　　講詞曲，他將唱曲、吹笛帶進校園課堂，開創曲學研究的新風，之後他又陸
　　　　續受聘到數個大學授課，培養了眾多崑曲愛好者及戲曲研究人才，是真正能
　　　　將理論與實踐相結合的曲學大師。戰後來到臺灣的學者如蔣復璁、汪經昌、
　　　　高明等人，都是他的學生，也將他對崑曲的薪傳帶到臺灣來。（吳新雷 2005：
　　　　31、50～52；宋波 2005：234～236）。
〔註 12〕尤彩雲是全福班的藝人，也是蘇州崑劇傳習所的旦行教師。

段表演，長年以來從校園崑曲社中培養出許多年輕曲友，當中有能吹笛的，如蕭本耀、林逢源、周純一，也有能表演的，如陳彬、宋泮萍、張惠新。徐氏夫婦不但在校園崑曲社教學，也帶領崑曲社的學生參加曲社，多數學生便因而成為新進曲友，而徐氏夫婦的學生如陳彬、宋泮萍在接手其教學工作後，也遵循這個做法，持續培養新一代的曲友，並逐漸在校園中形成一個傳承的傳統；而徐門弟子日後更分別陸續成立了崑劇團，包括水磨曲集崑劇團、台北崑劇團、蘭庭崑劇團等，目標都是以崑劇展演向社會大眾推廣崑曲藝術。

在開放與中國交流之前，臺灣雖然沒有職業崑劇演員和劇團從事表演活動，但少不了曲友的彩串演出，如夏煥新、何文基、毓子山等人，在 1960 年至 1986 年間曾以蓬瀛曲集的名義，每年固定舉辦公演，只是所演劇目幾乎沒有傳下來（林佳儀 2014：106；劉玉明 2013），而長期在校園崑曲社耕耘的徐氏夫婦，其授課內容是以折子戲為單元的唱、演教學，並且以舞臺展演做為學習目標，故而總是能引起歷屆學生的學習興趣，這使得即使徐氏夫婦所教授的劇目不多，但最終還是能夠藉此將崑曲傳承下去。雖然上述的演出活動都是業餘性質的，而且能觸及的閱聽人有限，但仍然是提供了社會大眾接觸崑曲的機會。及至 1992 年之後，不但中國崑劇演員持續來臺教學，也有曲友前往中國向崑劇名家學藝，更重要的還有長達近 10 年的崑曲傳習計畫的培養，臺灣曲友能演的劇目逐漸增加、演出風格也更多樣化、演出水準也更為提高。同時由於開放之後，曲友能取得的崑曲資源變多，在 2001 年以後，陸續成立了幾個崑曲團體，將推廣崑曲的工作組織化，以求能更廣泛地接觸更多群眾。

從另一個角度來看，校園崑曲社及崑曲研習班不僅培養了崑曲的欣賞者，也培養出本土的崑曲表演者，特別是演員方面〔註 13〕。因為臺灣沒有正規的崑劇教育系統，雖然戲曲學校會教授崑腔戲，但那是已經京劇化的崑腔戲，且多為武戲，至今即使崑曲已是世界非物質遺產，政府部門也願意補助相對頻繁的崑劇演出，崑劇人才的培養方式還是落在以曲友為主的自發性傳承〔註 14〕。雖然如前所述的，這種自發性傳承是以培養崑曲愛好者為主，但數十年下來，還是有些愛好者投入時間在唱、演方面下功夫，進而成為曲友、

〔註 13〕相較於演員，崑曲笛師的傳承多藉由與國樂演奏員交流而達成。
〔註 14〕學校崑曲社之外，各崑曲團體也都各自開設崑曲研習班，有的由曲友主教，如水磨曲集、臺北崑曲研習社；有的聘請中國崑劇演員來臺教授，如臺北崑劇團；也有京劇演員在臺北市社區大學授課，如絲竹京崑劇團的吳陸森。

演員；因此，若說在 2001 年崑曲傳習計畫結束之前，臺灣的崑劇演員主要由校園崑曲社及崑曲研習班所培養，似乎也不爲過。然而，在崑曲傳習計畫開設藝生班之後，由於京劇演員的加入，逐漸形成另一個崑劇傳承的管道，亦即由京劇團自行聘邀中國的崑劇師資來爲團員上課，這使得國光劇團及戲曲學院京劇團都有能力推出自己的崑劇作品，而這樣的變化也帶出其後不一樣的崑曲發展面貌，關於此點，將於下一章做進一步的探究。

　　從文化菱形的觀點來看，臺灣崑曲即使在缺乏職業崑劇團做爲創作者的情況下，仍然有曲友填補這個位置，另一方面，即使接收者的數量很少，做爲忠誠的接收者，曲友穩固了崑曲的存在基礎。由此來看，曲友是臺灣崑曲的接收者也是創作者，他們是臺灣崑劇的核心觀衆、也是表演主力，又因爲曲友擁有較高的崑曲鑑賞及表演能力，使他們成爲具有說服力的中介者，而中介場域便是曲社、校園崑曲社及崑曲研習班。

　　曲社聚會除了曲友彼此切磋欣賞之外，也提供了各校崑曲社學生在社團課程之外的練習與觀摩的機會；另外，當有崑劇名家在臺灣的期間，大多會被邀請出席曲會，讓曲友得以近距離向藝術家請益。因此，曲社可以視爲一個中介場域，中介者與創作者、接收者在其中交會，藉以加深對崑曲的認識。

　　至於校園崑曲社及崑曲研習班，二者對於崑曲的傳承與推動有更實質的影響。曲社聚會主要是爲了同好間的交誼與觀摩，但校園崑曲社及崑曲研習班（不含以中國崑劇演員爲師資的崑曲傳習計畫課程）主要的目的就是崑曲唱、演的教與學，而做爲中介者的教師幾乎都是由曲友擔任，曲友在其中帶領學生從唱曲及身段表演來認識、體驗崑曲之美，學生再以登臺表演做爲學習成果的展現，這種方式使接收者在實踐過程中得到藝術上的滿足，促使接收者從一般觀衆轉變成爲核心觀衆，並藉此強化核心觀衆的忠誠度（鍾廷采 2006：86）。而這些接收者當中，有些人在日後成爲中介者，或在大學的中國文學課堂上教授崑曲，如前政大崑曲社的林佳儀現爲國立新竹教育大學中國語文學系助理教授，或繼續帶領崑曲社團的新進學員學習，如前東吳崑曲社的林美惠後來擔任臺大崑曲社社團老師；有些人則成爲創作者，甚至成立崑劇團實現理念，如水磨曲集崑劇團。

　　綜上所述，臺灣崑曲的文化菱形中，曲友不但是接收者及創作者，更重要的是，他們是有力的中介者。曲友首先必定是一個崑曲愛好者、忠實的崑劇觀衆，這些忠誠的接收者構成了臺灣崑曲的基本欣賞人口；同時，曲友清

唱崑曲、串演崑劇，透過表演將崑曲藝術展現出來，是臺灣崑曲的創作者；最重要的是，源於對崑曲的熱愛與對薪傳崑曲的使命感，曲友致力於將崑曲傳播出去，介紹給尚未認識或初識崑曲的人，並且投身於崑曲教學的工作，因此是臺灣崑曲重要的中介者。在臺灣崑曲發展的歷程中，曲友一直是從事臺灣崑曲活動最主要的群體，無論是唱曲或演劇，甚至教學推廣，因為曲友的積極投入，使臺灣崑曲得以弦歌不輟。

（二）學者

同樣對臺灣崑曲發展有極大貢獻的還有戲曲學者，其大學教授的社會身份以及學術研究的權威，除了拓展崑曲研究的範圍之外，更重要的是推動崑曲活動，並因此擴大了崑曲的欣賞人口，提高了崑曲藝術在社會上的能見度。

在崑曲研究方面，要將之置於臺灣學者對傳統戲曲學的建構脈絡來看〔註15〕。臺灣在中國戲曲方面研究的開展，是由二戰之後來到臺灣的戲曲學者所啟動的，並且是立基於中國自1913年王國維完成《宋元戲曲史》以來的戲曲研究成果，但是臺灣一直到1981年之前，中國戲曲研究的主軸仍然是關於戲曲的歷史、發展以及戲曲文學，在重視詩歌散文的中文系裏，以曲學為主要內涵的戲曲，其研究常被視為是詩學研究的延伸，固然曲學對崑曲格律的掌握相當重要，並且許多明、清兩代的劇本、創作及劇論就是以崑劇為研究對象，但無論是曲學、劇本、劇作家、戲曲史、戲曲理論等研究，都尚未以劇種的角度，將崑劇做為研究主體，建立起崑劇在戲曲上的獨特價值，要等到1981年以後，戲曲研究跨足到劇場領域，研究者對戲曲的概念重心從「曲」轉移到「戲」，崑劇在表演藝術上的成就才逐漸被突顯出來，同時也是由於劇種學的成熟，崑劇對其他劇種的影響、戲曲的美學價值及其代表性才被確立，這也意味著，崑曲的學術價值在這過程中逐漸被提升至「無可取代」（王安祈2001：227）的地位。

這樣崇高的學術地位，有利於戲曲學者在1987年開放與中國交流之後，得到教育部、國科會、文建會、陸委會、傳統藝術中心等經費補助，讓學者洪惟助、曾永義等人從中國購買文物書籍、聘請師資來臺授課，完成的工作包括崑曲傳習計畫、戲曲研究室成立、《崑曲辭典》的編纂、崑劇經典劇目錄

〔註15〕關於臺灣學者傳統戲曲研究的歷史進程，請參考林鶴宜，〈體系與視野：五十年來（1949～2002）臺灣學者對傳統戲曲學的建構〉，《戲劇研究》，第三期，頁1～48。

影計畫等，這些專案計畫的成果不但促進崑曲的研究，也對崑曲的教學有很大助益，其中崑劇典藏的影像資料，更是其他中文系、戲劇系、音樂系教師最佳的輔助教材。

至於推動崑曲活動方面，早期主要是由戰後來到臺灣的戲曲學者如鄭騫、張敬、盧元駿、汪經昌等崑曲愛好者所帶動的，這些學者來臺之後都任教於大學的中文系所，他們除了在課堂講授崑曲相關課程之外，或鼓勵學生參加校園崑曲社，或帶領學生參與曲社聚會，他們的學生們如曾永義、洪惟助、李殿魁、賴橋本、張淑香、王安祈、陳芳英、朱昆槐、林逢源等教授，日後在課堂上有機會也會講授崑曲，其中也有人成為曲友繼續參與曲社聚會，如陳芳英、朱昆槐、林逢源等。在與中國交流之前，臺灣的崑曲資源相當少，觀賞崑劇表演的機會也不多，唱曲及身段的學習是中文系學生除了課堂上的案頭文章之外，唯一能親身體驗崑曲藝術之美的活動。

如此看來，大學中文系所是除了校園崑曲社及曲社之外的另一個中介場域，中介者是教授及學者，但在這個中介場域中，中介者所能接觸到的接收者是有限的，因為學生幾乎都是就讀於中文系所，不過，這些中文系學生畢業以後，無論是投入教職或是走向學術道路，他們都可能成為另一個中介者，在另一個課堂上繼續將崑曲介紹給他們的學生；又或者有些人畢業後成為受薪階級，但只要維持著對崑曲的喜好，就有可能繼續參與崑曲活動，或成為一名曲友在曲社唱曲、或成為一名觀眾進劇場觀賞演出，崑曲便是如此緩慢而穩定地逐漸在此地生根。

而在學者推動的崑曲活動中，規模最大、時程最長、影響最廣的崑曲活動就屬 1991 年開辦的崑曲傳習計畫。該計畫由曾永義及洪惟助兩位戲曲學者共同策劃，其目的在於提供社會大眾研習崑曲藝術的管道，授課的師資包括學者、資深曲友、中國國家一級演員及演奏員等，平均每屆招收上百位學員，來自不同社會領域，有家庭主婦、上班族、學生、中小學教師、大學教授等等。該計畫最大的效益之一，就是培養了大批崑劇忠實觀眾（洪惟助〈臺灣的崑曲活動與海峽兩岸的崑曲交流〉2000：29～30），加上過去數十年薪傳下來的崑曲愛好者，他們支撐起整個 90 年代臺灣的崑劇市場，該計畫另外又於 1996 年設立藝生班，招收崑劇基礎紮實的曲友，及願意學習崑劇的京劇演員，為臺灣培養了一批崑劇人才，如今這些藝生多數都成為臺灣崑曲演劇的表演主力，如 1／2Q 劇場的楊汗如、水磨曲集的鍾廷采及許珮珊，以及臺灣崑劇團的楊莉娟、陳美蘭、鄒慈愛、劉稀榮等。

在臺灣崑曲演劇活動興盛的 90 年代，做為中介者的戲曲學者，與表演藝術經紀公司及基金會合作，大力支援其舉辦崑劇展演前所進行的行銷活動，包括講座、訪談、報章雜誌文章發表等，利用大眾媒體的宣傳優勢，不斷地向社會大眾強力宣揚崑劇的美學特質及文化價值；於此同時，也向中國的崑劇團強烈建議來臺的演出以經典呈現、展現傳統戲曲美學為主。由於學者的積極介入，一方面不僅擴大臺灣崑曲的欣賞人口，同時也提昇了臺灣觀眾的欣賞能力，另一方面則引起中國國內對崑曲更大的關注，重拾對崑劇傳統美學及保存價值的重視，進而促使中國政府在 2001 年將之向 UNESCO 申報為首批「人類口述非物質遺產代表作」（高克忠 2007：1770～179）。在 2001 年之後，即使崑曲已然為社會大眾所知悉，戲曲學者仍然在每次崑劇展演時的宣傳活動中，持續為大眾建立崑劇的美學知識與欣賞能力，並逐漸導引出屬於臺灣的崑曲品味。

從文化菱形來看，戲曲學者以其社會身份的優勢以及學術上的權威，鋪平了崑曲、創作者、接收者以及臺灣社會之間的道路，做為中介者，他們不但提昇了崑曲在學術上的崇高地位，也向政府及社會大眾宣揚崑曲在藝術及文化上的價值，以引起社會對崑曲的關注，同時，透過教育培養接受者的欣賞能力，以提高其觀賞崑劇的意願，進而增加新的觀眾群。此外，不但為創作者作品呈現的美學方向提供建議，更經由傳習計畫培養了臺灣本地的崑劇演員，成為現今臺灣崑曲創作者的主要力量。

除了中介者角色之外，這些學者當中有幾位也身兼創作者，他們在進入 21 世紀之後，陸續加入崑曲編劇的行列〔註16〕，其中作品最多的首推曾永義，創作了《梁山伯與祝英台》、《孟姜女》、《李香君》、《楊妃夢》四本新編崑劇，除《梁山伯與祝英台》是由國立國光劇團製作之外，其他三本都是由臺灣戲曲學院京劇團所製作，而這兩個劇團也因此增加了製、演崑劇的能力，使得臺灣在編創製作全本崑劇方面得到一定的成果，且能夠以此與中國進行交流、彼此觀摩，這是得利於學者身兼劇作家的雙重身份，正如豪澤爾所言，創作者創造了其作品的藝術價值，而中介者則創造了創作者的藝術聲望（Hauser 1988：143），「學者」與「劇作家」、「中介者」與「創作者」的雙重

〔註16〕除曾永義外，李惠綿擔任蘭庭崑劇團常任的劇本整編，張淑香是白先勇製作的青春版《玉簪記》劇本整編，還有洪惟助也在 2013 年為臺灣崑劇團寫下全新崑劇《范蠡與西施》。

角色得以彼此輔助、相互支持，這也是學者對於臺灣崑曲創作能量的影響之一。

綜上所述，雖然有部分學者身兼劇作家，扮演中介者與創作者雙重角色，但對於臺灣崑曲的整體發展而言，學者在文化菱形中最重要的角色還是中介者，因爲他們推動包括研究、教學、展演等各項活動，其中影響最大的莫過於將崑曲推向社會大眾。此舉擴大了臺灣崑曲接收者的層面，使其不囿於學術圈、校園和曲社，而是能更廣泛地接觸到一般的閱聽人。不同於曲友致力於向下扎根崑曲，學者著力在崑曲的普及化，以擴大崑曲欣賞人口，因爲只要能夠保持數量多且水準高的接收者，就能夠維持社會對崑曲的欣賞需求，並且進一步從中產生出創作者，而臺灣崑曲也就能夠持續發展下去。

二、表演藝術經紀公司與基金會

除了曲友及學者之外，在推展崑曲的工作上著力甚深的民間機構，有表演藝術經紀公司及基金會，前者主要是向大眾引薦崑劇藝術，後者則有協助崑劇表演藝術的保存與傳承，也有資助崑劇團的製作演出。無論是經紀公司還是基金會，兩者都是中介組織，其目的都是要推展崑劇藝術。

（一）表演藝術經紀公司

在臺灣，表演藝術經紀公司主要從事藝術推展工作，亦即向國外購買節目，負責國內的策劃宣傳工作，進行售票的商業行爲，以票房收入爲利潤來源，其組織型態大致可分爲四種：經紀公司、藝術公司、基金會、協會，無論型態爲何，都對臺灣的藝文環境有重要的影響（郎祖明 2006：5、20、88）。在眾多表演藝術經紀公司當中，屬於基金會型態的新象對崑劇藝術的推廣不遺餘力，是最早策劃崑劇展演的中介組織。

新象董事長樊曼儂本人喜愛崑曲，早在 1980 年主辦的第一屆國際藝術節當中，就邀請到徐露及劉玉麟主演崑劇《牡丹亭・學堂、遊園驚夢》；1984 年更是策劃了由白先勇製作、徐露及高蕙蘭主演的《牡丹亭》〔註 17〕，這兩場是臺灣在與中國交流之前僅有的崑劇商業演出，吸引了許多藝文界人士前往觀賞。自 1992 年起，新象更是積極投入崑劇推展活動，幾乎每年邀請中國的

〔註 17〕雖然以全本《牡丹亭》爲名，但實際上與 1980 年的演出內容相同，只有〈學堂〉、〈遊園驚夢〉，這是因爲在中國崑劇演員來臺傳藝之前，臺灣的崑劇《牡丹亭》只傳承了這兩齣。

崑劇團或崑劇名家來臺灣表演，在行銷這些展演的同時，也適時地邀請學者配合舉辦相關講座，並透過媒體宣傳來達到崑曲的藝術推廣及社會教育的目的。除了劇團展演的形式之外，新象也曾籌辦校園巡演形式的「戲劇列車」（1994 年）、「崑曲美之旅」（1995 年與中華民俗藝術基金會合辦）兩次示範演出，深入十幾所高中及大專院校，對崑劇在校園扎根也有很大的貢獻。

除了新象之外，另有成立於 1997 年的雅韻，其主要業務有兩項，第一就是邀請中國的傳統戲曲劇團來臺公演，除了崑劇，也介紹評彈、梨園戲、傀儡戲等傳統戲曲藝術給臺灣觀眾；第二就是創辦《大雅藝文雜誌》，刊載以中國傳統戲曲為主的藝文文章。雅韻的創辦人是曲友賈馨園，因他認為蘇州的崑劇相較於其他地方的崑劇，具有「忠於崑劇精神的風貌」，能夠「負起保存崑劇內涵精神的任務」（賈馨園 2007：97），所以在該公司成立的 12 年間〔註18〕、辦過的 6 場崑劇展演中〔註19〕，就有 4 場是江蘇省崑劇院的演出，讓臺灣觀眾對於蘇州崑劇那清麗雅緻的表演風格及藝術特色有更多的認識，並能從中認識更多傳統崑劇的內涵精神。此外，雅韻也曾承辦「2001 文化資產年」系列活動中的「崑劇文物史料展」〔註20〕，展出崑劇照片、文物及史料，讓參觀者藉此認識崑劇的歷史並感受其藝術的美感。

表演藝術經紀公司在藝術世界的分配體系中〔註21〕，就是專門從事將表演藝術作品做公開銷售的分配者，由於表演藝術經紀公司是透過門票銷售以創造利潤，因此會選擇所要銷售的表演藝術及作品，並且想辦法將觀眾數量極大化，而這就得仰賴各式行銷策略以引起觀眾的興趣，包括舉辦講座、示範演出、電臺訪問、媒體報導等，使觀眾對經紀公司所提供的節目內容有所瞭解，進而提高其購票觀賞的意願。臺灣的崑劇活動能夠大規模地向社會大眾推展出去，就是透過經紀公司的行銷策略，使人們得以從日常接觸的大眾媒體中，得知關於崑劇藝術的相關訊息，而為宣傳節目所進行的訪談及講座，則為目標觀眾提供更多崑劇的歷史與美學知識，使其在進入劇場觀賞之前，

〔註18〕 查詢自經濟部商業司的公司登記資料查詢系統得知，雅韻已於 2009 年解散。（http://gcis.nat.gov.tw/pub/cmpy/cmpyInfoAction.do?method=detail&banNo=16159595。檢閱日期：2014 年 8 月 16 日）。

〔註19〕 除 4 場蘇崑的演出之外，另外 2 場是上崑的演出。

〔註20〕 文建會（今之文化部）將 2001 年訂為「文化資產年」，舉辦文化資產年系列活動，該展覽便是由國立傳統藝術中心主辦，在國立中正文化中心（今之國家兩廳院）的音樂廳藝廊展出。

〔註21〕 關於藝術世界中的分配體系，詳見註 6。

能具有欣賞崑劇的基礎能力。從文化菱形的觀點來看，在藝術生產體系中從事藝術分配工作的經紀公司，在推廣崑劇時其實是更接近扮演中介者的角色，藉著有組織的工作型態，整合相關的資源，不但將崑劇藝術、表演者及劇團帶到大眾面前，同時也幫助接收者建立起對於崑劇的品味及欣賞能力。

（二）基金會

基金會可分為官方性質與民間性質。官方性質的基金會主要由政府部門為了達成某種特殊目的，以國家財務捐助成立以執行政府事務，實際上乃政府部門的附屬機關；民間性質的基金會則是由民間個人、團體、企業公司等捐助成立，其成立宗旨各有不同，或為社會福利、慈善救濟，或為教育文化、研究發展（江明修、陳定銘 1999：227～229）。其中支持崑曲推展活動的基金會，官方性質的就是國家文化藝術基金會，民間性質的基金會則有中華民俗藝術基金會、建國工程文化藝術基金會、國際新象文教基金會。其中新象已如前所述不再著墨，官方性質的國家文化藝術基金會則放在本章第四節，於探討國家的文化政策對崑曲發展的影響時一併論及，故此處僅針對中華民俗藝術基金會、建國工程文化藝術基金會兩者做分析。

中華民俗藝術基金會是由許常惠於 1979 年創立，歷任董事會都是由學術界、藝文界及企業界的學者專家所組成，如曾永義、邱坤良、林懷民、陳勝福、邱復生、洪健全等等，都是各領域的菁英，在社會上屬於有影響力的人物，這使得該基金會更能夠善盡其非營利組織的社會角色：先驅者、倡導者、價值維護者、服務提供者及社會教育者（夏學理等 2005：21～22）。該基金會的成立宗旨為「維護民俗藝術，傳承民間藝人之精湛技藝，以提高民俗文化的學術價值，充實精神生活。」〔註 22〕，其服務的對象、內容及範圍，早期以民族音樂、傳統戲劇的調查與研究為主，後來逐漸擴及工藝、建築、宗教、飲食及休閒文化等層面，除調查與研究外，還兼顧了推動、保存與出版。

崑曲藝術自然也是該基金會服務的對象，在其所執行的工作中，最重要的就是 1991 年至 1996 年間，承辦由文建會委託的第一至三屆的崑曲傳習計畫〔註 23〕，以及兩期崑劇保存錄影計畫，而這兩個計畫也正是由曾永義及洪

〔註 22〕引自中華民俗藝術基金會網站的簡介資料（http://folk.org.tw/official/index.php/introduction。檢閱日期：2014 年 9 月 1 日）。

〔註 23〕第四屆起，轉由國光藝術戲劇學校及臺灣戲曲專科學校執行（蔡欣欣 2011：478）。

惟助兩人共同策劃的，換言之，這兩個計畫之所以能夠成就，是由於曾永義向文建會建言後，由文建會主導並撥出經費，委由該基金會執行。雖然在該基金會繁多的服務項目中，崑曲僅佔其二，但對於臺灣崑曲的發展有兩大貢獻；傳習計畫傳承崑劇表演藝術，同時擴大崑劇欣賞人口；錄影計畫則保存大量崑劇經典劇目，同時也為崑劇各家門行當的表演藝術留下影像紀錄。

　　至於建國工程文化藝術基金會（以下簡稱「建國工程」），是屬於企業財團為回饋社會而成立的文教基金會，由建國工程股份有限公司董事長陳啓德於2011年成立，其前身為建輝社會文教基金會與石頭出版社〔註24〕，故從2003年就開始投入推展崑曲藝術的工作，至2014年止，共推出兩個大型崑劇製作：2004年協同蘇州崑劇院、中國崑曲博物館、蘇州崑劇傳習所共同製作的《長生殿》，及2012年與江蘇省演藝集團崑劇院合作的《南柯夢》。對照該基金會的成立宗旨「協助新生代有才華潛力的導演、藝術家、表演者、策展人投入藝術的創作與實踐，期待能為傳統的藝術元素，創造出屬於當代的美學語彙。」〔註25〕，建國工程確實透過上述兩個大製作，聯合許多當代優秀的藝術工作者，如《長生殿》找來知名服裝設計師葉錦添設計戲服、《南柯夢》由台新藝術獎百萬首獎導演王嘉明跨界執導，適切地將傳統崑劇做出當代的詮釋，不只成功吸引新觀眾，連崑劇忠實觀眾也多予肯定。

　　除了出資製作崑劇之外，建國工程也贊助崑曲社團的演出經費，並扮演經紀公司的角色。贊助方面，自2005年起，幾乎每年定額捐助師大、臺大等校園崑曲社期末公演的經費，使崑曲社不致因經費不足而失去成果展演的機會。崑劇邀演方面，曾經分別於2003年及2006年邀請上海崑劇團（以下簡稱「上崑」）、2012年邀請江蘇省演藝集團崑劇院來臺演出，前者演出內容除經典折子戲外，還有實驗崑劇《傷逝》以及新編大戲《司馬相如》，展現上崑多樣化的藝術風格，後者全部由新生代演員擔綱主演，展示蘇省演藝集團崑劇院的傳承成果。

　　上述兩個基金會由於成立的目的及宗旨都不相同，所以對崑曲發展的支持有不同取向，中華民俗藝術基金會是屬於研究發展類型的基金會，關注的

〔註24〕建輝社會文教基金會成立於1986年，石頭出版股份有限公司成立於1990年，兩者的董事長也都是陳啓德，2011年才整合兩者部分資源及業務，另外成立建國工程文化藝術基金會，主要支持崑曲藝術、水墨藝術及茶文化。

〔註25〕引自建國工程文化藝術基金會網站中的簡介資料（http://www.ckarts.org/?post_type=about&p=17。檢閱日期：2014年9月1日）。

是崑曲藝術的保存與承繼，建國工程的成立則是源於企業家陳啓德個人的雅好，藉由基金會的型態資助崑曲藝術的推廣與創新。

從文化菱形來看，中華民俗藝術基金會與建國工程雖然同爲中介者，但中介的路徑和效果不盡相同。中華民俗藝術基金會的角色更像是崑曲與社會的中間人，爲崑曲藝術一方面向政府建言其學術與文化價值，使政府出面主導崑曲傳習計畫及崑劇錄影保存計畫，一方面尋找師資開設崑曲研習班，以提供社會大眾學習崑曲的機會，進而培養更多崑曲接收者，換言之，中華民俗藝術基金會負責統合各項資源並規劃運用，而非親身投入崑曲教學、崑劇表演及錄影服務，由於該基金會的董事會成員在學術及專業上的權威性，使政府願意聽取該基金會的意見，並將計畫委託其執行，民眾則是信任該基金會所安排的師資與課程，並從中認識崑曲藝術。而建國工程則是屬於藝術世界的分配體系中的贊助者，而且是積極型的贊助者，因爲它不僅在金錢方面資助藝術團體，還更進一步投入製作，主動尋找創作者做爲合作夥伴，並提供行政團隊予以支援，不過，在此情況下，創作者的作品難免會以贊助者的喜好爲依歸，也就是說，建國工程董事長陳啓德的個人偏好與品味，會影響創作者的創作方向，同時也決定接收者接受什麼樣的作品，而建國工程透過其所支持的崑劇作品，一方面向社會大眾呈現出製作團隊爲傳統崑劇開創的當代風貌，一方面也爲崑劇藝術開發了新的觀眾群。

事實上，還有一些曾經贊助崑劇表演團體的企業基金會，但他們卻不是本文所論的臺灣崑曲的中介者，如趨勢教育基金會、台積電文教基金會、台新銀行文化藝術基金會。趨勢教育基金會是基於其董事長陳怡蓁對白先勇的崇敬，所以全力資助白先勇所領導策劃的崑劇製作，包括青春版《牡丹亭》的歐美巡演、新版《玉簪記》的製作演出、相關的影音及書籍出版，以及白先勇主持的「崑曲新美學」課程〔註26〕。台積電文教基金會雖然曾於 2007 年贊助過蘭庭崑劇團在新竹公園內演出的《尋找遊園驚夢》，但那是屬於台積電文教基金會長年主辦的「台積心築藝術季」中當屆的節目之一，而這個藝術

〔註26〕「崑曲新美學」課程是趨勢教育基金會所捐贈設立的「白先勇文學講座」系列之一，於 2011 年在臺大開設爲期 17 週的課程，該課程同時也在趨勢教育基金會的網站開放線上聽課，另外也配合課程邀請蘇州崑劇院來臺演出 3 天經典折子戲（http://www.trend.org/event/kunqu_lecture/index.html。檢閱日期：2014 年 9 月 10 日）。

季是其爲回饋社區而成立的藝術活動〔註27〕。台新銀行文化藝術基金會則是透過「台新藝術獎」的設立，以獎項的肯定和獎金的回饋支持所有的藝術，1／2Q 劇場的作品《亂紅》便曾經得到第 11 屆的評審團特別獎〔註28〕。由此看來，這些基金會雖然曾經贊助崑曲活動，但卻非臺灣崑曲的中介者，主要原因有三：第一，對於創作者，他們雖然捐助資金或贈予獎金，但並未因此影響創作者的創作方向；第二，對於接收者，他們是提供崑曲藝術的平臺，也許影響了接收者接收崑曲的路徑，但並不爲接收者進行作品的解說、詮釋或解讀；第三，對於崑曲，他們並非長期的支持者，也不是將崑曲當做主要的支持對象。所以，這樣的基金會雖然是藝術世界中的分配者，卻非臺灣崑曲文化菱形中的中介者。

本節所探討的中介者，無論是中介個人——曲友和學者，還是中介組織——表演藝術經紀公司和基金會，促使他們投入推動崑曲藝術的動力，是源自個人對崑曲的愛好，包括經紀公司和基金會，都是因爲董事長的個人愛好，所以投入整個組織的資源去進行推展活動。正是因爲這些中介者希望這美好的古典藝術能夠被現代人所欣賞，並且可以持續流傳下去，所以有人盡一己之力去影響身邊的人，有人則運用組織的力量擴大影響力。在實際行動方面，有的中介者致力於崑曲表演藝術的保存及承傳，如曲友、中華民俗藝術基金會；有的中介者帶領接收者從文學藝術到表演藝術等各方面賞析崑曲，讓案頭文章與舞臺表演相互印證對照，如戲曲學者；有的中介者則是爲了讓社會大眾從舞臺上認識崑曲藝術，所以引薦專業崑劇團來臺演出，如新象、雅韻、建國工程；也有中介者以捐助資金及參與製作來支持傳統崑劇的當代創作，如建國工程。

中介者在介紹崑曲藝術給大眾認識時，大多從最容易接受的「崑劇」形式著手，如曲友以崑劇的教與學做薪傳、經紀公司舉辦崑劇展演等等，從 2001年以後，崑劇演出場次的大量增加、臺灣的崑劇團或從事崑劇表演的團體從 4團變 12 團來看〔註29〕，以崑劇做爲推廣內容的成果顯著可見。

〔註27〕台積電文教基金會網站（http://www.tsmc-foundation.org/community/kimage_01.asp。檢閱日期：2014 年 9 月 10 日）。

〔註28〕台新銀行文化藝術基金會網站（http://www.taishinart.org.tw/chinese/2_taishin-arts_award/page_sub.php?MID=1&ID=5。檢閱日期：2014 年 9 月 10 日）。

〔註29〕2001 年以前只有水磨曲集（1987 年）、絲竹京崑劇團（1995 年）、臺灣崑劇團（1999 年）、詠風劇坊（2000 年）4 個團體，2001 年後成立的 8 個團體爲：

臺灣崑曲得以發展的關鍵因素之一，就是從民間自發性地傳承與推動開始，從早期曲友、戲曲學者以個人及網絡的影響力，從校園耕耘逐漸擴及社會，到 80 年代末至新世紀初，表演藝術經紀公司及基金會陸續加入推展崑劇的工作，以組織的力量開發崑劇觀眾，這些都使得原本只是特定社群欣賞的崑曲藝術，逐漸被臺灣社會所熟知，並且擁有一定的欣賞人口。

第三節　演劇形式擴大欣賞人口──「創作者」、「中介者」、「接收者」互動

上一節討論了民間的個人或組織以中介者的角色進行崑曲的傳承及推動，因爲崑曲的演劇形式是最容易被大眾接受的，所以傳承及推廣的內容便是以崑劇爲主。從崑曲發展的歷史來看，崑曲最早本以度曲清唱的形式在文人之間流傳，其後將崑腔應用在演唱傳奇劇本後，透過戲班在各地演出，崑曲才廣爲一般民眾所認識、接受、欣賞，如果從文化菱形的觀點來看，那時崑曲便是由劇作家創作劇本、戲班排練劇作（創作者），透過在勾欄廣場、客店酒館等地的展演（中介者），使前往觀賞崑曲演劇的民眾（接收者）接觸到崑曲。如今，曲友、學者、經紀公司、基金會等中介個人及組織將崑曲介紹給大眾時，也幾乎都是以崑劇爲主，透過戲劇表演的藝術魅力，將崑曲的文學、音樂、戲劇之美傳達給接收者。

從文化菱形來看，創作者展演崑劇，接收者觀賞崑劇，中介者則爲兩者開展接觸的道路，一是深入校園，一是走向社會，本節將以此分爲兩個小節討論之：（一）校園推廣吸引學生；（二）一般性展演接觸社會大眾。

一、校園推廣吸引學生

校園推廣的對象通常是大學及高中，這是由於高中的國文課本自 1984 年起就選錄《琵琶記・糟糠自饜》一折，在 1999 年開放民間出版業者編纂高中教科書之後，也出現《竇娥冤》第二折、《牡丹亭・遊園》等選文，而屬於韻文類的劇曲都是放在第六冊，即高中三年級下學期的課本中（蘇雅莉 2004：

台北崑劇團（2003 年）、蘭庭崑劇團（2005 年）、1／2Q 劇場（2006 年）、幽蘭樂坊（2006 年）、臺北崑曲研習社（2009 年）、蓬瀛曲集（1953 年成立，2010 年才登記立案）、風城崑劇團（2011 年）、東客雅集（2014 年）。關於 2001 年以後的崑曲活動，請參考本論文第二章第四節。

65、82、103），換句話說，全臺灣高中以上的學生不但對於詞曲文學已經有一定的理解能力，也都曾經讀過崑劇劇本，這是崑劇進入高中以上校園的利基。校園推廣崑曲大致有兩種方式：崑曲社、示範演出及講座，崑曲社是最早出現的推廣方式，而且以大學校園爲主，示範演出則最容易引吸注意，通常會配合講座以加強觀眾對崑劇的認識。以下分別說明。

（一）崑曲社

最早的大學崑曲社是臺大崑曲社及師大崑曲社，都成立於1957年，至今仍然持續活動未曾間斷。在大學校園以崑曲社的方式推廣崑曲的有利因素是，崑曲的文學形式——傳奇——在中國文學的脈絡下屬於曲學的範疇，是大學的中國文學系所主要的修習課程內容之一，前故宮博物院院長蔣復璁便曾經主張「崑曲的研究及學習，最好設置在大學」（洪惟助《崑曲辭典》2002：692），這是緣於他在北京大學曾與曲學大師吳梅學習崑曲的心得〔註30〕；而吳梅另一個學生、師範大學教授汪經昌，在師大教授「曲選」課時，更是承續了吳梅結合理論與實踐的治學精神，倡導「欲明曲理，須先唱曲」，所以規定修習他「曲選」課的學生，課後均須參加崑曲社的唱曲活動〔註31〕。其他大學的中國文學系所雖然沒有如師大這般，爲了將理論與實踐結合，由授課老師主導成立崑曲社並規定學生參加，但如政治大學崑曲社及中央大學崑曲社，分別由該校開設曲選課的教授盧元駿及洪惟助所發起（林佳儀 2014：111），也是著眼於學習崑曲對於曲學理論的學習有所助益。

除了大學崑曲社之外，北一女和銘傳商專是少數非大學而成立崑曲社的學校。北一女崑曲社是全臺灣第一所成立崑曲社的高中，於1959年由當時校長江學珠所成立，並邀請徐炎之前往教學；銘傳商專（今之銘傳大學）崑曲社則是在1971年由五專制會計統計科三年級學生所成立，緣由是因其國文老師金毓秀在課堂上介紹崑曲，引發了學生興趣因而成立。由學生因興趣而主動成立的崑曲社還有：淡江大學崑曲社、中興大學崑曲社、東吳大學崑曲社、輔仁大學崑曲社，其中淡大及中興的崑曲社是由北一女畢業學生考取該校後成立，東吳及輔大的崑曲社則是由銘傳畢業學生繼續升學就讀該校而成立的（林佳儀 2014：111～112）。

〔註30〕關於吳梅，詳見註11。

〔註31〕黃韋仁，〈卻顧所來徑——師大崑曲研究社簡史〉（台灣師範大學崑曲研究社。http://blog.yam.com/ntnukung/article/65501099。檢閱日期：2014年11月3日）。

　　從上述各校崑曲社的成立緣由可見，大學中文系教授及高中（銘傳商專五專制三年級等同高中三年級）師長是在校園中、課堂上扮演崑曲中介者的角色，他們將文學形式的崑曲介紹給學生並且支持社團成立，而學生就是崑曲的接收者，至於崑曲的創作者則是傳奇劇作家。然而，崑曲社要能夠吸引學生並持續經營下去，靠的則是以崑劇的學習及演出為核心的授課內容。

　　由於各校崑曲社除了師大之外，全是徐炎之、張善薌夫婦所教授，而考查徐氏夫婦的崑曲生涯，特別是在南京參加「公餘聯歡社崑曲股」時〔註32〕，經常有演出機會且劇目多樣，這樣經歷影響到他們的教學是以學戲為方向、以演出為目標（林佳儀 2014：114）。換句話說，上課內容就是折子戲的學習與排練，先學拍曲、後學身段，如果社團有年度公演活動，就以公演劇目來安排學習課程，如果沒有年度公演，仍然會選擇喜歡的劇目學習，再找機會演出。至於師大崑曲社，雖然一開始是以唱曲為主，但後來也和其他學校崑曲社一樣，開始學戲並舉辦年度公演。這樣「為演出而學戲」的學習模式，在校園崑曲社中一直沿續至今，其好處在於，演出做為一種激勵，可以激發學生的學習熱情，而社員演出時，也會極力邀請同學甚至家人到場觀賞，如此便可將崑曲再往外推廣，不只擴大崑劇觀眾基礎，甚至可以因此招募新血，一起投入學習崑曲、崑劇的行列。

　　事實上，臺灣在尚未與中國交流、沒有職業崑劇團表演的年代，崑曲愛好者及崑劇觀眾，甚至是崑劇表演者就是如此慢慢培養出來的；儘管有學者認為這種玩票性質的學生演出談不上藝術（曾永義 2002：273），但正是這種「為演出而學戲」的學習模式，不只讓學生從學習唱腔及身段的體驗中認識崑曲之美，更使學生在實踐過程中得到藝術上的滿足，進而從一般觀眾轉變為核心觀眾，同時在社團這種小而緊密的學習網絡中，強化了對社群及崑曲藝術的認同。從實際成果來看，現在仍然在為崑曲的推廣與傳承努力的曲友，幾乎都是從校園崑曲社培養出來的，有的曲友致力於經營崑曲團體，如水磨曲集團長宋泮萍（銘傳、東吳、中央）、蘭庭崑劇團團長王志萍（臺大）、蓬瀛曲集負責人劉玉明（師大）；有的曲友在校園崑曲社任教，如指導臺大崑曲社的周蕙蘋（政大）、指導東吳崑曲社的許珮珊（銘傳）、指導師大崑曲社的黃國欽（中央、臺大）；還有在其他方面如音樂甚至是研究上努力的曲友，如

─────────────

〔註32〕「公餘聯歡社」是國民政府公務人員的俱樂部，常年皆有活動，其中「崑曲股」活動頻繁，遊藝會、曲會、演出消息等經常見報（林佳儀 2014：103）。

笛師蕭本耀（臺大）、笛師張金城（淡江、師大）、學者朱昆槐（臺大）、學者林佳儀（政大）等等，除了持續浸淫於崑曲藝術的曲友之外，其他歷屆崑曲社社員基本上都是崑劇觀眾，在中國職業崑劇團尚未來臺灣演出之前，他們多少都會前往觀賞學弟妹或其他曲友的演出，更遑論在中國職業崑劇團來臺演出之後，更是成為崑劇的忠實觀眾。

以上可從兩個層次的文化菱形來看校園崑曲社，首先可將崑曲社視為一個小型的社會世界，其中教授崑劇的老師（都是曲友）是創作者也是中介者，這些老師透過崑劇唱腔與身段的示範表演，向學生展現並教授關於崑劇相關美學知識，同時也宣揚及傳達自身對崑曲藝術的體驗與理念，至於從實踐中體驗崑劇藝術之美的學生則是崑劇的接收者，透過學戲、演戲的深度體驗，可成為崑劇的核心觀眾、崑曲的忠實愛好者，亦即成為曲友。當崑曲社社員從學校畢業之後，若成為曲友並願意投入崑劇教學時，便等於投入中介崑曲的工作，繼續帶領著學弟妹走進崑曲藝術之門。由此可見，在崑曲社這個小社會中，創作者、中介者、接收者的距離其實相當近，彼此有著交互滲透重疊的關聯，創作者與中介者經常是同一人，而接收者在經過一段學習歷程之後，可能回到校園崑曲社成為另一名創作者與中介者，繼續對其他接收者展示、介紹崑劇藝術，而無論是否回到崑曲社，這些在崑曲社的接收者，同時也會是臺灣社會的崑曲接收者。

從更大的層次來看，整個校園可視為一個社會世界，崑曲社及其社員則是其中的創作者兼中介者。特別是當崑曲社舉辦年度公演時，社團成員合力從排練到執行演出，將作品完整呈現給校內外的同學及家人，他們透過崑劇的形式來傳達崑曲藝術之美，此時崑曲社全體是為創作者，同時他們也必須成為自己的中介者，為社團公演進行宣傳活動，包括利用口頭宣傳方式邀請同學及家人前往觀賞、透過張貼海報、發送傳單、網路公告等方式向校內及校外有興趣的潛在觀眾做宣傳，而這些同學、家人及其他潛在觀眾就成為崑劇的接收者，在這些接收者當中，常有學生因此加入崑曲社成為其中一員，為崑曲社增添生力軍。在這個層次的文化菱形中，除了崑曲社是校園的崑曲中介者之外，同樣是中介者的還有學校的師長，如前面所提及的，大學中文系教授或高中國文老師，他們從課堂上介紹崑曲的文學形式，接收者就是聽課的學生，透過師長的導引與教授崑曲知識，更容易引起學生的興趣，因想要進一步瞭解崑曲之美而加入崑曲社，這將使得崑曲社更容易吸收新社員，

成為更有力量的中介者。雖然課堂聽課的學生並不一定會加入崑曲社，但卻會因此對崑曲有初步認識，只要有興趣，就有可能成為新一代的崑劇觀眾、崑曲欣賞者。

自從 1957 年開始有校園崑曲社成立至今已經超過 50 年，成立於當年的臺大崑曲社和師大崑曲社，至今仍然保持每年舉辦年度公演。雖然參加崑曲社的學生來來去去，固定的社員人數向來都在個位數以內，而且傳播的範圍絕大多數都僅限於校園學生及社員的親友們，但這種看似自娛娛人的活動，確實一定程度地傳承了崑劇表演藝術，並且為臺灣培養了不少崑曲欣賞人口，可以說，只要校園崑曲社持續存在，校園中的崑曲中介者、創作者、接收者三個元素齊備，崑曲就能因此繼續在校園扎根，不斷地培養新一代的崑曲愛好者。

（二）示範演出與講座

崑劇的校園示範演出及講座並不算是經常有的活動，因為演出單位需要學校方面的配合，特別是高中及以下的學校〔註33〕，必需為此將學生及老師上課的時間挪出來，並且視演出規模整合適合的班級數量，對校方來說並非易事，但如果辦理得宜，示範演出與講座會是效果立即，而且有機會產生深遠影響的推廣方式。

校園示範演出有的是由學校邀請崑劇團或崑劇表演者到校演出，有的則是演出者主動申請；而校園示範演出總是需要有老師或學者為學生建立相關的知識，有的是由學校老師在課堂講授，但多數會採取講座的方式，由校外的學者或演員進行講解；講座活動也可以獨立舉辦，有時是做為學校的藝術教育課程，有時則是配合崑劇團展演的宣傳活動，主講人或為學者專家，或是演員本人；校園示範演出及講座的目標受眾雖然是學生，但教職員也同樣會成為潛在受眾。

大約從 1992 年中國職業崑劇團受邀來臺演出開始，經紀公司經常在宣傳行程中安排校園講座，如臺灣大學、臺北藝術學院（今之臺北藝術大學）等，由學者先做簡單的崑劇介紹，再由演員親身示範解說，為的是吸引學生觀眾，

〔註33〕近年來崑劇到校園的推廣演出也走進國中甚至國小，如詠風劇坊從 2006 年起就陸續在臺北市多所國中如新興國中、敦化國中等舉辦示範演出（查詢自詠風劇坊部落格。http://blog.xuite.net/solefer_jh/twblog。檢閱日期：2013 年 5 月 2 日），風城崑劇團也曾於 2014 年 6 月在新竹縣湖口國小、信勢國小及新湖國小舉辦校園巡演（鍾艾蒨。訪談。鍾艾蒨自宅。2014 年 10 月 4 日）。

有時也會安排校園場的演出，例如師範大學、中央大學、交通大學、成功大學、中山大學等。2001 年以後，臺灣本土崑劇團漸多，有些劇團也會採取校園推廣的演出模式，目標雖有大學，但更多是高中及以下學校，如詠風劇坊走進國中、風城崑劇團進入國小，還有少數是高中或大學授課老師個人對崑劇演員的邀約，到其所授課的學校或課堂上做小型演出或示範講座〔註 34〕。這 20 多年來，崑劇的校園示範演出及講座，其規模最大且成效甚佳的，就屬1995 年由新象及中華民俗藝術基金會合辦的「崑曲美之旅」，由上崑前往臺灣北、中、南共 10 餘所高中巡迴演出《琵琶記・吃糠遺囑》及《占花魁・受吐》，然而這個「崑曲美之旅」的計畫緣由，則要從 1993 年說起。

由於臺灣的高中國文課本有《琵琶記・糟糠自饜》一折，是高中三年級學生必讀的課目，因此洪惟助於 1993 年初邀請上崑排演此劇〔註 35〕，將傳奇《琵琶記・糟糠自饜》整理改編成崑劇《琵琶記・吃糠遺囑》，由張靜嫻、計鎮華、張銘榮主演。1994 年新象二度邀請上崑來臺演出的同時也辦理「戲劇列車」活動〔註 36〕，嘗試將崑劇帶到東部，於是便以曾永義為首，與上崑團長及《琵琶記・吃糠遺囑》的演員及笛師，先到花蓮中學對花蓮市的高中國文老師講解崑劇歷史及其藝術特色，之後再訪問四維中學，最後在花蓮女中的大禮堂，先由曾永義做簡短的崑劇介紹，再由上崑演出《琵琶記・吃糠》，而臺下則是兩千多位花蓮市的高三學生，演出結束後還提供問答時間；據稱觀眾反應相當熱烈，因而引發 1995 年的「崑曲美之旅」計畫。在曾永義的提議之下，由中華民俗藝術基金會負責學術講解部分，新象則負責示範演出部分，向當時的省教育廳申請經費補助，從 5 月 5 日開始至 5 月 17 日為止，巡迴北、中、南 10 餘所高中，如中山女中、曉明女中、嘉義中學、高雄中學、文藻語專、薇閣中學等，由上崑進行《琵琶記・吃糠遺囑》及《占花魁・受

〔註 34〕 以筆者個人的經驗為例，筆者曾應兩位曲友之邀，分別到其所任教的新莊高中及東吳大學，與另一位同為崑曲藝生的曲友做示範演出，前者是為了配合高中國文的曲選課，集合了該校所有高三生在大禮堂進行彩演，後者則是在通識課的課堂上進行簡單示範講座。

〔註 35〕 《琵琶記・吃糠》在近代很少演出，中國的崑劇團只有永嘉崑劇團會演此折，上崑卻是從未排演過，但由於洪惟助邀演之故，上崑在 1993 年整理舊本重新編排演出，此後便成為上崑常演的經典劇目。這又是一個學者做為中介者影響創作者（崑劇團）的實例。

〔註 36〕 「戲劇列車」的對象不只是花蓮市的高中、高商師生，也包括慈濟醫院的醫療人員與病患及其家屬（鍾廷采 2006：140）。

吐》的示範演出，由大學教授，如洪惟助、賴橋本、王安祈、林鶴宜、李殿
魁等學者主講崑劇講座（洪惟助〈臺灣的崑曲活動與海峽兩岸的崑曲交流〉
2000：26；曾永義 2002：274～276；鍾廷采 2006：140～141）。由於學生已
經從課本上學過曲文，接著再聽老師及學者講解崑劇藝術的相關知識，最後
從舞臺上看見演員們將平面文字化爲立體生動的表演藝術，有了案頭與場上
的交互參照，讓學生對於崑劇藝術有更直接的體會，也留下鮮明的藝術印象；
當學生認識、瞭解崑劇之後，才有能力欣賞甚至喜愛崑劇，這就是「崑曲美
之旅」將崑曲藝術扎根校園的目的。根據筆者在劇場所觀察到的現象，在那
一段時間裏，相較於其他傳統戲曲的演出現場，演出崑劇的劇場中經常可見
到一群背著書包的高中生，有的是由學校老師帶隊，也有許多是學生自主地
結伴看戲，顯示出「崑曲美之旅」在校園推廣的成效。

　　校園示範演出雖然較能夠收到學生立即的回饋，但無論是對經紀公
司、劇團或學校等主辦單位來說，都需要投入較多的財力及人力，相較之
下，單純的講座活動是個精簡的推廣方式，對主辦單位的財務及人力負擔
較小，相對容易執行。講座的講者通常是學者專家，有時則是由演員主講
還可身兼示範，推廣講座除了爲劇團公演做的宣傳活動之外，通常都較具
學術性質，內容可以涵蓋崑曲的歷史、文學、音樂、美學，以及崑劇表演
藝術，而對象經常是大學學生，做爲正式課程的一部分，也有些是高中老
師的研習課程。一般而言，講座活動多是單一、不定期的課程，唯有 2011
年臺大開設、由白先勇主持的「崑曲新美學」課程〔註37〕，是長達 17 週的
系列課程，當時選課人數高達 2400 人，課程主題從白先勇製作的青春版《牡
丹亭》及新版《玉簪記》切入，從各層面介紹崑曲的傳統及與當代美學的
融合，主講人有學者，如臺大教授張淑香、北藝大教授辛意雲，也有演員，
如上崑的蔡正仁、岳美緹〔註 38〕。雖然「崑曲新美學」課程是講座活動中
的單一個案，但該課程吸引了 2400 人選課，即使當中多有慕大師之名而選
課者，卻也顯示出學生對崑曲的高度興趣，這反映了崑曲經過這十多年來
各界的大力推廣，確實已經廣爲大眾所知悉，並且容易引起學生想要進一
步瞭解的興趣。

〔註37〕該課程是趨勢教育基金會所捐贈的「白先勇文學講座」系列之一，詳見註 26。
〔註38〕趨勢教育基金會網站／藝文 FUN 輕鬆。http://www.trend.org/arts_info.php?pid
　　　　=888。檢閱日期：2014 年 11 月 13 日。

以上可見，在校園中的示範演出與講座的推行，是靠崑曲的中介者——表演藝術經紀公司、基金會、學者甚至高中老師——主動採取行動，目的是要讓崑曲從校園扎根。這些中介者透過對崑劇創作者——劇作家、演員、音樂設計、舞臺設計、服裝設計——的介紹，讓接收者從歷史、文學、表演、音樂、美學等方面來認識崑劇藝術，為接收者建立欣賞崑劇的能力，以期接收者未來能夠主動接觸、瞭解崑劇，進而欣賞、喜愛崑曲藝術。對於身為創作者的崑劇團而言，他們有時也需要身兼自己的中介者，如蘭庭崑劇團、台北崑劇團、詠風劇坊、風城崑劇團等，他們為了要傳達自己對崑劇藝術的理念及想法，需要為自己找尋表達的空間，故而必需成為自己的中介者，為自己建立與接收者接觸的管道，因此他們進入大學、高中、國中、小學，讓學生有機會透過自己的作品以及作品所表達的觀點來認識崑劇藝術。

相較於校園崑曲社著重在崑劇表演藝術的傳承，校園的示範演出與講座活動更具有明確的推廣目的；培養崑劇觀眾。由於中介者與創作者都對崑劇藝術的傳承有相同的使命感，因此彼此密切合作，就是希望透過師長及學者教導崑劇相關知識、崑劇團及崑劇表演者將書本中的靜態平面文字化成舞臺上的動態立體藝術，讓學生得以透過戲劇的藝術魅力來領略崑劇之美，進而有機會成為崑劇的觀眾、崑曲的欣賞者。

二、一般性展演接觸社會大眾

崑曲除了從校園扎根，也需要廣為社會大眾所接受，崑劇團展演的目的即在於此，故崑劇團及其中介者需要尋找各種接觸觀眾的管道，以求每場演出的觀眾人數最大化，因此，除了原有的崑劇觀眾之外，崑劇團還需要不斷地開發新觀眾。從劇團營運的層次來說，劇團要有觀眾才會有票房，表示營運有績效，值得繼續接受來自贊助者（通常是政府）的經費補助；從整體崑曲發展的層次來看，不只需要有創作者持續從事藝術生產，也需要不斷地有接收者經驗、接受，進而賦予意義、給予回饋，才能使崑曲真正成為臺灣這塊土地上的人們所共享的文化藝術。以下將先說明在臺灣崑劇觀眾的形成，接著探討 1992 年之後，在臺灣演出崑劇的劇團與中介者如何協力合作以拓展崑劇欣賞人口。

一般認為臺灣的崑劇觀眾是在 1992 年中國職業崑劇團來臺灣演出之後才培養出來的，如曾永義認為此前的崑曲演劇只是大專學生在玩票，即使崑曲

清唱也是極少數人的雅集（2002：273、280、301），王安祈也認為以往崑劇在臺灣只是極少數的個人愛好，更進一步分析崑劇觀眾的形成，是自1992年起，經過大學中文系教師的熱心推動，及《琵琶記‧吃糠遺囑》的高中校園巡迴活動（即1995年新象主辦的「崑曲美之旅」）所培養出來的，並總結「這批以知識份子為核心的崑劇觀眾，幾乎是全新從頭培養的，並非由京劇轉過來的『原戲曲愛好者』」，同時認為這批年輕觀眾雖然只是小眾，但是對崑劇相當癡迷，有的自費參加「崑劇之旅」前往上海、蘇州等地看戲，有的參加自1991年開辦的崑曲傳習計畫〔註39〕，直接向中國崑劇名家學習，成為臺灣本土培養的崑劇演員，臺灣崑劇團也就在此基礎上於1999年成立〔註40〕（2001：227～228）。

　　事實上，早在1949年之後，臺灣的崑劇觀眾就是那些從中國來到臺灣的曲友，一開始的確人數不多，而且幾乎都集中在臺北，但隨著民間曲社及校園崑曲社成立，曲友人數也逐漸增多，而蓬瀛曲集的曲友彩串演出雖然是自娛娛人的活動，但其性質不只是曲友同樂的休閒活動，也提供了其他崑曲愛好者觀賞崑劇的機會。雖然無從得知蓬瀛曲集在1960年到1986年每年的固定演出到底吸引多少新觀眾，也沒有進一步的資料可以評估其於1982年到1987年間，在臺北市社會教育館開設的崑曲研習班，到底有多少學員轉而成為崑曲愛好者，但從蓬瀛曲集持續舉辦超過20年的演出活動，及開設長達5年的崑曲研習活動來看，可以合理地推斷，臺灣崑曲的欣賞人口透由這兩個活動應該有一定數量的成長。換言之，1987年以前，臺灣的崑劇觀眾在校園崑曲社及蓬瀛曲集兩條培養路徑之下，其數量已經是緩慢而持續地成長。

　　到了1987年解嚴之前，臺灣曲友已經能透過「香港美琪行出版社」發行的崑劇錄影帶欣賞到「傳」字輩藝人的演出；而從解嚴後到1992年中國職業崑劇團正式登「臺」演出之前，也陸續有曲友能夠透過管道，從上崑取得該團的演出錄影資料〔註41〕。1988年曲友賈馨園因回上海故居，而有機會觀賞

〔註39〕 王安祈的原文中有兩處年份上的錯誤，一是「『上崑』於1993年以第一支來臺的大陸藝文團體……」，上崑第一次來臺的正確年份為1992年；二是「1992年即成立的『崑曲傳習計畫』研習班」，崑曲傳習計畫的開辦年份是在1991年（2001：227～228）。

〔註40〕 事實上，臺灣崑劇團的團員除了楊汗如是從1991年起就參加崑曲傳習計畫學習崑曲的曲友之外，其餘都是1996年才開始學習崑劇的職業京劇演員，換言之，臺崑的成立基礎並非是王安祈所認為的那些「新觀眾、新演員」。

〔註41〕 陳彬。訪談。臺北市社教館。2014年11月15日。

上崑《長生殿》赴日公演前的排練，同年曲友陳彬、蕭本耀、邵淑芬則曾前往香港，觀賞上崑蔡正仁及梁谷音的演出〔註42〕，緊接著 1989 年中國南北六大崑劇團在香港匯演，臺灣曲友賈馨園召集包括魏子雲、洪惟助、陳芳英、田士林等曲友及學者數人一同前往觀賞，而這趟香港行促成了隔年的「崑曲之旅」（賈馨園 2007：101～106），後者更開啓了臺灣崑曲的表演傳習及學術研究的大門。正如京劇戲迷早在解嚴之前，就已經透過各種管道，取得中國的京劇影音資料〔註43〕，臺灣曲友在解嚴前後，也是盡其所能地蒐集中國的崑劇影音資料，因此在 1992 年上崑來臺演出之前，臺灣曲友大多已經對上崑主要演員及精彩劇目耳熟能詳了；加上以香港甚至於美國、日本做爲第三地，讓臺灣部分曲友有機會現場觀賞中國職業崑劇團的精彩演出，更加深臺灣曲友對於中國職業崑劇團來臺演出的期望。因此可以說，雖然 1992 年之前中國職業崑劇團尚未來臺演出，但透過影音資料與親臨第三地觀賞演出，臺灣曲友早已是這些劇團的忠實觀眾了。

至於王安祈認爲 1992 年之後才培養出來的新觀眾，其實分爲兩個部分，一是加入校園崑曲社學習崑曲的學生，一是透過校園示範演出及講座而認識崑劇的年輕學子。前者以筆者經歷爲例，筆者 1988 年加入銘傳崑曲社，與前後時期的其他大學崑曲社的同學們就是王安祈所謂的「癡迷的小眾」，學戲、看戲、追偶像都有我們的身影，並且早在 1992 年上崑來臺之前，就已經對上崑幾位一級演員崇拜無比，因爲我們從崑曲社的崑劇老師那裏取得上崑的演出錄影帶，不但把全本《牡丹亭》和《玉簪記》看得爛熟，甚至已經學會上崑版的〈遊園〉、〈驚夢〉、〈琴挑〉、〈偷詩〉等折子戲。正如筆者於上一小節次所分析的，早在 1992 年之前，臺灣崑曲已經在校園崑曲社的長期耕耘之下，培養出一群崑劇的忠實觀眾，這些崑劇觀眾通常也是其他戲曲、尤其是京劇的戲迷，如陳彬、陳芳英、賈馨園、朱惠良等同時也是京劇票友，又如筆者及其他崑曲「同學」們，雖然不是京劇票友

〔註42〕陳彬，〈新象・上崑・我〉，頁 30，收錄於《上海崑劇團來台演出二十週年紀念專刊》（2013）。

〔註43〕在解嚴之前，傳統戲曲的戲迷都是透過臺灣的「女王」及「鳴鳳」這兩家專門販賣傳統戲曲和曲藝的唱片行蒐購想要的影音資料，另有香港的「美琪行」也可以買到更多臺灣買不到的影音資料。有關解嚴前臺灣戲迷如何取得中國的傳統戲曲影音資料，詳見王安祈〈兩岸交流之前的「偷渡」與「伏流」──以京劇演唱爲例〉一文（2003：61～102）。

卻是忠實戲迷，因為在崑劇只有業餘演出的年代，京劇是曲友學習傳統戲曲程式的唯一選擇。而那些透過校園示範演出及講座而認識崑劇的年輕學子，才是王安祈認為的「全新從頭培養、非原京劇愛好者」的新觀眾，因為邀請中國職業崑劇團來臺演出，表演藝術經紀公司積極並廣泛地進行各種宣傳活動，使得臺灣的崑劇觀眾數量在 1992 年之後快速且大幅成長，在各式宣傳活動中，以校園示範演出及講座的推廣效果最好，特別是 1995 年全國高中、大學「崑曲美之旅」的校園巡迴演出，快速地吸引了許多從未看過傳統戲曲的年輕學子。

　　因此，臺灣崑劇觀眾可以 1992 年為分水嶺，之前培養的觀眾是以曲友為主的舊觀眾，之後開發的是為新觀眾。新觀眾當中有一部分是循著校園崑曲社及崑曲研習班模式培養出來的，其中轉而成為核心觀眾的人則有可能會成為曲友，成為崑曲欣賞者。

　　臺灣的崑曲演劇活動在 1992 年上崑登「臺」之後開始勃發興盛，到 2014 年為止，演出崑劇的劇團可分三類，一為中國職業崑劇團，二為臺灣業餘崑劇團〔註 44〕，三為臺灣職業京劇團〔註 45〕；中國職業崑劇團需要由中介組織或中介個人邀請來臺展演，臺灣業餘崑劇團以及職業京劇團則由劇團身兼自己的中介者，三者在拓展觀眾的方式上既相似卻又不盡相同。

　　首先談中國職業崑劇團。自 1980 年代以後，崑劇在中國因受到大眾文化流行的影響而再度處於頹敗的景況，以擁有最多梅花獎得主、一級演員的上崑為例，在 1985 年至 1998 年間極度缺乏觀眾，即使用贈票的方式來吸引觀眾，觀眾也寧可直接捐錢而不願進劇場看戲（劉心慧 2014：131、134～135），所以當 1992 年上崑第一次來臺灣演出受到本地觀眾的熱烈讚賞，讓時任上崑團長的蔡正仁因而發出「最好的演員在大陸，最好的觀眾在臺灣」之歎；往後十年間，中國六大崑劇團輪番到臺灣演出，都是使出渾身解數，為的就是要把崑劇的精華展現給臺灣觀眾，相較於中國觀眾對崑劇的冷淡不關心，臺灣觀眾的熱情回應、民間主動推廣崑劇、年輕學子居多的觀眾結構，都令中

〔註44〕臺灣的崑劇團都是業餘性質的，即使是臺灣崑劇團及蘭庭崑劇團，其團員都是職業京劇演員，而且都是國光劇團及戲曲學院京劇團的正式團員，也都是在本業之餘才兼演崑劇。

〔註45〕職業京劇團即指國光劇團及戲曲學院京劇團。雖然國光劇團並不以京劇團自限，但事實上該團是由原隸屬於三軍的京劇隊合併組成的，團員清一色是職業京劇演員，一直以來也都是以演出京劇為主，故本論文仍視之為京劇團。

國職業崑劇團相當重視臺灣這個演出市場。在 2001 年崑曲被列為世界非物質文化遺產之後，崑劇在中國又逐漸受到觀眾的青睞，2004 年白先勇的青春版《牡丹亭》更是掀起崑劇觀賞熱潮，使得近年來中國的崑劇市場已然大幅成長超過臺灣許多，並且成功吸引了中國的年輕觀眾。如今崑劇在中國的盛況就如同 90 年代的臺灣，相較之下，臺灣崑劇市場的重要性已經不如以往，但是臺灣追求古典雅緻的美學品味，仍然以不同的方式影響著中國職業崑劇團的創作方向，例如白先勇製作的青春版《牡丹亭》及新版《玉簪記》、建國工程製作的《長生殿》及《南柯夢》，透過這種創作者與中介者合作的方式，將臺灣的美學品味及對於現代崑劇的詮釋注入這些作品當中，這種現象反映的是臺灣崑劇觀眾（接收者）對中國職業崑劇團（創作者）的影響。

中國職業崑劇團來臺灣演出大多透過臺灣的表演藝術經紀公司、基金會等中介組織邀請，藉由商業行銷的方式，讓演出訊息在網路、廣播電臺、電視臺、雜誌、報紙等媒體曝光，盡量接觸一般大眾，以吸引潛在觀眾群，同時利用講座、對談、演講等方式，為潛在觀眾建立崑劇知識，並提供票價優惠方案以刺激觀眾的購票行為，這些商業操作讓更多從未觀賞過崑劇的觀眾走進劇場，使臺灣崑劇觀眾在短短幾年內快速增加，也間接地擴大了崑曲欣賞人口。另一方面，因為受宣傳管道種類的影響，例如網路、藝文場所、藝文類廣播節目等，其閱聽人的屬性多以年輕、喜愛藝文的族群為主，他們對崑劇有興趣，卻未必都是戲曲愛好者，因此一般而言，這些新觀眾對於新編崑劇態度比舊觀眾來得開放許多。

不同於中國職業崑劇團，是透過經紀公司或基金會等中介組織邀請來臺演出，臺灣無論是業餘崑劇團還是職業京劇團演出崑劇，都是由自己身兼中介者，為自己尋找與觀眾接觸的管道，透過作品展演向觀眾表達創作者對崑劇藝術的觀點與詮釋，以期引起觀眾興趣，進而達成推廣崑劇的目的。然而，業餘崑劇團和職業京劇團開發觀眾的方式在理論上雖然一樣，但在實務上卻不盡相同，主要原因是劇團的規模和屬性有根本上的差異。首先，國光劇團及戲曲學院京劇團都是國家級的劇團，組織架構完整並有著專業的行政體系，依照其設定的目標開發觀眾，同時兩團原本就擁有一定的觀眾群，因此當他們推出崑劇作品時，都是在原有的基礎上進行行銷及宣傳工作，對京劇團而言，展演崑劇表現的是其「崑亂不擋」的技藝能力及藝術水準，甚至在 2010 年，前中國北方崑曲劇院的小生演員溫宇航加入國光劇團之後，國光劇

團推出崑劇作品的次數增多〔註46〕，但是否因此吸收崑劇觀眾成為京劇觀眾，或者將原來的京劇觀眾轉為崑劇觀眾，由於目前沒有相關研究，故不得而知，但可以肯定的是，京劇團推出崑劇作品，得以使大眾接觸崑劇的機會因而增加。

　　相較於資源豐富的職業京劇團，臺灣的崑劇團都是業餘的，到2014年底止的 9 個劇團中，以京劇演員為主體的絲竹京崑劇團、臺灣崑劇團、蘭庭崑劇團是藉其京劇專業與知名度做為劇團的特色；這 3 個劇團與由曲友組成的水磨曲集崑劇團、台北崑劇團、風城崑劇團、東寧雅集，以及兼演崑劇及歌仔戲的詠風劇坊，總共 8 個崑劇團，幾乎都是以演出傳統折子戲及串本戲為主，偶爾演出整編全本戲，主要在呈現傳統崑劇風貌；只有1／2 Q 劇場最為特別，是崑劇與現代劇場的結合，推出的是全新編寫的實驗崑劇作品。但無論這 9 個劇團的作品及風格為何，因為受限於劇團的規模及業餘的屬性，只能自己身兼中介者，在有限的網絡裏進行作品的傳播與介紹，即如同貝克所言，是自助型的分配者〔註47〕，最常使用的宣傳管道就是網路，包括劇團部落格、演員個人部落格、Facebook 專頁、Youtube 影片等非傳統大眾傳播媒體，雖然偶爾能夠得到報紙的關注，例如1／2 Q 劇場作品入圍台新藝術獎，或者臺崑與上崑合作演出等特殊事件，基本上業餘劇團仍然相當依賴人際關係進行宣傳，故相較於職業劇團，其所能接觸到的觀眾較少，因此需要依靠大型演出之外的方式以吸引進而培養觀眾。

　　有些崑劇團邀請中國職業崑劇團或崑劇演員、樂師來臺合作演出，例如水磨曲集崑劇團請上崑導演周志剛及鼓師李小平指導排練、臺灣崑劇團數次邀請上崑一級演員同臺共演、蘭庭崑劇團更爭取到溫宇航為駐團藝術家，這些都是為了藉由與中國職業崑劇團或崑劇演員、樂師合作，以提昇劇團演員、樂師的技藝水準，增加崑劇演出的專業性與可看性，為劇團吸引新觀眾。有些劇團則致力於校園或社會推廣活動，例如詠風劇坊與風城崑劇團等，都採

〔註46〕國光劇團自 2004 年、2005 年推出的新編崑劇《梁祝》之後，自 2006 年到 2011 年間，每年平均約 20 場的「國光劇場」中，就會安排 1～2 場崑劇折子戲，在溫宇航加入後，2012 年、2013 年各有 4、5 場折子戲，另外又於 2012 年重排全本崑劇《梁祝》。以上資料整理自國光劇團電子報（國光劇團／電子報＆藝訊／65 期以前國光藝訊。http://www.kk.gov.tw/informationlist?uid=1165；國光劇團／電子報＆藝訊／電子報。http://www.kk.gov.tw/informationlist?uid=646。檢閱日期：2014 年 10 月 19 日）。

〔註47〕貝克所說的分配者請見註6。

取主動進入校園及社區做小型演出，這種推廣活動在人力及財力的運用上都比大型演出精簡，但能接觸的觀眾層面較廣，與觀眾的距離也較小，使觀眾容易親近崑劇藝術。也有些劇團採取開辦崑曲研習班的方式，如水磨曲集崑劇團、台北崑劇團等，長年固定舉辦崑劇研習，向社會大眾招收學員，這些學員通常就成為崑劇的新觀眾；這種培養觀眾的模式和校園崑曲社或以往的崑曲研習班、崑曲傳習計畫一樣，讓接收者在學習過程中得到藝術上的滿足，使其從一般觀眾轉為核心觀眾，甚至進一步成為曲友、崑曲欣賞者。

以上可見創作者與中介者的協力合作，讓崑劇藝術廣泛地被社會大眾接受，其中，中國職業崑劇團與中介者以專業分工的方式合作，創作者專注於創造作品，中介者負責作品的介紹、分配與銷售，透過商業行銷操作，讓觀眾數量得以快速增加，且讓崑劇的足跡遍及全國各大都市；臺灣業餘崑劇團則是創作者兼中介者，雖然囿於劇團的規模及能力，僅能在有限的網絡中傳播崑劇藝術，但由於劇團數量不少，各自擁有不同的表演風格，使用的傳播管道也不盡相同，彼此的網絡既有交集也有相異，因此能接觸並吸引不同的觀眾群，使崑劇的觀眾層面更加廣泛；臺灣職業京劇團雖然不是以推廣、薪傳崑劇為使命而展演崑劇，但其提供了社會大眾更多接觸崑劇的機會。從整體來看，這些創作者與中介者的個別行動，最終形成了互補效應，共同為臺灣崑曲拓展了接收者的人數及層面。

經過 90 年代演劇活動的興盛之後，崑曲已經廣為臺灣大眾所知悉，2001年以後，由於臺灣演出崑劇的團體數量增加，臺灣的崑曲接收者接觸崑劇的機會因此變得更多，也得以觀賞到更多不同的崑劇風貌，除了傳統崑劇之外，有許多新編崑劇及實驗崑劇，都不同程度地嘗試以當代的美學語彙來詮釋傳統，以期貼近當代觀眾的情感與思維；姑且不論臺灣觀眾對於崑劇的傳統有多少認識，由於臺灣觀眾對於創新的態度向來較為開放，所以這些創新之舉，基本上都能受到臺灣崑劇新、舊觀眾的肯定。從最近 10 年推廣的結果來看，名列世界非物質文化遺產的崑劇對於臺灣觀眾來說，雖然仍屬於小眾的、精緻的藝術，但已經不再如以前是「極少數的個人愛好」，由於臺灣的崑曲表演團體增加，加上中國職業崑劇團或崑劇演員仍然持續來臺演出，反而成為人們尋常生活可見的眾多表演藝術之一。

藝術雖由創作者生產，但需要被接受者欣賞，藝術才能因而持續存在，崑曲也是如此，需要有欣賞者的支持，崑曲才能夠延續下去。回到格瑞斯沃

德的文化菱形來看，一個文化物件被創作者創造出來之後，要能夠被接收者所經驗、接受，並賦予它意義，這個文化物件才眞正進入該文化圈而具有文化意義，這裏顯示出，接收者對於文化物件的存在並由此創造文化的重要性，以此來看臺灣崑曲，不只需要藉由創作者展演崑劇，也需要有接收者經驗崑劇之美，進而賦予崑曲之於臺灣的意義，最終與創作者、中介者共同建構屬於臺灣的崑曲文化。

在崑曲藝術所包含的文學、唱曲、演劇三種形式中，演劇形式是最容易被大眾所接受，文學形式則是最廣泛流傳的，崑曲接收者首先要能夠欣賞崑劇及傳奇劇本，才容易進入崑曲唱曲的門檻。臺灣自 1984 年起，高中國文課本的韻文選材就收錄傳奇南北雜劇的劇本，全國高中生都曾接觸過崑曲的文學形式，但一直要到開放與中國交流之後，在曲友、學者、表演藝術經紀公司、基金會等中介者彼此密切合作之下，透過中國職業崑劇團的精湛技藝以及精彩表演，案頭文學才得以成爲場上藝術，使接收者能夠在兩者彼此參照、相互輝映之下體驗崑曲演劇之美。經由中介者的傳播與介紹，崑劇從兩方面接觸觀眾：一是深入校園，長期以來，以校園崑曲社、校園示範演出及講座的推廣方式來培養觀眾；一是走向社會，旨在拓展觀眾層面，1992 年中國職業崑劇團展開臺灣崑曲演劇的活動盛況，接著臺灣業餘崑劇團及職業京劇團也陸續投入展演活動，透過演出的行銷宣傳活動，廣泛地接觸社會大眾，以吸引潛在觀眾走進劇場，也有以小型的推廣演出方式，主動邀請民眾觀賞崑劇。在中介者主導與創作者的協力合作之下，以崑曲演劇的形式引起接收者的興趣，進而認識、欣賞，甚至學習、實踐，一方面使一般觀眾轉爲核心觀眾，讓崑劇技藝有機會得以傳承，一方面使創作者與中介者更加投入推展崑劇的工作，從而逐漸擴大崑曲欣賞人口，終致臺灣崑曲得以發展蓬勃。

第四節　文化政策營造發展環境──「社會」影響

臺灣崑曲發展成功的關鍵因素，除了中介個人及組織主動推廣和傳承，同時在劇團與中介者協力合作之下，以演劇形式擴大崑曲欣賞人口，此外，不能忽略的是文化政策對崑曲發展環境的營造，以及政府對崑曲團體的財務支持，這是屬於文化菱形中，「社會」元素對整體崑曲發展的影響。下文將先說明，不同的文化政策方向如何影響臺灣崑曲的發展，接著聚焦討論「文化資產保存法」與「文化藝術獎助條例」對臺灣崑曲發展的幫助。

一、文化政策對崑曲發展的影響

臺灣自國民黨政府於 1949 年到臺灣並實施戒嚴，至 1987 年解嚴開放為止，在黨政合一的政治情境之下，國家的文化建設一直都是以蔣中正於 1953 年所著的《民生主義育樂兩篇補述》中所指示的：「三民主義社會的文藝建設必須與民族文化精神相融合」〔註 48〕為依歸，具體則以實行三民主義、宣揚中華文化、強調文化道統為方向，目標是要將臺灣建設為中華民國實施三民主義的模範省，這也是國民黨一貫的文化政策，即使到了 1990 年代之初，雖然改以「建立大臺灣」取代「統一中國」為文化口號，但其文化意識型態仍然是「以中國為中心的中華文化」。不過，隨著國家經濟成長，社會趨向開放且多元，1980 年代族群意識興起，文化的差異性與多元性逐漸受到重視；進入 1990 年代以後，在「本土化」的論述之下，社會從中國認同逐漸轉型為臺灣認同，雖然如此，在國民黨政府的文化政策之下，臺灣文化仍舊被以地方文化思考，視為是中華文化的延伸。2000 年政黨輪替之後，民進黨政府的文化政策以「族群關係」及「國家認同」的訴求為取向，主張建立群族文化，旨在以臺灣文化為主體，發展民眾的族群認知與多元融合的公民觀念，以期養成欣賞並尊重異文化的態度；到 2008 年雖然國民黨再度執政，但臺灣已經發展為多元認同的社會，強調尊重文化的多樣性，此時要以國家之力獨尊中華文化已經不再可能了（蘇桂枝 2003：41、97～100、168；林信華 2002：32～33）。

從上述的發展變化當中可以看見文化政策的轉向，是從單一文化認同轉型為多元文化認同，其變化大致可分為三個階段：一是自 1949 年到 1970 年代結束之間，以中華文化的復興與宣揚為唯一目標；二是 1980 年代及 1990 年代，本土文化逐漸受到重視，傳統藝術被劃分為精緻／中心／中華文化、民間／地方／臺灣文化，兩者得以並置；三是 2000 年以後，以臺灣的多元族群文化為主體，尊重文化的多樣性。本論文此處不擬探究這種轉向背後關於政治、經濟、社會，甚至全球化現象等因素，單只就各階段的文化政策，說明崑曲如何在不同的文化觀點中得到發展的空間。

在第一階段時期，代表中華傳統文化的京劇，因深受軍中官兵喜愛而成為「國劇」，國防部及教育部都以「復興中華文化、發揚國粹藝術」之名，編

〔註 48〕引自《第四次中華民國教育年鑑》第十二編〈文化〉，頁 9。

列預算支持京劇發展。而與京劇關聯密切的崑曲，雖然只流傳於民間少數愛好者之間，卻得以在「中華文化」的大旗下自由發展，無論是進入校園做薪傳推廣、納入藝術學校的正規課程（如復興劇校的崑曲課程）、高等教育中的學術研究（如中華學術院崑曲研究所），或者是面向社會大眾的崑劇展演，雖然這些活動不一定都能長久持續進行，但只要曲友或學者等中介者採取行動，多能得到其他學者或高官顯達（如前故宮博物院院長蔣復璁、中研院院士李方桂）的支持。

　　到第二階段時期，本土文化開始受到重視。在 1982 年制定的「文化資產保存法」中，原被視為「民俗技藝」的臺灣戲曲，如歌仔戲、布袋戲、南管北管戲曲等，被尊重為「民族藝術」，與豫劇、川劇、紹興戲等大陸地方戲曲一視同仁，至於被尊為「國劇」的京劇也在「民族藝術」之列，也因此，傳統戲曲需要更明確的分類法則，「大陸劇種」與「本土劇種」就是最普遍被使用的分類方式。此時的崑曲正是因為屬於大陸劇種，又是精緻文化的代表之一，兩度受到政府以「民族藝術薪傳獎」〔註 49〕的頒發做為象徵性的支持與鼓勵，到了 1990 年代，正當其他大陸地方戲曲逐漸凋敝、京劇也不見容於軍中體系之際〔註50〕，崑曲卻能因著其學術及文化價值，一舉跳脫「大陸劇種」的侷限，以「百戲之祖」的高度引起政府及社會大眾的關注，也得到政府對於包括調查、研究、傳習等計畫的支持，也對於各項演出活動給予經費補助，使得崑曲能夠在 20 世紀末蓬勃發展。

　　在第三階段時期，臺灣逐漸轉型為多元認同的社會。崑曲一方面被認同為多元的臺灣文化中，屬於漢文化的傳統藝術精粹，另一方面，因為「世界非物質文化遺產」的頭銜，更成為人類共享的文化遺產，使得崑曲在進入 21世紀之後，得到不一樣的發展空間；本土崑曲團體數量成長，經營目標不同，演出風格各異，國家級京劇團也加入製作演出全本新編崑劇的行列，再再顯示臺灣在崑曲演劇方面，已經有能力發展屬於自己的崑劇，也為崑曲藝術本身增添新風貌。

〔註49〕徐炎之與夏煥新分別於 1985 年及 1987 年獲得「民族藝術薪傳獎」。

〔註50〕1985 年開始，京劇的勞軍任務需求降低，加上國防部並非京劇政策的訂定單位，在國防部計畫精簡之後，已無力維持劇隊的營運，因此有裁撤的考慮，終至 1995 年執行「國軍政戰員額配合未來十年兵力目標規劃」精簡計畫後，完成三軍劇隊的裁撤，而三軍劇隊演職人員則在整併後，進入新成立的國立國光劇團（蘇桂枝 2003：301～313）。

二、文化資產保存法與文化藝術獎助條例

上一節次大致說明了不同的文化政策方向對於臺灣崑曲發展的影響，接下來要探究這些文化政策如何在執行面上幫助臺灣崑曲發展，但首先需要先簡單瞭解，在文化政策發展過程中，與傳統戲曲相關的政府組織及主要法律規範的建立。

臺灣在 1980 年代以前並沒有專司文化政策的行政機構〔註51〕，與傳統戲曲相關的政策執行及主管機關主要為教育部以及國防部；1970 年代後期，行政院為了落實國家的文化政策，於 1978 年底開始籌備「文化建設委員會」（以下簡稱「文建會」），1981 年 11 月正式成立；緊接著於 1982 年制定「文化資產保存法」，使傳統藝術的調查、採集、整理、保存與傳承的工作於法有據；又在 1992 年制定「文化藝術獎助條例」，以國家之力獎勵與補助文化藝術活動；1996 年更設立「財團法人國家文化藝術基金會」（以下簡稱「國藝會」），將國家對文化藝術活動的經費補助予以制度化；同一年，文建會成立「國立傳統藝術中心籌備處」（以下簡稱「傳藝中心」），統籌規劃全國傳統藝術相關事項，其中包括根據文化資產保存法所擬訂的「民間藝術保存傳習計畫」，該計畫自 1995 年起至 2003 年止，共執行 8 年，記錄保存了許多珍貴的傳統藝術，更進一步培訓了具專業素養的傳承人才，以解決傳統藝術人才的流失與斷層問題（蘇桂枝 2003：42～52、162、165、291；江韶瑩 2005：7；蔡欣欣 2011：55～56、70～71）。

上述的政府機構中，與崑曲發展相關者，有教育部、文建會，以及文建會轄下的傳藝中心與國藝會，至於相關法規，主要為文化資產保存法（以下簡稱「文資法」）及文化藝術獎助條例（以下簡稱「獎助條例」），前者旨在「保存及活用文化資產，充實國民精神生活，發揚多元文化」〔註52〕，使崑曲演劇在臺灣傳統戲曲中登錄有名，並在法律的保障下進行薪傳、研究、宣揚等工作；後者則是為了「扶植文化藝術事業，輔導藝文活動，保障文化藝術工作者，促進國家文化建設，提昇國民文化水準」〔註53〕，讓臺灣的崑曲團體

〔註51〕事實上，文化做為一個政策的議題是在第二次世界大戰之後的事，而西方國家成立專司文化政策的行政機構則是 1960 年代以後才開始（林信華 2002：23）。

〔註52〕文資法現行條文第 1 條。文化部。http://www.moc.gov.tw/law.do?method=find&id=30。檢閱日期：2014 年 12 月 5 日。

〔註53〕獎助條例現行條文第 1 條。文化部。http://www.moc.gov.tw/law.do?method=find&id=33。檢閱日期：2014 年 12 月 5 日。

獲得政府的財務支持，以便持續進行崑曲藝術的傳承與推廣。雖然在文資法與獎助條例之下，還有施行細則或處理要點等行政命令，但因行政命令都是根據母法的授權而擬定的具體實施辦法，故此處只單就母法中與傳統戲曲相關的法條，探討其對於臺灣崑曲發展的實質助益。

　　文資法於 1982 年制定全文 61 條，與傳統戲曲相關的條文爲第 40 至 44 條，以「民族藝術」統稱民族及地方特有的藝術。2005 年全文修正爲 104 條，改以「傳統藝術」稱之，指流傳於各族群與地方的傳統技藝與藝能，相關條文爲第 57 到 62 條。主要精神都在於加強重視傳統藝術、民俗及有關文物之調查、採集、整理、研究、推廣、保存、維護及傳習，並鼓勵民間從事上述工作，由主管機關給予獎勵或經費補助。在 2005 年全文修正以前，傳統戲曲的主管機關爲教育部，教育部得委託地方政府、團體或專家進行傳統戲曲的調查、採集及整理，地方政府也有主動調查、蒐集與保存的責任，2005 年修法之後，主管機關在中央爲文建會，地方則爲各地文化局，但增列第 62 條：「爲進行傳統藝術及民俗之傳習、研究及發展，主管機關應協調各級教育主管機關督導各級學校於相關課程中爲之。」，新增該條文的理由爲「傳統藝術及民俗之保存應納入教育系統中，方能在生活中經常被運用，而得以保存且繼續發展」〔註 54〕。

　　對崑曲而言，教育部於 1985 年，依據文資法第 44、45 條所創辦的「民族藝術薪傳獎」〔註 55〕，將第一屆的音樂薪傳項頒給徐炎之，以表揚其在崑曲唱曲及崑笛演奏的傳承之功，夏煥新也於 1987 年獲得薪傳獎的鼓勵，這對崑曲在臺灣傳承的一個莫大肯定。此外，教育部社會教育司轄下的臺北市社會教育館根據 1982 年版的文資法第 43 條〔註 56〕，曾經委託蓬瀛曲集開設

〔註54〕　查詢自「立法院國會圖書館」網站之下「立法院法律系統」，查詢文化資產保存法的法條沿革（立法院國會圖書館。http://lis.ly.gov.tw/lgcgi/lglaw。檢閱日期：2014 年 12 月 10 日）。

〔註55〕　文資法 1982 年版第 44 條：「政府對於即將消失之重要民族藝術，應詳細製作紀錄及採取適當之保存措施，並對具有該項民族藝術技藝之個人或團體給予保護及獎勵。」，第 45 條：「民俗及有關文物由地方政府保存及維護。」（立法院國會圖書館。http://lis.ly.gov.tw/lgcgi/lglaw。檢閱日期：2014 年 12 月 10 日）。

〔註56〕　文資法 1982 年版第 43 條：「對於民族藝術之傳授、研究及發展，教育部得設專門教育、訓練機構或鼓勵民間爲之。前項專門教育或訓練機構，得聘請藝師擔任教職；其設置辦法由教育部定之。」（立法院國會圖書館。http://lis.ly.gov.tw/lgcgi/lglaw。檢閱日期：2014 年 12 月 10 日）。

崑曲研習班,由夏煥新主持、許聞佩及張金城等人負責教授;該研習班從 1982年開辦到 1987 年結束,雖然無從得知近 5 年的課程培養多少崑曲愛好者,但這是崑曲第一次面向社會大眾開設學習課程,也是校園崑曲社之外,一條新的崑曲傳播管道。1991 年由文建會委託中華民俗藝術基金會辦理執行的崑曲傳習計畫,及其後來執行的崑劇錄影保存計畫,以及 1992 年中央大學戲曲研究室的崑曲辭典編纂與出版,也都是依據文資法而得到文建會與教育部財務上的支持。傳藝中心於 1996 年成立之後,承接文建會於 1995 年開始辦理的「民間藝術保存傳習計畫」,崑曲傳習計畫及崑曲辭典編輯計畫也因此都歸併於該計畫之下,崑曲傳習計畫因而得以從第四屆開始,增設「崑曲業餘劇團與師資培養小組」,亦即「藝生班」,讓經過前三屆培養出來的優秀學員得以從業餘邁向專業,以便達成成立崑劇團的目標,並為未來臺灣的崑劇傳承鋪路。另外,崑曲傳習計畫、崑劇錄影保存計畫、崑曲辭典編輯計畫,三者都是影響臺灣崑曲發展甚鉅的長期計畫,不但培養出許多崑曲愛好者以及崑劇觀眾,也使臺灣的崑曲研究有大幅進展,為 2001 年以後的臺灣崑曲發展奠下更穩固的基礎。

　　文資法雖然有提到對文化資產及固有文化的獎勵與補助,但將獎助辦法予以制度化的則是 1992 年制定的獎助條例,明令獎助對象為文化藝術事業的經營者,獎助範圍包括文化藝術的保存、維護、傳承、宣揚、創作、研究、展演等活動〔註57〕;此外,獎助條例也提供設置國藝會的法源依據,在 1994年完成「國家文化藝術基金會設置條例」,目標為募集新台幣 100 億基金,除鼓勵民間捐助之外,主管機關文建會也據此編列預算捐助,1996 年共得文建會捐助新台幣 60 億而正式成立,其工作方向為「研發」、「補助」、「獎項」與「推廣」〔註58〕。在獎助條例制定之後,對於舉辦崑劇展演或其他崑曲活動都有極大的幫助,無論是表演藝術經紀公司邀請中國職業崑劇團來臺演出、臺灣業餘崑劇團的展演與研習進修,或是其他崑曲團體的相關活動,都因為有政府的經費補助而能夠順利進行;此外,對傑出演藝團隊的扶植計畫,也讓臺灣的業餘崑劇團能夠因政府的財務支持而邁向專業化,其中水磨曲集崑劇團、臺灣崑劇團、蘭庭崑劇團,都數次獲選為接受扶植的演藝團隊;2000

〔註57〕 見獎助條例現行條文第 2～4 條(文化部。http://www.moc.gov.tw/law.do?method=find&id=33。檢閱日期:2014 年 12 月 12 日)。
〔註58〕 國藝會。http://www.ncafroc.org.tw/。檢閱日期:2014 年 12 月 13 日。

年以後，政府更鼓勵演藝團隊赴中國進行文化交流，如水磨曲集崑劇團、臺灣崑劇團、台北崑劇團，都曾申請經費補助以前往中國展演。在政府的財務支持下，臺灣的崑劇演出活動可以算是相當活絡，這對於崑曲的推廣是有很大的助益。

　　根據亞歷山大所提到的，國家在資助文化藝術時所扮演的角色型態有以下四種〔註59〕：

　　（1）協助者型（facilitator），國家透過有利的租稅政策，鼓勵私人資助藝術。

　　（2）贊助者型（patron），國家藉由準獨立的藝術協會來資助藝術。藝術協會則信任專家所組成的審核小組，所以是藝術專家，而非國家機構，決定了哪些藝術值得被贊助。

　　（3）締造者型（architect），國家依靠中央集權式的文化部會來資助藝術。該部會是政府的手臂之一，其中職員由國家公務員們組成，在決定對象的資助價值時，會同時考慮社會的與藝術的標準。

　　（4）技師型（engineer），國家促進能滿足其政治目的之藝術，而壓抑其餘的。

　　臺灣政府最早是扮演技師型，全力支持正統中華文化而壓抑本土文化，隨著社會變遷及文化政策的發展，政府逐漸調整為現在混合贊助者型與協助者型；國藝會是國內藝文團體最主要的贊助者，但同時政府也透過租稅優惠，鼓勵民間企業資助藝文團體及藝文活動。對於崑曲這樣的小眾藝術而言，雖然看似市場活躍，但其消費者基礎仍然很薄弱，以致於無法產生利潤回饋，因而幾乎所有活動都需要仰賴政府的資助，國藝會就成為崑曲團體的主要贊助者。除了國藝會，1999 年第一個地方文化事務專責機構——臺北市文化局——成立之後，與其後成立的各縣市文化局（處）的補助制度，都脫胎自國藝會，也因此成為崑曲團體另一條尋求經費補助的途徑。

　　綜上所述，文資法與獎助條例都是政府依據文化政策而制定的法條，為的是國家整體文化建設，由於法律的賦權與規範，政府得以建造合適的藝文

〔註59〕轉引自亞歷山大，其引用 Hillman-Chartrand 與 McCaughey 的研究所做出的區分（2008：116）。

環境，而崑曲便是從中尋得發展的空間，再透過政府財務上的支持，崑曲的傳承、推廣、研究才得以進行並促成崑曲的發展，因此，可說在臺灣崑曲文化菱形中，「社會」這個元素，是以國家的文化政策及相關政府單位為主要內涵，相關政府單位在合乎文化政策及法令之下，審查、核准包括學者、基金會、藝術經紀公司、崑曲團體等提出的相關經費補助申請，以協助臺灣崑曲的研究、保存、展演、傳承等工作。

本節主要探討文化政策對臺灣崑曲發展的助益。由於文化政策的制定與發展，相當程度取決於對文化現象的認知與思考，而文化現象就是人們在互動中集體建構出來的生活秩序，也是整體社會型態的表現（林信華 2002：9〜12），換言之，文化政策可視為政府對文化現象的反思與回應，但同時也建構出某種文化觀點與發展環境，促使整體社會接受並據以發展此種文化，這是「文化」與「社會」間的某種關聯型態。對崑曲而言，文化政策之所以能夠對崑曲發展有所助益，是取決於崑曲對臺灣這塊土地上的人們的意義，從中國認同的「原鄉」、「夢土」，到臺灣認同的「群族共融」，人們從文化政策中找尋能夠適切地詮釋並表達其意義的空間，並在文化政策所營造的藝文環境當中，盡其所能地達成其行動目的，這行動包含人們對崑曲的創作、表演、研究、傳達、教育、接收、理解與欣賞，也就是文化菱形中聯繫著崑曲與社會的所有直線。

第五節　小　結

本章借用文化菱形的架構概念，探討了崑曲在 1949 年之後能夠在臺灣重獲生機，並且成功發展的關鍵因素。從文化菱形來看，民間自發性的傳承與推廣活動，就是一種將崑曲以傳播、教育、宣揚的方式，介紹給社會各階層人們的中介性活動，而曲友、學者、表演藝術經紀公司與基金會其中扮演中介者角色，換言之，正是因為這些中介者的行動，使崑曲得以在臺灣這塊非原生土地上札下根基，並成長茁壯。以演劇形式來擴大崑曲欣賞人口，所涉及的是創作者、中介者與接收者之間的互動關聯，創作者與中介者合作進行崑劇的展演與傳播，使崑劇能夠透過展演廣泛地接觸接收者，同時透過教育與介紹使更多的接收者認識、理解、欣賞崑劇，進而能夠鑑賞崑曲藝術，崑曲的欣賞人口增加，就愈能蓬勃發展。而政府根據文化政策所制定的法律規

範，則營造了藝文發展的環境，讓所有的崑曲行動者——創作者、中介者、接收者——得以從中從事各項崑曲活動，包括創作、表演、研究、傳達、教育、接收、理解與欣賞，亦即文化菱形中聯結崑曲與臺灣社會的所有直線，同時人們也在這些行動與互動中，共同建構出崑曲之於臺灣社會的文化意義。

以上是 1949 年以後崑曲在臺灣成功發展的原因，但崑曲在 1949 年以前也曾經在臺灣出現過，而且當時正值崑曲在中國發展的輝煌年代，可是為什麼沒能夠在臺灣扎根成長呢？以下筆者繼續借用文化菱形對當時崑曲在臺灣的情況進行初步的分析。

回顧 1949 年以前臺灣崑曲的發展，正如第二章曾提及的，由於缺乏詳盡確實的史料，可供考查那段時期臺灣崑曲的活動情形，因此只能從有限的戲曲相關文獻中推論可能的發展概況；崑曲在其興盛的時期，隨著從中國移居臺灣的官員富賈而傳入，但僅限於在特定階層的觀眾間流傳，未曾深入庶民百姓的生活，待花部興起、觀眾興趣轉移之後，崑曲活動無論唱曲或演劇活動也就此停止，崑曲因此沒有機會在臺灣流傳下來。雖然因文獻闕如而無法進一步分析 1949 年以前臺灣崑曲的發展，但文化菱形的架構或可用以解釋，這段時期的崑曲何以無法成為臺灣文化圈中的文化物件而繼續流傳。

在 19 世紀中期之前、崑曲尚處興盛之時，崑曲是官員富賈妝點身份、標榜風雅的嗜好和消遣，無論是商人從中國請來的職業崑班，或是官員帶來的家班（如果有的話），都是為了自己的觀賞需求，而不是為了要推展、介紹崑曲給臺灣當地的民眾，因此官員富賈僅僅是崑曲的接收者，而非中介者。由於駐臺官員有任期限制，來臺貿易的商人也非世居於此，臺灣民間盛行的戲曲又是南管戲曲、北管戲曲等地緣關係相近的劇種，而不是來自蘇州的崑曲，所以接收者的數量是不穩定且有限的，外地崑班應該是足以供給觀賞需求，因此不會產生本地崑班。從接收者來看，除了官員富賈之外，臺灣民眾並未接收、經驗並進一步賦予崑曲意義，所以當官員富賈的興趣轉移，又沒有本地觀眾填補觀賞需求，崑曲在臺灣就失去了觀眾，也就是失去了其接收者；從創作者來看，由於演劇的創作者是被臺灣的演出商機吸引到此的職業崑班，而唱曲的創作者則是士大夫，唱曲活動隨著士大夫任期結束離臺，也就無以為繼；另一方面，當崑曲在中國式微，沒有崑班可以來臺演出，也沒有本地崑班可以接續演出，演劇活動也就因此停止，換言之，無論是清曲或演劇都已經沒有創作者持續創作、生產崑曲；兩者缺少其一，都會使崑曲無法

成為臺灣的文化物件，何況是兩者都不存在。由此也可得見，對崑曲這個非本土原生劇種而言，如果沒有中介者將之介紹給本地的民眾認識、欣賞，甚至因此產生本土創作者，崑曲就不會在本土留下足跡，這也說明了中介者對於臺灣崑曲發展的重要性。

最後，讓我們回到格瑞斯沃德的文化菱形來看，一個文化物件被創作者創造出來之後，要能夠被接收者所經驗、接受，並賦予它意義，這個文化物件才真正進入該文化圈而具有文化意義，這裏顯示出接收者對於文化物件的存在並由此創造文化的重要性。本章論證了臺灣崑曲不只需要有創作者展演崑劇，更依賴中介者推廣傳承崑曲，最重要的是，需要有接收者經驗崑劇之美，進而賦予崑曲之於臺灣的意義，最終與創作者、中介者共同建構屬於臺灣的崑曲文化，換言之，透過人們對崑曲進行創作、傳播、教育、接受、理解、詮釋等活動，使得崑曲能夠逐漸深耕於臺灣，成為臺灣多元文化中一道美麗風景。

然而，臺灣崑曲的發展風貌真是前途似錦的繁華一片嗎？臺灣崑曲發展在即將進入 21 世紀之前開始有了轉折，隨著 1996 年崑曲傳習計畫的轉型，以及崑劇活動的日益興盛，臺灣崑曲發展也逐漸走上一個潛藏著崑曲存續問題的方向，下一章筆者將針對臺灣崑曲發展的轉折與其影響做進一步的探析。

第四章　臺灣崑曲發展的轉折與影響

　　本論文第二章曾梳理臺灣崑曲發展的歷程，從中可以得見，臺灣崑曲的
發展方向在進入 21 世紀之前陸續出現一些轉折，有立即且顯而易見的，如崑
曲傳習計畫（以下簡稱「傳習計畫」）轉型增辦藝生班，提昇了臺灣崑劇的演
出水準並朝向專業化發展；也有緩慢形成致使不易察覺的，如由中國職業崑
劇團引發崑曲演劇活動熱潮的同時，崑曲唱曲活動卻走向式微，而崑曲的藝
術特質則令人憂心其將在此消彼長的情況下逐漸流失；其間也看到京劇演員
參與崑劇演出益加頻繁，甚至成爲臺灣崑劇展演的主力，其演出的「京味崑
劇」成爲臺灣崑劇特色。這些變化基本上都從 1990 年代中期以後逐漸顯現，
並且對其後臺灣崑曲的發展產生一定的影響。筆者將上述現象歸納爲以下三
大轉折與影響：（一）藝生班的開設與崑劇專業化；（二）京劇演員的參與與
崑劇京劇化；（三）唱曲活動的式微與藝術特質流失。本章將就這三大轉折現
象，探析其如何影響當時臺灣崑曲的發展及未來方向。

第一節　藝生班的開設與崑劇專業化

　　本節將分爲兩個部份探討：（一）藝生班的執行內容；（二）藝生班的成
效與影響。前者將大致說明每屆藝生班的計畫內容，目的是對藝生班的執行
成果做全面性的整理；後者則進一步分析藝生班的成效，以探究其對臺灣崑
曲發展的影響。

一、藝生班的執行內容

　　1996 年增設的藝生班，是源自傳習計畫轉型的構想。傳習計畫自 1991 年

3 月開辦第一屆，到 1995 年的 3 月爲止，已陸續舉辦了 3 屆，每屆爲期 1 年，課程規劃有唱曲班及崑笛班，各班依照學員程度再分初級、高級兩班，唱曲班也兼學身段表演。傳習計畫在執行完 3 屆之後，已經培養出不少崑劇欣賞人口，更有一群固定的學員全心投入崑劇表演藝術的學習，爲了「讓前三屆傳習計畫所培育出的優秀學員能更上層樓」（洪惟助 1997），傳習計畫除了持續辦理原有的研習課程，以向大眾推廣崑曲藝術之外，「從業餘邁向專業」便成爲新的目標，這即是整個計畫轉型的開始。

這個轉型的契機，除了緣於傳習計畫本身發展走向的必然，也源自「民間藝術保存傳習計畫」〔註1〕的實施。該計畫於 1995 年 7 月開始執行至 2003 年 6 月終止，是文建會依據文化資產保存法所擬訂的長期計畫，目的在於記錄保存珍貴的傳統藝術，並進一步培訓具專業素養的傳承人才，以期解決傳統藝術人才的流失與斷層問題。在國家文化政策的既定目標之下，傳習計畫得以被納入中央政府對傳統藝術的保存與傳習的整體計畫之中，對已完成 3 屆的傳習計畫而言，此舉無疑使崑曲的傳習工作有進一步發展的空間。

於是，傳習計畫在「傳承崑劇藝術」的願景以及「成立崑劇團」的目標之下，除了原有的推廣課程之外，增設「崑劇業餘劇團與師資培養小組」，又稱「藝生班」，以培育臺灣本地的崑劇傳承及表演人才。藝生班的初始規劃是一個爲期 3 年的培育計畫，希望能在 3 年之內陸續招收生、旦、淨、末、丑等行當及崑劇編制的文武場，以達到成立崑劇團的目標（洪惟助 1997）。在實際執行上，第四、五屆傳習計畫自 1996 年 12 月開辦至 1999 年 5 月結束，在完成了共計 24 個月的培訓課程之後，同年秋天即以藝生班的京劇演員爲主要班底成立了臺灣崑劇團，達成藝生班當初設定「成立崑劇團」的目標，而第六屆傳習計畫接著於同一年 11 月開辦，藝生班則更名爲「專業演員班」〔註2〕，在「邊學邊演」的培訓方式下完成了 12 個月的課程，整個傳習計畫於 2000 年 10 月 15 日結束。以下將就第四、五、六屆傳習計畫藝生班的執行內容分別說明之。

（一）第四屆傳習計畫藝生班（1996／12～1997／10）

本屆爲預計 3 年的藝生班之第一年，招募學員共 20 名，分爲旦行、生行兩組，旦組 14 人，生組 6 人。20 個名額中，保留 6 個名額提供給國光劇團及

〔註1〕 該計畫於 1995 年 7 月開始時是由文建會主持，1996 年 7 月起改由傳藝中心承接，持續進行到 2003 年 6 月爲止，共計 8 年（江韶瑩 2005：7）。

〔註2〕 爲行文方便，本章將「專業演員班」仍稱爲「藝生班」，僅在必要之處以「專業演員班」稱之。

復興劇團（即今之臺灣戲團學院京劇團，以下仍稱「復興」），以鼓勵兩團的京劇演員學習崑劇，其餘 14 個名額則是向曲友招考，甄選進藝生班的曲友都是傳習計畫前 3 屆的學員。師資方面，聘請到中國國家一級演員如岳美緹、王奉梅等人共 6 位，二級演員有 2 位，總計 8 位藝師陸續來臺授課〔註3〕。本屆傳習傳統折子戲如《玉簪記·琴挑》、《鳳凰山·贈劍》等共 8 齣，於期末舉辦 3 場成果展演，幾乎所有藝生都登臺展現學習成果〔註4〕。以上資料整理如下表：

表4－4：第四屆傳習計畫藝生班執行內容簡表

組　別	旦	生	總人數
人　數	14	6	共20人
師　資	旦	生	總人數
人　數	4	4	共8人
培訓期間：10 個月		傳習劇目數量：8 齣	

　　下表則是本屆藝生名單、學習劇目及齣數：

表4－5：第四屆傳習計畫藝生班名單及學習劇目

組　別	旦	生	總人數
曲　友	王學蘭	林美惠	14
	佘孟娟	洪慧容	
	杜昭蓉	黃麗萍	
	林宜貞	楊汗如	
	梁淑琴		
	許珮珊		
	陳凱莘		
	傅千玲		
	鍾慧美（廷采）		
	韓昌雲		
人數小計	10	4	

〔註3〕師資名單及相關資料詳見附件二「歷屆師資及教學劇目表」。
〔註4〕成果展相關資料詳見附件三「歷屆成果演劇目及演員表」。

組　別	旦	生	總人數
京劇演員	唐瑞蘭	趙延強	6
	郭勝芳	孫麗虹[註1]	
	李光玉		
	陳美蘭[註2]		
人數小計	4	2	
各組人數	14	6	20

學習劇目及齣數				
劇目	曲友		京劇演員	
	旦	生	旦	生
《牡丹亭·拾畫》[註3]		V		V
《牡丹亭·尋夢》[註4]	V		V	
《牡丹亭·叫畫》		V		V
《爛柯山·前逼》[註5]	V	V	V	V
《爛柯山·後逼》[註5]	V	V	V	V
《琵琶記·南浦》	V	V	V	V
《玉簪記·琴挑》	V	V	V	V
《鳳凰山·贈劍》	V	V	V	V
共8齣	6齣	7齣	6齣	7齣

註 1. 國光的名額本來是給高蕙蘭，但高蕙蘭因公務之故請假時數超過規定而被迫換下，改由古中樑遞補，古中樑卻因不識工尺譜而趕不上進度也被迫換下，最後才換上孫麗虹。

註 2. 陳美蘭後期也因公假時數超過規定而被取消資格，但仍特許他旁聽課程。

註 3. 《牡丹亭·拾畫》與《牡丹亭·叫畫》在劇情上是連貫的，經常是連在一起演，但也可以分開演，是一齣巾生獨角戲，本屆分為兩齣，先後由周志剛及岳美緹兩位老師教授。

註 4. 《牡丹亭·尋夢》是閨門旦（即五旦）獨角戲，不過，丫頭香春一角也有一點戲份，由貼旦應工。

註 5. 《爛柯山·前逼》與《爛柯山·後逼》中的朱買臣一角本由老生應工，但由於本屆沒有招考老生行當，因此學習的是小生組。

資料來源：筆者整理自《崑曲傳習計畫．第四屆、第五屆（第一階段）、第五屆（第二階段）：成果報告書》（洪惟助 1997）。

（二）第五屆傳習計畫藝生班（1998／02～1999／05）

　　本屆傳習計畫分兩個階段實施，第一階段自 1998 年 2 月至 6 月，第二階段自 1998 年 7 月至 1999 年 5 月，藝生班部份則是在第四屆的基礎上擴大辦理，分爲「表演組」、「唱曲組」、「文武場班」共 3 個班。「表演組」在旦、生兩組之外，再增加老生組及丑組，同樣保留部份名額給國光、復興兩團，上屆各團有 3 個名額，本屆則增加至各團 5 名；「唱曲組」也分旦組及生組，其目的是培養崑曲清唱人才，以傳承清唱藝術及理論；「文武場班」則分爲文場與武場兩組，是爲了未來的崑劇團培訓專屬樂隊。以下就兩個階段的藝生班執行內容分別說明。

　　第一階段中，表演組藝生班的旦組人數略減至 11 人，生組則略增至 7 人，外加老生組 2 人、丑組 3 人，總人數增加至 23 人，本屆藝生班表演組雖說只提供國光及復興各 5 個推薦名額，但實際上在曲友鮮少有人學習老生及丑的情況下，老生組及丑組藝生清一色是京劇演員，而旦組及生組的曲友藝生從原來 14 名減少至 10 名，京劇演員藝生則從原來 6 名增加至 8 名，可以看到整個藝生班表演組從原本以曲友爲主轉而成爲以京劇演員爲主，這其中的轉變原因與效應將會於第二節做進一步討論。除了表演組之外，唱曲組共有 11 人，全部都是曲友，文武場班共有 10 人，有曲友也有業餘傳統音樂愛好者及演奏者。

　　師資方面，由於第一階段僅爲期 4 個月，因此來臺的藝師人數較少，但包括旦、生、老生、丑等 4 個行當以及笛、鼓樂師各 1 位，共計 7 人陸續受聘前來〔註5〕，其中周志剛（上海崑劇團）是第三度接受傳習計畫的聘邀，本次並未教授新戲，而是專程爲藝生班成果展演的排練、導演而來。本屆傳習了包括《義妖記・斷橋》、《孽海記・下山》等共 5 齣折子戲，於 1998 年 6 月 21 日舉辦一場成果展，演出《爛柯山・前逼、後逼》、《孽海記・下山》、《浣紗記・寄子》、《義妖記・斷橋》等 4 齣，除表演組外，文武場班也登臺合奏以展現學習成果，唱曲組則沒有舉辦成果展〔註6〕。不同於第四屆的成果展，當時每個藝生舞臺實踐機會相當，且曲友與京劇演員能夠合作演出，本屆展演的 4 齣戲中，2 齣是全京劇演員，1 齣是曲友與京劇演員合作，1 齣是全曲友，反映出傳習計畫對京劇演員的偏重與寄望。以上資料整理如下表：

〔註 5〕　師資名單及相關資料詳見附件二「歷屆師資及教學劇目表」。
〔註 6〕　成果展相關資料詳見附件三「歷屆成果演劇目及演員表」。

表4－6：第五屆傳習計畫第一階段藝生班執行內容簡表

組　別	表演組				唱曲組		文武場班	
	旦	生	老生	丑	旦	生	文場	武場
人　數	11	7	2	3	5	6	5	5
各組人數	共23人				共11人		共10人	
師　資	演　員				樂　師		總人數	
	旦	生	老生	丑	笛	鼓		
人　數	1	2	1	1	1	1	共7人	
共　計	5人				2人			
培訓期間：4個月				傳習劇目數量：5齣				

下表則是本階段表演組藝生名單及學習劇目：

表4－7：第五屆傳習計畫第一階段藝生班表演組名單及學習劇目

組　別	旦	生	老生	丑	總人數
曲　友	林宜貞	林美惠			10
	林祖誠	黃國欽			
	梁淑琴	黃麗萍			
	許珮珊	楊汗如			
	傅千玲				
	鍾廷采				
人數小計	6	4			
京劇演員	劉海苑	趙延強	王鶯華	陳清河	13
	劉嘉玉	汪勝光	鄒慈愛	劉稀榮	
	唐瑞蘭	孫麗虹		謝冠生	
	郭勝芳				
	楊莉娟				
人數小計	5	3	2	3	
各組人數	11	7	2	3	23

學習劇目及齣數						
劇 目	曲 友		京劇演員			
	旦	生	旦	生	老生	丑
《義妖記・斷橋》	V	V	V	V		
《浣紗記・寄子》 註1		V		V	V	
《孽海記・下山》	V		V			V
《紅梨記・醉皂》						V
《繡襦記・打子》 註2				V	V	
共 5 齣	2 齣	2 齣	2 齣	3 齣	2 齣	2 齣

註1.《浣紗記・寄子》的伍子一角應由作旦（專門扮演小孩角色的家門）應工，但由於該角色是小男孩，也可由娃娃生（非崑劇家門）應工，本屆學習該角的有小生組曲友藝生黃麗萍、此時仍非藝生的京劇演員趙揚楦（於本屆第二階段才加入藝生班旦組），兩人分別於本屆第一次及第二次成果展（1998 年 6 月 21 日、1998 年 9 月 16 日）中演出該角。

註2.《繡襦記・打子》只教授京劇演員。

資料來源：筆者整理自《崑曲傳習計畫. 第四屆、第五屆（第一階段）、第五屆（第二階段）：成果報告書》（洪惟助 1997）。

　　進入第二階段後，藝生人數有所增加，表演組京劇演員又增加 4 人，總人數高達 27 人，文武場班則增加至 15 人，其中首度有傳統樂音學系學生加入學習鑼鼓，而唱曲組則沒有任何變動。師資方面，不同於之前以上海崑劇團爲主，本階段開始，主要聘請浙江崑劇團及江蘇省崑劇院的一、二級演員，如龔世葵、林爲林、石小梅等人，包含笛師及鼓師共 16 人〔註7〕。所傳習的劇目有偏重一人的折子戲如《桃花扇・題畫》、《孽海記・思凡》，也有多人演出的折子戲如《風箏誤・驚醜》、《連環記・小宴》，總計傳習完整的折戲子 13齣〔註8〕，讓旦、生、老生、丑各行當都有所發揮，而文武場班的學習內容則

〔註 7〕師資名單及相關資料詳見附件二「歷屆師資及教學劇目表」。

〔註 8〕除了 13 齣完整的折子戲外，在藝師的教授劇目列表中另有《南柯記・瑤臺》、《千鐘祿・慘睹》、《四聲猿・罵曹》3 齣，但《南柯記・瑤臺》只教唱 1 支曲牌而沒教身段表演，《千鐘祿・慘睹》及《四聲猿・罵曹》只見於藝師教授劇目列表中而不見於課程表中，而且之後這 3 齣也從沒有做過任何形式的演出，故不計入傳習劇目中。

與表演組學習的劇目相同，爲的是能夠擔綱演出時的文武場。本階段在培訓期間陸續舉辦了 4 場成果展〔註9〕，共演出折子戲 17 齣次，其中京劇演員藝生主演了 12 齣次，相較之下，曲友藝生少了許多舞臺實踐的機會，這現象也預示了本屆結束後所成立的崑劇團將以京劇演員爲主力。以上資料整理如下表：

表4−8：第五屆傳習計畫第二階段藝生班執行內容簡表

組　別	表演組				唱曲組		文武場班	
	旦	生	老生	丑	旦	生	文場	武場
總人數	12	7	3	5	5	6	9	6
各組人數	共 27 人				共 11 人		共 15 人	
師　資	演　員				樂　師		總人數	
	旦	生	老生	丑	笛	鼓	共 16 人	
人　數	4	3	3	2	2	2		
共　計	12 人				4 人			
培訓期間：10 個月				傳習劇目數量：13 齣				

　　本階段的表演組藝生名單及學習劇目如下：

表4−9：第五屆傳習計畫第二階段藝生班表演組名單及學習劇目

組　別	旦	小　生	老　生	丑	總人數
曲　友	梁淑琴	林美惠			10
	傅千玲	黃國欽			
	鍾廷采	黃麗萍			
	林宜貞*〔註1〕	楊汗如			
	林祖誠*				
	許珮珊*				
人　數	6	4			

〔註 9〕成果展相關資料詳見附件三「歷屆成果演劇目及演員表」。

組　別	旦	小　生	老　生	丑	總人數
京劇演員	劉嘉玉 唐瑞蘭 郭勝芳 楊莉娟 劉海苑* 趙菠楦*	趙延強 汪勝光 孫麗虹	王鶯華 鄒慈愛 張天瑞*	林永助 陳清河 臧其亮 劉稀榮 謝冠生	17
人　數	6	3	3	5	
各組人數	12	7	3	5	27

學習劇目及齣數					

劇　目	曲　友		京劇演員			
	旦	生	旦	生	老生	丑
《販馬記‧寫狀》	V	V	V	V		
《水滸記‧借茶》	V		V			V
《水滸記‧探莊》		V		V	V	
《連環記‧小宴》	V	V	V	V	V	
《風箏誤‧驚醜》	V	V	V	V		V
《桃花扇‧題畫》		V		V	V	
《孽海記‧思凡》	V		V			
《長生殿‧酒樓》					V	
《望湖亭‧照鏡》						V
《漁家樂‧藏舟》			V	V		
《鳴鳳記‧寫本》			V		V	
《風箏誤‧鷂誤》			V	V		V
《風箏誤‧前親》			V			V
共 13 齣	5 齣	5 齣	9 齣	7 齣	5 齣	5 齣

註 1. 有此標示者是於研習期間退出的藝生，共有 6 位。

資料來源：筆者整理自《崑曲傳習計畫．第四屆、第五屆（第一階段）、第五屆（第二階段）：成果報告書》（洪惟助 1997）。

從上表可以看到，曲友與京劇演員的學習劇目數量有不小的差距，這是因為到了本屆第二階段，傳習計畫決定藝生班要朝「培養能夠在舞臺上表演的人才」方向進行，故以「免費幫京劇團培訓團員」〔註10〕為由，讓京劇團同意配合藝生班的課程安排，讓京劇演員除了原本的上課時間之外，也能利用白天的上班時間上課，因此才有此差距。

（三）第六屆傳習計畫專業演員班（1999／10～2000／10）

在傳習計畫第五屆結束之後、開辦第六屆之前，臺灣崑劇團成立，以前兩屆藝生班表演組的京劇演員藝生為班底，宣示了達成當初藝生班設定「成立崑劇團」的目標，同時臺崑也被視為整個傳習計畫的總結成果之一。帶著如此成果的傳習計畫持續開辦第六屆，原來的藝生班則更名為「專業演員班」，表演組的學員幾乎都是臺崑團員共23人，其中除楊汗如與吳欣霏之外，都是來自國光與復興的職業京劇演員，而文武場班則有職業京劇樂師白奇龍（國光的笛師）及梁珪華（復興的鼓師）加入，總計人數增加至20人。至於唱曲組則不再繼續辦理，其原因不明，筆者根據第五屆唱曲組藝生林美惠及楊汗如的訪談〔註11〕，以及對照藝生班及推廣班名冊（洪惟助1997），推測應該是因為由於人員上的重疊，因為有表演組藝生同時也是唱曲組藝生及推廣班唱曲班學員（如林美惠），也有唱曲組藝生同時也參加推廣班唱曲班（如陳素英），使得唱曲組的上課時間及內容安排不易，既然成效不彰則無繼續辦理的必要。

師資方面，本屆首度請到張繼青及汪世瑜授課，計鎮華與梁谷音第二度受聘來臺，演員藝師加上樂師藝師共有18位，而為了累積臺崑演出全本戲的能力，藝師授課的劇目以完成小全本〔註12〕《牡丹亭》、《爛柯山》、《風箏誤》為主要課程，連同其他折子戲總計傳習新戲9齣〔註13〕。本屆共舉辦了5次成果展〔註14〕，最大特色在於讓每位藝生輪流登臺實踐所學，如《爛柯山‧痴夢》崔氏一角，在不同場次由不同藝生演出。以上資料整理如下：

〔註10〕洪惟助。訪談。臺北市南京西路星巴克。2015年3月8日。

〔註11〕林美惠表示，當時似乎是因為唱曲組和表演組的上課時間有衝突，所以經常無法參與唱曲組課程（訪談。林美惠自宅。2015年1月24日）。楊汗如則表示他幾乎不記得有唱曲藝生班的事（訪談。石頭出版社。2015年1月20日）。

〔註12〕指單場就可演完故事的全本戲，通常由4齣主要折子戲串聯而成，也稱串本戲。

〔註13〕師資名單及相關資料詳見附件二「歷屆師資及教學劇目表」。

〔註14〕成果展相關資料詳見附件三「歷屆成果演劇目及演員表」。

表4－10：第六屆傳習計畫專業演員班執行內容簡表

組　別	表演組				文武場班	
	旦	生	老生	丑	文場	武場
總人數	11	4	5	3	11	9
各組人數	共23人				共20人	
師　資	演　員				樂　師		總人數
	旦	生	老生	丑	笛	鼓	
人　數	5	2	4	2	3	2	共18人
共　計	13人				5人		
培訓期間：12個月				傳習劇目數量：9齣			

本屆的表演組藝生名單及學習劇目如下表：

表4－11：第六屆傳習計畫專業演員班名單及學習劇目

組　別	旦	小　生	老　生	丑	總人數
人　名	吳欣霏[註1]	楊汗如	王逸蛟	陳清河	23
	王耀星[註2]	古中樑	王鶯華	劉稀榮	
	朱安麗[註3]	孫麗虹	盛鑑	謝冠生	
	李光玉	趙延強	鄒慈愛		
	杜珮君		謝復青		
	金素娟				
	唐瑞蘭				
	郭敏芳				
	陳美蘭				
	楊莉娟				
	劉嘉玉				
各組人數	11	4	5	3	

學習劇目及齣數				
劇　　目	旦	生	老生	丑
《驚鴻記・吟詩脫靴》註4	V	V	V	V
《紅梨記・亭會》	V	V		
《爛柯山・雪樵》註5		V	V	
《爛柯山・痴夢》	V			
《爛柯山・潑水》	V	V	V	
《牡丹亭・學堂》	V		V	
《牡丹亭・寫眞》	V			
《牡丹亭・離魂》	V			
《獅吼記・跪池》註6	V	V	V	
《浣紗記・寄子》註7（第五屆教過）	V		V	
《漁家樂・藏舟》（第五屆教過）	V	V		
《風箏誤・前親》（第五屆教過）	V			V
新學 9 齣，重複 3 齣，共 12 齣〔註15〕	11 齣	6 齣	6 齣	2 齣

註 1. 吳欣霏畢業於華崗藝校，並非京劇演員也非曲友，當時爲崑曲傳習計畫的行政人員。

註 2. 名冊中有王耀星，但個人資料列表中卻不見其名，反而是另一位不在名冊中的國光演員趙菱楥。

註 3. 朱安麗雖名列其中，但其接受李巧芸的訪談時，卻說自己未曾參加過傳習計畫，只在京劇演員藝生上課時從旁觀摩過（2014：321）。

註 4. 該戲的李白本由大官生應工、唐明皇由老生應工，但本屆小生組及老生組藝生一同學習兩個角色。

註 5. 由於第四屆的小生組藝生已學過《爛柯山》中朱買臣一角，因此本屆小生組藝生繼續與老生組藝生一同學習。

註 6. 據楊汗如所言，他不曾得知本屆有《獅吼記・跪池》的課程（訪談。石頭出版社。2015 年 1 月 20 日），對照趙延強及孫麗虹的受訪內容（李巧芸 2014：312、387），該戲應該只教授京劇演員。

〔註15〕 此處列的是「學習劇目」，故與表 4-7 所列的「傳習劇目」齣數不同。至於本屆爲何要再教一次，筆者根據藝生名單推測，應該是因爲第六屆有多位不曾學過崑劇的京劇演員加入，而這些新成員以旦及老生居多，爲因應臺崑的演出需求，故請藝師再度教授。

註7. 本屆《浣紗記・寄子》的伍子一角由旦角老師教授，所以回歸由旦組藝生學習，生組藝生就不再學習該角色。

資料來源：筆者整理自《崑曲傳習計畫. 第六屆：成果報告書》（洪惟助 2000）。

　　在大致說明了第四、五、六屆傳習計畫藝生班的執行內容後，可以清楚看見，由於藝生班是以傳習崑劇表演藝術爲主要目標，故其內容是視表演組的需求而規劃的，可以說藝生班的主體就是表演組，因此，本節以下對藝生班的成效與影響的分析，就以表演組爲對象進行之。

二、藝生班的成效與影響

　　總計 3 屆 4 階段的藝生班共完成了 36 個月的培訓課程，傳習了完整折子戲共 35 齣，聘請中國崑劇演員爲藝師共 26 位，受訓的表演藝生平均每階段約有 24 人。然而，藝生班的成效並非在於完成上述的數字，最主要是表現在臺灣崑劇演出水準的提昇，從文化菱形來看，藝生班的開設，讓臺灣崑曲創作者中的崑劇演員，在接受相對密集且有系統的培訓課程後，其表演技藝及演出水準得以提昇，使臺灣崑劇朝向專業化發展。

　　早在藝生班之前，傳習計畫推廣班就已進行了 3 屆〔註16〕，其間陸續聘請了不少中國國家一級演員如蔡正仁、華文漪、張靜嫻、蔡鎋銑等人來臺授課，只是推廣班是利用週末時間上課，除了每週六下午 2 點到 5 點半的唱曲班之外，碰到中國崑劇老師來臺期間，會在週日上午 9 點到 12 點加排身段課，3 屆下來，已有一批固定學員求知若渴，無論唱曲班還是身段班，初級班或是高級班，幾乎是只要有課就上，而傳習計畫爲了要讓這些優秀曲友能夠更上層樓，才有了開設藝生班的構想。藝生班的上課時間是週間的晚上 7 點到 9 點半，每週 3 次，每次 2.5 個小時，一週上課共 7.5 小時，透過更密集的上課時間可以提高學習的質與量，考上藝生班的曲友，除了藝生班的週間課程外，仍然繼續參加週末的推廣班，以增加自己的總學習量，以筆者爲例，平時週間 3 堂藝生班的課，加上週末唱曲班及身段班，每週崑劇學習時間最基本就是 14 個小時，這使得像筆者這樣的曲友得以在短時間內精進自己的技藝，尤其是相對於推廣班，藝生班人數較少、同儕能力較爲相等，使得學習品質提高不少，這種質與量均高的密集課程，讓曲友能夠提高自己的表演水準以邁向專業化道路。

〔註16〕推廣班分唱曲班、身段班、崑笛班，各班又再分初級及高級兩班。

　　除了曲友之外，藝生班也提供職業京劇演員學習崑劇的機會。在藝生班之前，只有少數京劇演員如高蕙蘭曾接受徐炎之的指導，有些京劇演員如陳美蘭則是受水磨曲集之邀參與其年度公演，但無論何種情況，京劇演員在這種情況下所演出的崑劇，是以自身所受的京劇訓練自行摸索揣摩崑劇的模樣，算不上是正統崑劇，但透過藝生班的培訓，有些京劇演員藝生逐漸體會出京、崑確有不同之處，甚至進而喜歡崑劇藝術，並且願意更深入學習，如楊莉娟就在學習崑劇 10 年後，自願從崑劇基本身訓學起〔註17〕。藝生班的崑劇訓練也開啟京劇演員對「表演」的眼界，由於崑劇的音樂格式之故，唱腔與身段、表演是緊密結合的，所以才形成「有聲皆歌、無動不舞」的美學特色，這使得崑劇對表演的要求是相當細緻與嚴謹的，對於習慣於「抱著肚子唱」的京劇演員來說，崑劇讓他們學會了挖掘人物內在、講究演員間的互動等更細膩、深刻的表現方式，而這些從崑劇學習到的技藝、知識與能力讓他們能反饋於京劇表演之中，提昇自身京劇的演藝水準。

　　無庸置疑地，臺灣整體的崑劇演出能力及技藝水準確實因為藝生班的實施而有所提高，然而，在「從業餘邁向專業」的過程中，「專業」的認定問題卻自藝生班開設之初就逐漸浮現，這是起因於藝生班分別向「曲友」及「京劇演員」兩種不同背景的群體招募，從而產生了「專業」認定的問題。隨著藝生班對「專業」定義的確定與認可，臺灣崑劇的「專業化」也就依循著其所認定的脈絡發展，換言之，因藝生班之故，臺灣崑曲文化菱形中的創作者——演員——也被劃分成「曲友」與「京劇演員」兩個群體〔註 18〕，分別以「業餘」與「專業」的身份從事崑劇活動，因而形成不同於藝生班之前的發展景況。

　　關於崑劇「專業」，對其認定之所以產生問題，必須先從有關崑劇演員的「專業能力」的歧見談起。由於臺灣沒有正規的崑劇教育以培養人才，也沒有職業崑劇團以提供職務工作，因而才會在談及崑劇專業時，對於這個「專業」的內涵產生歧見，根據筆者的經驗與觀察，基本上有兩種認定方式：一是演員所受的崑劇訓練，一是演員維持生計的職業。若以演員所受的崑劇訓練為認定方式，由於在臺灣，崑劇演員的受訓時間與內容並沒有客觀標準可

〔註17〕引自楊莉娟的訪談內容（李巧芸 2014：275）。
〔註18〕此處僅討論演員而不論及樂師與編劇等其他創作者，因為崑劇音樂的傳承管道涉及中國傳統音樂的訓練場域，而崑劇劇本編寫則屬於中國文學創作範疇，其情況相對複雜且已超出本論文研究範圍。

以比較衡量，有的演員是自發性地投入崑劇的自修與進修，如曲友傅千玲、楊汗如等人，有的演員是被動接受已規劃好的崑劇課程，如京劇演員孫麗虹、李光玉等人，因此只能以「是否接受正規崑劇科班訓練」來認定演員的專業性，在此標準下，臺灣的崑劇演員除了溫宇航是崑劇專業之外〔註 19〕，無論其身份是曲友還是京劇演員，都只能算是業餘的，採取此種認定方式者，有上海崑劇團演員兼導演周志剛、學者陳芳英，他們都認為臺灣只有業餘崑劇演員／劇團〔註 20〕。若是以演員維持生計的職業為認定方式，則會以「是否從事京劇演出為其營生職業」〔註 21〕來認定演員的專業性，京劇演員因以演出京劇營生，其必定接受過正規的京劇訓練，而在「京崑一家」〔註22〕、「職業等於專業」的混合觀點下，京劇演員就被認為具有演出崑劇的「專業能力」，故其所演出的崑劇就理所當然地被視為具有專業性；曲友因不以演出崑劇為謀生職業而另有正職，且非從小坐科，所以即使其崑劇的表演、身段、韻味都在京劇演員之上〔註 23〕，也擁有較多的崑劇、崑曲知識，但囿於投入時間有限而被視為業餘演員，國光演員溫宇航〔註 24〕、傳習計畫主持人洪惟助都採取此種認定方式。而計畫主持人的態度也就直接影響了藝生班的發展走向，在洪惟助確定藝生班的目標是要培養能夠在舞臺上展現的演員之後〔註25〕，藝生班成員就從原本以曲友為主，轉而成為以京劇演員為主，從圖 4－4 所呈現的人數變化即可得知。

〔註 19〕溫宇航畢業於中國北京戲曲學校崑劇班，後為中國北方崑曲劇院演員，2010年加入臺灣國光劇團。

〔註 20〕周志剛。訪談。臺北市錦安二區民活動中心。2014 年 12 月 26 日。

〔註 21〕這個是個具有默契的限制，因為像楊汗如在參加藝生班之初是任職蘭陽歌仔戲團的演員，而參加推廣班的李珞晴更是歌仔戲科班畢業的職業歌仔戲演員，但這兩位演員卻都被視為崑劇的業餘演員。

〔註 22〕這個觀點其實不完全正確，雖然京劇與崑劇在基本功與程式部份大同小異，但其相異之處，正是基於美學取向的不同而有本質上的差異，否則，楊莉娟也不會覺得需要從崑劇的基本身訓學起。

〔註 23〕引用陳美蘭對曲友的看法（李巧芸 2014：417）。

〔註 24〕溫宇航。訪談。臺北市錦安二區民活動中心。2013 年 12 月 22 日。

〔註 25〕洪惟助認為曲友因為正職或家庭之故，時間上難以配合崑劇團的需求，因此無法培訓成可以上臺演出的「專業演員」，相對的，從小坐科的職業京劇演員是當然的「專業演員」，同時因為京劇團對於其團員學習崑劇採取配合的態度，故無論是上課、排練或演出，都可以利用其上班時間進行，較之曲友，京劇演員的配合度就高出許多（訪談。2015 年 3 月 8 日）。

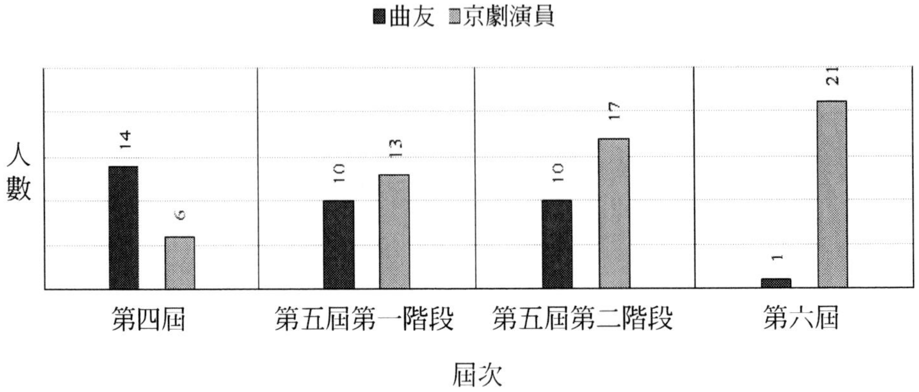

■曲友 ▨京劇演員

圖4-4：歷屆藝生班表演組成員人數變化〔註26〕

圖中可以清楚看到曲友與京劇演員的人數消長，然而，圖中無法顯現的是，有 3 位曲友藝生未等第五屆第二階段結束即選擇先行退出，因為藝生班的培訓目標已定，影響所及，便是課程內容的規劃、上課時間的安排、演出機會的提供等，都以京劇演員為主要考量對象，曲友則成為次要的考慮，導致有曲友認為藝生班已經不能提供更多內容讓曲友藝生學習，反而是在藝生班之外還有其他學習機會，如水磨曲集自辦的團員進修課程，因此選擇退出藝生班，如許珮珊〔註27〕。隨著藝生班對「專業」定義的確認，決定了接下來成立的臺灣崑劇團是一個以京劇演員為主力、自我定位為專業的崑劇團，故當第六屆傳習計畫開辦，藝生班便更名為「專業演員班」，其培訓的對象就是臺崑演員，同時也開放給其他有興趣學習崑劇的京劇演員，如朱勝麗〔註28〕，由於京劇團的配合與支持，課程時間及地點可以安排在劇團的上班時間和地點，也等同於是為京劇團免費訓練京劇演員〔註29〕，所以就算是從未學過崑劇的京劇演員也都能受益，自此之後，京劇演員與京劇團參與崑劇的程度日益加深。筆者認為，藝生班從「讓優秀曲友更上層樓」的初衷，到以「提昇京劇演員的演藝水準」為目的的轉變過程，可以視為是京劇演員崑劇專業

〔註26〕 第六屆藝生共有 23 人，其中吳欣霏既非曲友也非京劇演員，所以該圖未將之列入計算。

〔註27〕 許珮珊。訪談。臺北市敦化南路摩斯漢堡。2015 年 2 月 4 日。

〔註28〕 朱勝麗接受李巧芸的訪談，說藝生班請到梁谷音來教《爛柯山‧潑水》時，開放給國光的旦角演員學習，那時他才報名參加的（2014：321）。

〔註29〕 洪惟助。訪談。臺北市南京西路星巴克。2015 年 3 月 8 日。

性的形塑過程，換言之，藝生班幫助了京劇演員——包括藝生與非藝生——進入臺灣崑曲的文化菱形，成爲其中的「專業」創作者。

至於曲友藝生，除了楊汗如因爲是臺崑團員而繼續受訓之外〔註30〕，其他無人接到開課通知，也就是說，其他曲友藝生的培訓歷程隨著第五屆結束而終止。然而，這些曲友藝生的學習經歷及演藝能力，似乎未受到其他崑劇團的青睞，對其他崑劇團來說，若爲其團員，並未將之視爲劇團的資產，因而在演出或教學方面給予更多發揮空間，如水磨曲集〔註31〕；若非其團員，當有演出需求時，更傾向邀請具有「專業能力」的京劇演員合作，如蘭庭崑劇團，換言之，即使經過了藝生班的培訓，這些藝生身份的曲友其崑劇演藝水準已不可同日而語，但是卻未因此而有更多的表現機會與空間，這也反映出一個逐漸普遍的觀點，亦即，隨著「專業」被定義爲「以從事京劇演出爲謀生職業」，另有正職的曲友也就被歸類爲「業餘者」，在此觀點下，即使是受過藝生班培訓、積極尋找機會進修的曲友藝生，如楊汗如，也僅被視爲「演得比較好的曲友」。但是這種區隔並不盡公平，在臺灣的戲曲發展環境下，除非是由國家栽培（如國光劇團演員），或者有基金會願意長期支持（如臺北新劇團〔註32〕），否則要以崑劇演出爲謀生職業完全是不可能的事，對於曲友藝生來說，即使願意而且已經付出所有工作之餘的心力在崑劇的學習、演出或教學上，仍然需要一份能夠維生的工作，這是出於現實環境的限制與無奈，而非曲友藝生不願意全時間投入。不過，雖然現實如此，這些曲友藝生依舊保持對崑劇表演藝術的熱忱，一方面持續找機會進修，或者自行赴中國學藝，如傅千玲，或者由劇團聘請中國師資來臺授藝，如水磨曲集開設團員培訓課程；另一方面持續致力於崑劇的表演或教學，如楊汗如成立 1／2Q劇場進行

〔註30〕　其他曲友藝生何以沒有成爲臺崑演員是另外一番緣由，牽涉到某些崑曲團體與個人對於某些看法的意見相左，然這已超出本論文討論範圍，故不再深究，但筆者認爲，矛盾與爭論的產生，其對崑劇「專業」認定的歧見是重要的原因之一。

〔註31〕　水磨曲集擁有最多曲友藝生，連續參加兩屆藝生班的 8 位曲友中，就有 7 位是水磨團員，所以當筆者向團長宋泮萍提出「是否將藝生視爲劇團資產」的問題時，團長回應是，團裏未曾做如此思考，因此從來沒有好好利用藝生團員的才能（宋泮萍。訪談。臺北捷運大坪林站丹堤。2015 年 1 月 23 日。）。

〔註32〕　臺北新劇團團長爲李寶春，由辜公亮文教基金會所支持，但其團員也多來自國立國光劇團，如此看來，即使有基金會支持，除團長爲專任外，團員也都是另有正職，這顯示出，以民間力量要養活一個劇團，包括專任團員及行政人員，幾乎是不可能的事。

崑劇的小劇場實驗、許珮珊在東吳及師大等校園崑曲社教學,其中校園崑曲社的教學,更是能夠讓有心進一步認識崑劇的觀眾,透過相較於以往更高水準的教學提昇其鑑賞能力。

以上所論,旨不在定義何謂崑劇「專業」,因爲不同觀點有不同的認定方式,也無意將曲友與京劇演員置於互相對立的兩面進行比較,雖然這種比較確實隱晦地存在著,本文此處意在透過對現象的描述,呈現藝生班開辦之後對臺灣崑曲整體發展帶來的影響,據此,我們回頭審視藝生班設立的目標——讓臺灣崑劇「從業餘邁向專業」,無論其中「專業」的定義爲何,從臺灣崑曲創作者的「能力」及「身份」兩個面向來看,都可以說這個目標已經達成。從「能力」的改變來看,無論是曲友或京劇演員,藝生班的培訓確實爲其打下厚實的基礎,提昇其演藝能力幾達專業水準,往後無論自修或進修,都能從這個基礎更上層樓;從「身份」的轉變來看,從原本以曲友爲崑劇表演主力的情況,轉變爲由京劇演員領導崑劇表演市場。換言之,藝生班所達成的「臺灣崑劇專業化」目標,既可指臺灣整體崑劇演出能力及水準的專業化,也可指主要崑劇演出者身份轉移而形成的專業化,從整體發展現象來看,後者對臺灣崑曲的影響比前者更爲顯著,因爲臺灣崑曲的創作者自此被劃分兩個群體:曲友/業餘者、京劇演員/專業者,後者因被視爲具專業能力,成爲多個崑劇團的表演主力。

除崑劇表演舞臺外,在崑劇表演的教學方面,藝生郭勝芳及李光玉在戲曲學院京劇學系學院部的選修課中教授崑劇表演,楊莉娟則在臺灣崑劇團及臺北社區大學開設的崑劇課授課;至於曲友藝生如許珮珊、傅千玲則仍繼續帶領校園崑曲社社員學習崑劇,也就是說,由於京劇演員同時也加入了中介者的行列,因而擴大了臺灣崑曲的中介場域,除了社園崑曲社及對一般大眾開設的推廣班之外,還能擴及戲曲學院,但因爲尚無相關研究,無從得知戲曲學院開設崑劇表演選修課程,對於臺灣崑劇發展的影響爲何。

綜上所述,藝生班最大的影響在於使臺灣崑劇邁向專業化道路,並且區隔出崑劇的「專業」與「業餘」,經由學者的認可,確定了京劇演員的崑劇專業性,卻也界定了曲友的業餘性。從臺灣崑曲的整體發展來看,由於京劇演員的進入,在臺灣崑曲的文化菱形中,不但增加了創作者以及中介者,也一定程度地擴大了接收者的人數及層面,確實相當有助於崑曲藝術的普及,從這角度來看,藝生班確實成功地完成任務。但是,正式名稱爲

「崑劇業餘劇團與師資培養小組」的藝生班，其名稱揭示了兩個培訓目標：一是表演人才，一是崑劇師資，前者的成果即是臺灣崑劇團，至於後者，在藝生班成立之初，確實曾經透露些許傳承微光，但是如今，臺崑所辦理的推廣班已然後繼無力，而有意傳承崑曲的曲友藝生，或許因為被界定為業餘者，其技藝與能力幾乎未曾受到崑曲社群中其他成員的重視，只能憑藉個人意願及一己之力，持續在校園崑曲社中從事崑曲教學工作。但事實上，這些從事教學工作的曲友藝生，早在參加藝生班之前，就已經長期在校園崑曲社教學，如許珮珊及筆者，藝生班結業後，持續教學也非因藝生身份之故，因為決定其投入傳承工作的原因，是出於對崑曲的熱愛，而非曾經參加藝生班的資歷；另一方面，校園崑曲社請他們教學是基於校園崑曲社傳承的傳統，因為他們是學長姐，而非因他們是崑曲藝生。至於被視為具有崑劇專業的京劇演員藝生，除了楊莉娟從事以社會大眾為對象的崑劇教學之外，在京劇教育體系中開設的崑劇課程，其目的是為了提昇京劇學生的技藝能力，而非傳承崑劇藝術。從這個角度來看，藝生班意欲培育崑劇師資的目標，其實並未如表面呈現的成功達成。

不過整體而言，藝生班成功之處在於讓京劇演員成為臺灣崑曲的「專業」創作者，但是，其在深度參與崑劇演出的情況下，對崑劇藝術本身產生了影響，使之逐漸往京劇化的方向傾斜，有學者稱此變化為崑劇的「在地化」或「本土化」。接下來的章節便是要聚焦於這個現象進行探究。

第二節　京劇演員的參與與崑劇京劇化

雖然早在 1980 年代京劇演員就曾演出崑劇〔註33〕，但是要到藝生班開辦之後，京劇演員才真正成為臺灣崑劇的「專業演員」，不但臺灣崑劇團選擇以京劇演員為主要團員，其他崑劇團包括台北崑劇團、蘭庭崑劇團，以至於 1／2Q 劇場、詠風劇坊，都分別與京劇演員有不同程度的合作，除了民間崑劇團外，國光劇團與戲曲學院京劇團也陸續推出全本崑劇製作或傳統折子戲演出。一時之間，因為京劇演員及京劇團的參與，臺灣的崑曲演劇活動呈現一片熱絡的景象，但卻也因為京劇演員的深度參與，讓「京味崑劇」成為臺灣

〔註33〕這裏的崑劇指的是由徐炎之指導過的傳統折子戲，如〈遊園驚夢〉，而非原本就屬於京班傳統戲的崑腔戲，如武戲〈夜奔〉或文戲〈寫狀〉。

崑劇的特色。本節將分為兩個部份探討：（一）京劇演員參與崑劇演出的情況；
（二）臺灣崑劇的京劇化傾向。

一、京劇演員參與崑劇演出的情況

京劇演員參與崑劇演出的情況可分為兩類：一是民間崑劇團的倚重，一
是職業京劇團的節目，以下分別說明之。

（一）民間崑劇團的倚重

京劇演員最早參與的崑劇團是水磨曲集，這是因為徐炎之的學生除了曲
友之外也有京劇演員，故當初徐炎之的學生要組崑劇團時，便邀請京劇演員
共襄盛舉，所以水磨曲集在培養出曲友為主力演員之前，曾不時地邀請京劇
演員合作演出，如 1991 年參加文藝季的節目便由京劇演員主演。即使後來曲
友的演藝能力提高並成為劇團演出主力，但限於行當多為旦及小生，所以當
演出的折子戲需要老生、丑、淨等腳色時，仍然經常需要請京劇演員擔綱。
整體而言，由於水磨曲集的參加者大多是出自校園崑曲社的曲友，有這種「人
力資源」背景之故，水磨曲集是唯一能夠以曲友為演出主力的崑劇團，至於
其他崑劇團則幾乎都相當倚賴京劇演員的配合。

在目前登記立案的 8 個崑劇團當中，除了水磨曲集崑劇團之外，絲竹京
崑劇團的情況也與其他崑劇團有相當不同的成立背景。絲竹京崑劇團是由原
陸光劇隊的京劇演員吳陸森於 1996 年所成立的，而當時正是三軍劇隊被裁撤
之後不久，吳陸森另行成立這個兼演京、崑的劇團為自己開創演藝道路，所
以與他合作過的演員，除中國職業崑劇演員之外，幾乎都是京劇演員。而剛
於 2011 年起步的風城崑劇團，是曲友回鄉所組織規劃的在地劇團，小規模地
在新竹地區做推廣性質的演出與教學。除了上述 3 個劇團之外，其他 5 個崑
劇團都不同程度地選擇與京劇演員合作。在第五屆傳習計畫藝生班結束後所
成立的臺灣崑劇團，不但選擇京劇演員藝生為主要團員，其後在與兩個京劇
團合作的情況下，又陸續透過培訓課程提供學習及演出機會給其他非藝生的
京劇演員。至於蘭庭崑劇團、台北崑劇團，甚至是 1／2Q 劇場、詠風劇坊，
也都紛紛邀請這些京劇演員參與合作，其中蘭庭崑劇團是以國光劇團的演員
溫宇航為其核心演員，因而與之搭配的演員也幾乎都是來自國光劇團；台北
崑劇團則是在長年以京劇演員為演出主力之餘，透過自辦的崑曲研習課程培

養多位曲友成為劇團的演員，近來已有小成，不過與水磨曲集崑劇團相同，這些曲友演員也幾乎都是學習小生及旦行，缺少其他行當演員，在必要之時仍是需要倚賴京劇演員的配合；而1／2Q劇場及詠風劇坊兩個規模較小劇團，其核心演員楊汗如與黃麗萍皆是小生演員，所製作的崑劇也是以生、旦戲為主，而兩位也都選擇與京劇旦角演員合作。

　　表 4－12 是上述劇團曾經合作過的京劇演員名單，有些是受邀演出，如高蕙蘭、徐中菲，有些是經常合作，如陳美蘭、孫麗虹。

表4－12：與崑劇團合作的京劇演員名單（至少與兩個崑劇團合作者，以底線標示）

劇　團	主要合作對象
水磨曲集崑劇團 （1987 年成立）	尹來有、王鶯華、古中樑、朱錦榮、郭勝芳、陳美蘭、鄒慈愛、臧其亮、趙揚強、劉嘉玉、吳海倫、吳劍虹、周慧琴、邱海訓、徐中菲、高蕙蘭、黃毅勇、劉玉麟等人。
絲竹京崑劇團 （1995 年成立）	周陸麟、郭勝芳、楊利娟、吳陸森、宋凌玲、李明照、周長佑、林陸霞、哈憶平、姜竹華、張化宇、劉祐昌等人。
臺灣崑劇團 （1999 年成立）	尹來有、王耀星、王鶯華、古中樑、朱勝麗、朱錦榮、李光玉、周陸麟、凌嘉臨、唐瑞蘭、孫麗虹、郭勝芳、陳元鴻、陳利昌、陳長燕、陳美蘭、陳富國、彭湘時、黃宇琳、楊利娟、鄒慈愛、溫宇航〔註34〕、臧其亮、趙揚強、劉珈后、劉稀榮、劉嘉玉、蔣孟純、錢宇珊、謝冠生、羅慎貞、王逸蛟、何思佑、吳仁傑、杜佩君、林朝緒、張宇喬、張家麟、張德天、盛國鑑、陳秉蓁、黃詩雅、戴心怡、謝復青等人。
詠風劇坊 （2000 年成立）	李光玉、楊莉娟等人。
台北崑劇團 （2003 年成立）	王鶯華、李光玉、孫麗虹、郭勝芳、彭湘時、劉海苑、唐瑞蘭、劉珈后、朱勝麗、鄒慈愛等人。
蘭庭崑劇團 （2005 年成立）	朱勝麗、郭勝芳、陳元鴻、陳利昌、陳長燕、陳美蘭、陳富國、楊利娟、溫宇航、鄒慈愛、劉珈后、劉海苑、劉稀榮、蔣孟純、錢宇珊、謝冠生、羅慎貞、張化緯、曹復永、謝孟家等人。
1／2Q 劇場 （2006 年成立）	凌嘉臨、陳元鴻、陳美蘭、黃宇琳等人。

〔註34〕溫宇航雖然是崑劇演員，但因他現已加入國光劇團兼唱京劇，故表中將他與京劇演員放在一起。

資料來源：整理自李巧芸碩士論文〈臺灣京劇演員參與崑劇演出研究〉附錄五「京劇
　　　　　演員參與民間團體演出年表（1987～2013 年）」（2014：197～233），以及
　　　　　《台北崑劇團成立十週年特刊》（曾百薇 2013：25～30）。

　　上表顯示出幾個崑劇團與京劇演員合作的特別情況：

1. 崑劇團倚重京劇演員的程度，以臺崑爲最，蘭庭次之，而且兩團演員的重複率也是最高的。
2. 臺崑演員幾乎涵蓋了國光劇團及戲曲學院京劇團的主要演員。
3. 這些參與各崑團演出的京劇演員通常也是兩個京劇團的主要演員。
4. 除了藝生之外，其他非藝生的京劇演員在接受過崑劇課程培訓後，也得以經常參與崑劇演出，如陳長燕、劉珈后。
5. 除了旦、生（小生及老生）、丑等行當演員之外，其他行當演員在演出需求之下，即使沒有上過正式崑劇課，但在經過排練之後，仍然是某些崑劇演出中不可或缺的演員，如羅慎貞（老旦）、朱錦榮（淨）。

　　崑劇團如此倚重職業京劇演員的情況，在早期，確實讓崑劇團、京劇團、京劇演員三方都處於互助互益的狀態：崑劇團可以推出一般人所認知的具專業水準的作品，並藉京劇演員的知名度吸引觀眾，進而擴大崑劇觀眾基礎；京劇團可以免費讓團員進修，又可以增加劇團節目的多樣性；京劇演員可以免費接受在職訓練，除了藉以提昇京劇演藝水準，也可增加自己的能演劇目，此外，與各崑劇團合作也能爲自己增加演出機會，以建立並鞏固自己的觀眾群。

　　這似乎是個三贏的局面，但對崑劇團而言卻非長久之計，因爲隨著京劇團本身的團務日漸繁重，京劇團對崑劇團的支持已經不如以往，如今京劇團甚至認爲，崑劇團借調京劇演員已經某種程度地干擾了京劇團的正常團務運作〔註 35〕，因此配合意願逐漸下降，崑劇團中受影響最大的就是對京劇演員倚賴最深的臺崑，這也正是臺崑於 2014 年停止運作的主要原因之一。從崑劇團營運的角度來看，這是個必然的結果，因爲一個劇團如果過度依賴外聘演員而沒有培養自己的演員是不可能永續經營的〔註 36〕，至少

〔註 35〕洪惟助。訪談。臺北市南京西路星巴克。2015 年 3 月 8 日。
〔註 36〕洪惟助坦言，國光劇團團長鍾寶善就是認爲臺崑應該要培養自己的演員，而非一再地向京劇團借調演員，然而洪惟助卻是對此看法不以爲然。（訪談。臺北市南京西路星巴克。2015 年 3 月 8 日。）

劇團需要有一位核心演員做爲靈魂人物，如 1／2Q 以楊汗如爲主要創作者，或如台北崑是由團長應平書身兼核心演員；更好的情況則是像水磨曲集，持續地培養自己的演員並且以其爲演出主力，必要時則邀請京劇演員共襄盛舉，如此才不至於面臨京劇團或京劇演員個人無法配合時，劇團演出計畫便無以爲繼的困境。

（二）職業京劇團的節目

在 1995 年國光劇團成立以前，曾經推出崑劇節目的職業京劇團，以三軍劇隊時代的大鵬劇隊爲主，該劇隊曾經邀聘徐炎之指導徐露學習崑劇，徐露再帶領學妹們如王鳳雲、高蕙蘭等人一同學習，故曾經推出不同演員組合的〈遊園驚夢〉及〈學堂〉。不過，從李巧芸整理的「三軍與復興劇團崑劇演出年表」（2014：151～164）演出記錄來看〔註37〕，從 1951 年到 1993 年超過 40 年間，職業京劇團曾經較爲「頻繁」演出崑劇的時期是在 1980 年到 1984 年，除了大鵬劇校每年演出 1 場崑劇之外，陸光劇隊曾於 1980 年推出〈貞娥刺虎〉，復興劇團（今之戲曲學院京劇團）也曾分別在 1981 年及 1982 年推出〈春香鬧學〉、〈刺虎〉、〈遊園驚夢〉〔註38〕。此後要到 1992 年，才由國立中正文化中心製作的全本《牡丹亭》爲職業京劇團開啓自製崑劇的契機。

國光劇團在 1997 年邀請華文漪來臺，與高蕙蘭合作演出新編崑劇《釵頭鳳》（上海崑劇團的創作），接著又分別在 2004、2005 年及 2012 年推出由曾永義編寫的新編崑劇《梁山泊與祝英台》，其中 2012 年由剛加入國光不久的溫宇航主演，另邀請北方崑曲劇院的魏春榮來臺合作。除了這兩個大製作之外，也曾不定時地推出崑劇折子戲，待溫宇航於 2011 年加入國光後，崑劇節目也隨之增加，另外，國光也因溫宇航之故，聘邀北崑名家張毓文到國光傳習，對國光團員來說，是繼藝生班及臺崑培訓課之後，較有系統的崑劇課程。至於戲曲學院京劇團，曾於 2007 年、2009 年、2011 年分別推出新編崑劇《孟姜女》、《李香君》、《楊妃夢》，這 3 齣大戲也都曾經到中國巡演，此外，戲曲學院的碧湖劇場及復興劇場也都曾不定時地安排過崑劇折子戲，從戲曲學院

〔註37〕 該表將所有京班常演的崑腔戲都歸類爲崑劇，蓋因李巧芸對崑劇的定義與筆者不同，筆者僅從中篩選確定是經徐炎之指導過的崑劇。

〔註38〕 其實無法確定這幾場演出是爲崑劇，因爲一來傳統戲曲經常是不同劇種有相同劇目，二來可能是京劇演員自學，在此兩種情況下，都無法視之爲正統崑劇，但筆者仍姑且將之視爲崑劇，因爲據筆者所知，徐炎之曾經在復興劇團開過崑曲課，但沒有其他資料顯示其授課內容爲何。

京劇團網站的公開資料來看〔註39〕，自 2006 年至 2011 年間，兩個劇場合計每年安排 1 至 2 齣崑劇折子戲。以上可見，兩個職業京劇團都在團員學習崑劇之後，不但爲劇團增加演出劇目，也能夠自行製作新編崑劇，這使得兩個京劇團都能自稱是一個「京、崑兼擅」的劇團；另一方面，當京劇團推出自製崑劇時，會另行聘請中國崑劇師資來臺訓練團員，對京劇演員而言，無論是參與劇團的自製全本戲還是傳統折子戲的演出，這些崑劇節目都提供京劇演員在自己劇團內展演崑劇的機會。

然而，無論是崑劇團還是京劇團的演出，上述那些看似頻繁的崑劇演出場次，將之放在京劇演員個人整年度的演出場次當中來看，其實所佔比例是不多的，這個事實指出的是，京劇演員只能在其專業——京劇——之餘演出崑劇。對一位職業崑劇演員來說，窮其畢生之力專注於追求崑劇藝術都未必能達到至臻境界，一位職業京劇演員在其繁重的本業工作之餘，要想能夠專心一致地琢磨其崑劇技藝，同時又不受從小訓練的京劇影響，其實是件大不易的事情，因此，在京劇演員深度參與演出的情況下，臺灣崑劇已經逐漸發展成爲具有「京味」的崑劇，而筆者認爲這是臺灣崑曲發展的一項隱憂。

二、臺灣崑劇的京劇化傾向

崑劇與京劇雖然是兩個不同劇種，然而因爲歷史上崑劇曾在其極度式微之時，有賴京劇大師梅蘭芳以及京崑大師俞振飛的極力宣揚，讓戲曲觀眾透過其演出而認識崑劇，並使「崑亂不擋」成爲京劇演員的最高劇藝表現，但是兩位大師對崑劇做出巨大貢獻的同時，也產生了「京崑合流」的副作用，而這樣的副作用後來逐漸形成了「京崑不分」的現象，成爲加速崑劇傳統消亡的重要原因之一，雖然一般而言從知識上能夠分辨崑、京之別，但是由於兩者是「表層相近而內在精神大相異趣的藝術品類」（丁修詢 2008：30），在表相之外，經常會忽略了兩者是基於不同的社會環境以及文化背景所發展出來、具有不同美學品味的兩個劇種，尤其是崑劇在經過一些京劇名家展演之後，崑、京之間的差異更是被人們刻意淡化，這使得崑劇的藝術特質逐漸被消解，陷入「隱性失傳」的危機〔註40〕。

〔註39〕 國立戲曲學院京劇團／節目介紹／演出紀錄。http://b010.tcpa.edu.tw/files/15-1010-4407,c752-1.php。檢閱日期：2014 年 10 月 19 日。

〔註40〕 這是現年近 90 高齡、前江蘇省崑劇院研究員丁修詢於〈論京崑之別〉一文中提出的擔憂，作者認爲當今崑劇面臨最大的危機就是，因京、崑不分而走向

　　上述崑劇從「崑亂不擋」到「京崑合流」的歷程也正是臺灣崑劇京劇化的遠因，而崑劇因京劇化所引發的失傳危機也不獨在中國持續存在未解，在臺灣，由於京劇演員的深度參與演出，崑劇京劇化的憂慮應該也是個值得關注的議題，但是到目前為止，臺灣似乎仍未將之視為議題做相關討論，僅陳芳英曾於〈牡丹亭上三生路——從小說〈遊園驚夢〉到「青春版《牡丹亭》」〉一文中，稍有論及其對於崑劇向京劇傾斜的觀察與擔憂（2009：262～265），此外，筆者僅曾於少數幾次的私人聚會中，與同為關心此議題的曲友略做討論。相反地，臺灣對於京劇演員深度參與崑劇演出的主流意見，是抱著樂觀其成的態度，並且認為臺灣崑劇因此而具有「京味」是崑劇本土化的表現，如洪惟助即為其中代表之一〔註41〕。此看法所持的論點，是認為崑劇本來就不是凝固不變的，反而是會受到當地的語言、文化影響，並沒有所謂「原汁原味」的崑劇，該論點所提出的例證，即是當今被公認最有「崑味」的張繼青（江蘇省演藝集團崑劇院），其所唱的崑劇其實是有著濃重的蘇州口音，因此，崑劇受到地方語言影響是正常現象；另一方面也認為，如果京劇演員演的崑劇被視為不道地，那麼被稱為京崑大師的俞振飛，其所演的崑劇也是不道地的，因為俞振飛乃是職業京劇演員而非崑劇演員，由此論證，崑劇在臺灣現有的環境及條件下，發展出「京味崑劇」是一個合理且必然的結果。事實上，在崑劇的傳統與創新的論辯中，何謂「原汁原味的崑劇」的確仍待商榷，但就以口音而言，崑曲雖然發源於蘇州，然而自文人唱曲之始就是以官音演唱，在古籍中就有幾則記載「忌鄉音」的問題（朱昆槐 1991：214～215），以此標準來看，張繼青過重的鄉音確實不宜，反而是南方口音的「普通話」才是崑曲的原來特色，但這不能推論為以京劇發音（即北方口音的「普通話」）來唱、念崑劇是毫無扞格之處；而俞振飛雖然幼承家學，是「俞家唱法」的嫡傳，但其身段表演是接受京劇訓練的，之後更下海成為職業京劇演員，所以，俞振飛的崑劇身段動作的確受到京劇的影響，風格變得較為簡化、自由，因此本來就不該將俞振飛的京劇化做為衡量崑劇的標準（丁修詢 2009）。

　　京劇化，甚至泛戲曲化，使得崑劇藝術本質特徵逐漸喪失，這即是「隱性失傳」，如未加警覺並做出修正，最終將導致崑劇滅絕。該論文分為 5 次連載於《中國京劇》，分別是 2008 年 10 期、12 期、2009 年 01 期、02 期、03 期。

〔註41〕洪惟助。訪談。臺北市南京西路星巴克。2015 年 3 月 8 日。

　　以上簡單陳述對崑劇「京劇化」的正反兩種意見，從中可以得見，爭論之處都僅止於「口音」或「身段」這類技術層面的表相，而非關藝術的內在精神特質，正如前江蘇省崑劇院研究員丁修詢所言：「我們目前對崑曲的認識還處於『史前階段』，對它的創造法則、生成規律、內在機理等等基本上還處於『盲人摸象』階段。」（2009），因此相關的論辯似乎都無法進入核心問題做有效的討論，但由於崑曲藝術本體的探討並非本論文的研究範圍，筆者此處僅以崑劇的唱腔與身段表演之間的緊密關係，來說明崑劇表演藝術的特點。眾所週知，崑劇藝術的特色是「載歌載舞」，但與其他劇種不同之處在於，崑劇的「舞」是緊密地依附於「歌」的，亦即身段動作是為了詮釋曲文，這種詮釋性有兩個層次，一是「指事」，即單純地交代人、事、時、地、物，二是「出情」，以描摹人物的性格、情緒、心態〔註42〕（周傳瑛 1988：131；陸萼庭 2005：14～20）。也就是說，為了準確地詮釋曲文所描寫的表面之「事」與隱含之「情」，身段動作必須與曲文詞義有所對應，而曲文的音樂又是依字聲而編寫，故身段動作需與曲子的行腔與節奏緊密結合，在「載歌載舞」中，表演出人物的特定情感與心態，此即上海崑劇團導演周志剛所說的「因字生腔，腔生動作」〔註43〕的表演特色。由於崑劇的身段表演是依附於曲文劇情，結合曲子音樂以表現特定人物，因此可說崑劇表演藝術的核心在於曲唱，所以演員必須先把曲子唱好，亦即合乎崑曲唱曲的規範；字清（咬字清楚）、腔純（音準氣足）、板正（節奏準確），之後才能準確地運用身段、程式來表達、強化劇中人物的所言所想；換言之，因為崑劇的「手、眼、身、步、法」需要嚴絲合縫地與唱腔配合，所以如果曲子唱得不合規範，表演也就很難做到細緻嚴謹，而崑劇表演藝術的精華，正是以無數個細緻嚴謹的「小動作」精雕細刻出各色人物（周傳瑛 1988：143），這也是俞振飛的崑劇雖然受到京劇影響，但其表演仍被崑、京各界認為具有「崑味」，原因就在於，俞振飛的曲唱仍然恪守規範，故其身段表演能與曲子緊密結合，以準確地詮釋曲文並演繹人物。在大致瞭解曲唱對於崑劇表演的重要性之後，以下就僅舉曾為崑曲

〔註42〕「指事」與「出情」是周傳瑛談崑劇表演中身段的作用，他提出身段要表達的內容可分 3 方面：指事、化身、出情，「指事」是用於指示時、地、物，「化身」是用於表明人物的年齡及身份等，「出情」是表現人物的性格或情緒（1988：131），筆者認為「指事」與「化身」都是為了交代說明，故合併為一。

〔註43〕周志剛。訪談。臺北市錦安二區民活動中心。2014 年 12 月 26 日。

藝生的京劇演員李光玉，在網路課程中示範崑曲唱腔爲例，用以說明臺灣崑劇的京劇化傾向爲何需要更多關注與討論。

　　李光玉在「崑曲旦角腳色行當介紹及唱腔學習」〔註44〕的網路課程中示範了〈遊園〉的曲牌【皂羅袍】，以第一句「原來姹紫嫣紅開遍」爲例，對照俞振飛據其父俞粟廬所授的崑曲唱法而著的《粟廬曲譜》，李光玉所唱並不完全合乎唱曲的規範。首先，「來」有兩個工尺，分別爲「四上」〔註45〕（低音La、Do），腔盡之後才換氣，由於崑曲是依字行腔，唱的不僅僅是「腔」，更要把「字」唱清楚，所以每個字要用反切的方式，分爲頭、腹、尾來唱（俞振飛 1982：6），因此「來」應該要唱成「la-ai」，把腔唱完字才算唱完，但李光玉在唱第一個音「四」（低音La）時就先把「lai」唱完，換一口氣後再唱第二個音「上」（Do），此時再把「來」的後半部「ai」重唱一次，結果聽起來就變成「lai、ai」兩個字。次者，「姹」爲去聲字，不應該使用僅用於上聲字及陽平聲濁音字的「罕腔」〔註46〕唱法，李光玉卻誤用罕腔來唱，導致改變字聲（稱爲「倒字」），以下的「嫣」與「遍」也是同樣如此錯用罕腔。另外，如「原」的發音應近似「yuen」而非如京劇發成「yuan」、唱曲時應避免用聲音打拍子〔註47〕、避免任意添加小腔〔註48〕，等等，種種不合規範之處，細究其故，正是因爲李光玉受到京劇唱法的影響，將京劇的咬字習慣及自由發揮的演唱風格帶入崑曲，而忽略了崑曲曲唱的含蓄婉轉、嚴謹細緻等藝術特

〔註44〕該節課是臺灣戲曲學院「走進臺灣戲曲大觀園」的網路課程中，第九週「認識詩歌樂舞美典的崑劇藝術」課程的第二節「崑曲旦角腳色行當介紹及唱腔學習」中的唱腔示範（https://youtu.be/l5CyMxgfAnM。檢閱日期：2015 年 1月 26 日）。

〔註45〕「工尺」是崑曲的記譜法，「上尺工凡六五乙」分別是「Do，Re，Mi，Fa，Sol，La，Ti」，所以傳統的崑曲曲譜稱爲「工尺譜」。

〔註46〕罕腔的「罕」字應爲口字邊的「口罕」，但電腦的中文輸入並無此字，故以「罕」字取代之。《振飛曲譜》中的〈習曲要解〉中載明 14 種崑曲唱法，其中罕腔唱法是「出口時要用力噴吐，出音比本工尺稍高一些，但時間很短，最多不能超過半眼（按：即半拍），就要回到本工尺，這就是罕腔。所謂稍高一些者，要注意不能過高，只能虛唱，不能唱實，以悅耳爲度。」（俞振飛 1982：21）。

〔註47〕因崑曲一字有多腔，又常有一個腔拖上 3 拍甚至 4 拍，初學者爲了數拍子，常不自覺地以一拍一頓的節奏來唱，這就是用聲音打拍子，老師都會提醒初學者要避免。

〔註48〕崑曲音樂與字的四聲陰陽有關，若不明聲律而隨意添加小腔也可能會產生倒字，例如去聲「姹」會變成陽平聲「查」，有時小腔雖然不會造成倒字，但卻會顯得過於花俏而失去崑曲雅靜的韻味。

色。但是這樣京劇化的崑曲，卻是在一個免費提供給「民眾自修、各級學校老師提供學生預習、課後補充教材，或作為課堂翻轉教室使用。」〔註49〕的課程中展示，換言之，對上課學員來說，這就是他們接收到的崑曲樣貌，再進一步推論，當學校老師以此為補充教材教導學生，這種「京劇化崑曲」就會以「傳統崑曲」之姿繼續被傳播下去，並且在傳播的過程中，逐漸被認知為傳統崑曲該有的樣貌。於此同時，李光玉也在戲曲學院的京劇學系學院部教授崑劇，影響所及，京劇坐科的學生恐怕無法因此對崑劇有更正確的認識與瞭解，另一方面，對京劇學系學生或京劇年輕演員來說，學習崑劇的目的更多是為了提昇本身京劇技藝，而非志在傳承崑劇，這樣的學習對於京劇藝術發展自然是有加分作用，但是卻無益於崑劇藝術的保存及延傳。

　　然而，京劇演員的深度參與僅是臺灣崑劇京劇化的催化劑，究其根本，是起因於對崑劇有影響力的學者對於「京劇化」做正面解釋，換言之，對崑劇擁有話語權與解釋權的學者，做為臺灣崑曲文化菱形中的中介者，其如何看待崑劇與京劇的差異，大大地影響了菱形中的創作者與接受者對臺灣崑劇京劇化的態度。從臺灣崑曲的發展來看，正是由於學者透過傳習計畫提供京劇演員學習崑劇的機會，不只開辦藝生班，在學者的推動下，京劇團也開設崑劇課，而接受任何一個這類學習課程的京劇演員，都能夠被認可為具有「崑劇專業」能力，從而成為臺灣崑劇的「專業」創作者，而崑劇演員溫宇航的加入與合作，在其兼演崑、京的情況下，更是淡化了兩個劇種的根本差異，並加深了「京崑一家」的錯誤印象；至於接收者，不但透過這群創作者所展示的京劇化崑劇來認識被稱為「世界非物質文化遺產」的崑劇，同時也被學者教育，將京劇化的崑劇認知為已經本土化的、具有臺灣特色的崑劇。因此可以說，在權威中介者的教育、專業創作者的展演，及接收者的詮釋之下，臺灣的崑劇已經逐漸被形塑為京味崑劇，並且將之認知為專業的傳統崑劇展示。這就是臺灣崑曲當前的處境，崑劇的藝術特質正在消解中，崑曲藝術的內在精神也不再受到重視，循此情勢繼續發展，臺灣崑曲的未來形貌將會距離傳統越來越遠。

〔註49〕引自臺灣戲曲學院於「學聯網」上所開設的線上課程「走進臺灣戲曲大觀園」的「課程說明」。http://www.sharecourse.net/sharecourse/course/view/courseInfo/342。檢閱日期：2015 年 1 月 26 日。

第三節　唱曲活動的式微與藝術特質流失

　　除了藝生班的開設使臺灣崑劇表演邁向專業化，以及京劇演員深度參與形成臺灣崑劇京劇化之外，第三個臺灣崑曲發展的重要轉折與影響，就是唱曲活動的式微所帶來對於崑曲藝術特質流失的擔憂，相較於之前兩個發展轉折，唱曲活動的式微是緩慢形成而不易察覺，其影響也非顯而易見，但卻值得多加關注與持續觀察。本節將分為兩個部份進行探究：（一）唱曲活動的式微，旨在釐清唱曲活動逐漸式微的過程及原因；（二）崑曲藝術特質流失的擔憂，分析唱曲活動式微的情況，將如何可能地造成崑曲藝術特質的流失。

一、唱曲活動的式微

　　在 1990 年代以前，臺灣崑曲活動除了將崑曲做為中國文學進行教學與研究之外，主要就是曲友的唱曲聚會，間或以彩演自娛娛人，整體來說，無論是唱曲或演劇仍是屬於少數人的愛好活動，但是隨著傳習計畫開辦、中國的崑劇團來臺演出、京劇演員及京劇團參與，以及各崑曲團體陸續成立，參與演劇活動的創作者、中介者及接收者日益增多，使得臺灣崑曲的演劇活動在進入 21 世紀之後，呈現出一片繁榮景象，但於此同時，唱曲活動卻相反地呈現日漸式微的景況。臺灣從事唱曲活動的曲社，最主要也最重要的是臺北同期與蓬瀛曲集，其所舉辦的曲會活動的盛衰，足以代表臺灣崑曲唱曲活動的變化，本文以下就從這兩個曲會的活動變化切入，分析唱曲活動式微的過程與原因。

　　台北同期（以下簡稱「同期」）主要參加者，除了來臺的第一代曲友之外，主要是徐炎之的學生及再傳學生，以筆者參加同期曲會的經驗來說〔註50〕，1990 年代的同期曲會相當活躍，因為不只資深曲友聚會唱曲，校園崑曲社學生也會去練習並觀摩，同時也會在曲會排戲。當時也是中國崑劇演員經常來臺或演戲或教學的時期，所以曲會還兼具有「見面會」的功能，

〔註50〕曲社是曲友組織的非正式社團，而曲會則是曲友的聚會，在臺灣，目前曲會舉行的方式是由曲友輪值擔任主人，每次由 1 至 3 位曲友承值，主要任務是提供場地以及準備茶水、點心，而曲友的輪值時間以及曲會通知都是由曲社主持人安排，後來為免去曲友尋找場地與購買茶水、點心的麻煩，曲社主持人包辦承租場地與購買茶點的工作，承值的曲友只要支付場地租金與茶點費用即可。

幾乎所有一級演員們都曾經受邀出席曲會，或獻唱或表演，令老、中、青曲友都有機會近距離觀摩欣賞。然而，因為同期的主要參加者是徐炎之的學生們，而這些曲友同時也是水磨曲集團員，所以，大約自 2000 年以後，隨著水磨曲集的演出活動增加，因為團員需要利用週末學戲、排戲的關係，致使他們經常無法出席參加同期的曲會，同時，由於校園崑曲社也多是由這些曲友在帶領，他們不參加曲會的話，自然也不會將校園崑曲社學生帶去曲會。因此原本應該每次平均有 20 位曲友出席的曲會，人數逐漸減少，筆者甚至曾經參加過連同主人與笛師總共不到 5 位曲友出席的曲會，相較於 1990 年代的熱鬧時期真是令人感到遺憾。這種情況到了 2009 年，水磨曲集的成員開始考慮是否停辦同期的曲會，因為團務繁忙，周末不但是開會時間，也是自辦的崑劇推廣課程的上課時間，主持同期並出席曲會變成一個沈重負擔，況且曲會的出席曲友越來越少，副團長陳彬認為水磨曲集應該以團務為重，但團員周蕙蘋認為同期是徐炎之留下來的志業之一，應該要繼續下去，所以就改由周蕙蘋個人承擔主持工作，因為出席人數大減，故將原來隔週一次的曲會改為隔兩週一次，因此同期曲會才能繼續舉行至今〔註51〕。蓬瀛曲集（以下簡稱「蓬瀛」）的曲會則沒有類似同期曲會的曲折變化，主要原因在於該曲社本來就以清唱為樂，其中由於夏煥新在師大崑曲社授課，所以該社學生也常參與曲會，至今仍有多位曲友是當時的學生，如劉玉明、郭文珠等人，然而在 1988 年夏煥新過世以後，基於不明原因，師大崑曲社學生就不再參加蓬瀛的曲會，但即使如此，據蓬瀛的主持人劉玉明所言，曲會參加者雖然來來去去，出席人數卻一直都能保持約有 20～30 人〔註52〕。

　　整體而言，雖然兩個曲社每次曲會少則有 10 數人、多則超過 30 人的出席人數，在特別的日子，例如中秋曲會或年終曲會，出席人數甚至可能多達 50 人，但周蕙蘋及劉玉明也都表示，如今固定出席兩個曲會的曲友幾乎相同，經筆者的觀察，蓬瀛有部份曲友，尤其是樂師，不會出席同期的曲會，但同期的曲友卻會參加蓬瀛的曲會。然而，從出席人數來看，這看似與過去數十年沒有什麼不同的表象，進一步深究就會發現，進入 21 世紀之後，曲友總人數其實是呈現幾近停止成長的狀態，因為在此之前，兩個曲社各有一部份曲

〔註51〕周蕙蘋。訪談。臺北市耕莘文教院。2014 年 10 月 5 日。
〔註52〕劉玉明。訪談。臺北市錦安二區民活動中心。2014 年 10 月 12 日。

友是只擇其一參加的〔註53〕，例如筆者就只參加臺北同期，如今，出席兩個曲會的曲友幾乎固定也都相同，而且當中以資深曲友為多，新進的年輕曲友寥寥無幾，筆者根據 2012 年的曲會出席名單粗略估計〔註54〕，在 2000 年以後參加校園崑曲社的學生，後來仍持續參加曲會者僅約 5 人，如此看來，唱曲活動一方面曲會次數減少，一方面曲友人數幾無增加且進入高齡化，其實已是呈現式微的景況。

　　然而這一切是如何形成的？筆者試圖從兩方面來探究：一是曲友的培養，一是曲會的功能。首先，關於曲友的培養已於第三章第二節討論過，主要是經由兩個管道：一是校園崑曲社，一是對社會大眾開設的崑曲研習班，兩者都是以崑曲的演劇形式吸引接收者，課程內容主要是透過學習身段表演認識崑劇藝術，學員若因而對唱曲產生興趣，進而開始不定期參加曲會者，則成為曲友。但上文曾提到，在 1990 年代尚有包括臺大、師大、東吳、政大、銘傳、輔大等，多所校園崑曲社學生會不定期參加曲會，但也大約自 1990 年代中期開始，這些校園崑曲社有的倒社，如銘傳、輔大〔註55〕，有的歷經倒社又復社，如東吳，政大崑曲社則是在慘澹經營數年後，到 2014 年已是處於休社的狀態〔註56〕，只有臺大與師大兩校的崑曲社尚能維持運作不曾間斷，但是這些社團學生卻又大多不清楚有曲會可以參加〔註57〕，因此，從校園崑曲社培養的曲友人數就大為減少；另一方面，水磨曲集以及台北崑劇團從 2006 年起各自開設崑曲研習班，絲竹京崑劇團則在臺北社區大學開設崑曲課，這

〔註53〕據聞是因為徐炎之不許他的學生去參加蓬瀛曲集，所以雖然有少數學生會私自出席蓬瀛的曲會，但大多都不敢擅自參加（朱崑槐。訪談。朱崑槐自宅。2014 年 10 月 1 日）。這個界線是在 1989 年徐炎之過世之後才慢慢消失，以筆者的經驗而言，雖然從未曾被明白規定不許參加蓬瀛的曲會，但確實是有此氛圍及默契，故筆者是在 2000 年以後才偶爾參加蓬瀛的曲會，如今年輕曲友甚至分不清兩個曲社的差異。

〔註54〕兩個曲會都備有簽名本供出席曲友簽到。

〔註55〕2011 年輔大成立「傳統戲曲表演研究社」，同時學習京劇、相聲、崑曲等傳統戲曲的表演與研究，但是因為相較於其他戲曲，崑曲師資較容易找到，所以目前較偏重在崑曲的學習（社長白雨荷。訪談。臺北市耕莘文教院。2015 年 4 月 5 日）。

〔註56〕政大崑曲社社長盛禾。訪談。臺北市羅斯福路星巴克。2015 年 3 月 30 日。

〔註57〕根據筆者對臺大崑曲社社長簡捷及其社員，以及師大崑曲社社長李彥柏及其社員所做的訪談，他們大多表示不知道有曲會可以參加，或者曾耳聞但沒有人帶領。（訪談。臺大學生活動中心。2015 年 3 月 25 日；師大學生活動中心。2015 年 3 月 31 日。）

些課程都同時教授唱腔及身段〔註 58〕，然而，曲會中卻極少見到這些課程的學員，因此也可說，這些崑曲研習班雖然培養了許多崑劇觀眾，但是卻未曾培養出新進曲友。

次者，曲會主要的功能是曲藝的交流與切磋、唱曲的觀摩與學習，甚至有一度成為曲友排戲吊嗓之所，且舉曲家焦承允為例，他在曲會中若聽到有曲友某些地方唱得很好聽，就會將那些值得學習的腔格標示在曲譜中，故其編訂的《壬子曲譜》及《蓬瀛曲集》兩本曲譜在某些小腔的表現上是不大相同的〔註 59〕，這個例子說明，早期曲友在曲會中不只唱曲自娛娛人，也會彼此交流切磋曲藝；而對新進曲友而言，在影音器材尚未普及的年代，曲會是除了唱曲課程之外，能夠多方向前輩觀摩學習的地方，及至影音器材普及便利，加上中國職業崑劇演出的影音資料取得容易，甚至可以親眼見到中國頂尖崑劇演員的舞臺演出，也可以直接跟這些藝術家學習崑劇，曲會就不再是唯一可以觀摩學習的地方，同時間，由於曲友對演劇的興趣較之以往更為提高，願意投注更多心力在研習崑劇表演上，而舉行曲會的場地有足夠的空間，可以提供給校園崑曲社及崑劇團排戲之用，故曲會一度成為排戲及吊嗓的地方；進入 21 世紀以後，一方面，因為崑曲研習班增設，相較於帶有休閒性質的曲會，這些既學身段也學唱腔的研習班，更能讓有意進修的曲友及新進初學者有效率的學習，另一方面，隨著網路發達，資料的搜尋與取得更加方便快速，影音網站提供上傳、下載崑劇名家表演的影片，學習崑劇的管道變得更多元，學習方式也變得更自主，不再如同以往，需要依賴老師或前輩的口傳心授；此外，因為曲會場地變更，不再有足夠空間排戲，同時社團學生減少、學習及排練方式改變，崑劇團則是另有排戲場地，所以曲會也逐漸失去排戲的功能，而社交網站、通訊軟體的便利，也使得曲藝的交流與切磋不再侷限於曲會中進行。

綜上所述，無論是校園崑曲社還是崑曲研習班，雖然整體來說是培養了不少崑劇學習者，但其中轉而成為曲友的卻很少，這使得新進曲友人數不如以往，年輕新血不足，也造成曲友的高齡化；而借助於發達的網路，交誼、討論、學習、觀摩、欣賞等皆可透過網路進行，致使曲會原來具有

〔註 58〕 水磨曲集的課程由水磨團員授課，臺北崑劇團是由周志剛及朱曉瑜夫婦授課，絲竹京崑劇團在臺北社區大學的課則是先後由吳陸森、李光玉、楊莉娟授課。

〔註 59〕 劉玉明。訪談。臺北市成功國宅。2015 年 4 月 18 日。

的交流切磋、觀摩學習功能不再重要，場地空間的不足則使投注於崑劇表演的曲友不再到曲會排戲〔註 60〕，這些都是造成唱曲活動式微的原因。如今的曲會，是一個主要以唱曲自娛的場合，而每當中秋曲會或年終曲會等清唱大會舉行之前，準備登臺表演的曲友則會在曲會中加強練習，偶爾也會有個別曲友為準備崑劇演出而吊嗓，從表面上看來，兩個曲社的每次曲會仍然能夠保持約有 15～20 位資深曲友經常出席，出席曲友也都能唱得盡興而歸，一切似乎與以往無異，卻也因此，唱曲活動實際上面臨著逐漸式微的情況難以被察覺。

新進曲友人數不足、曲友總人數成長減緩、曲會舉行次數減少、曲會功能減退等，都是唱曲活動式微的具體表現，影響所及，是唱曲對於崑曲藝術的重要性不再被重視，更令人憂心的是，崑曲藝術的特質將因此而逐漸流失。

二、崑曲藝術特質流失的擔憂

上一節曾透過崑劇「歌」與「舞」之間的緊密關係，簡單說明崑劇表演藝術核心在於曲唱，而曲唱所遵行的規範，其實是出自清曲家對唱曲的要求，從魏良輔的《曲律》、沈寵綏的《度曲須知》，到俞粟廬的〈度曲芻言〉、俞振飛的〈習曲要解〉，都曾提出明確的規範，以〈度曲芻言〉來說，俞粟廬提出度曲（即唱曲）9 項要求：解明曲意、調熟字音、字忌含糊、曲嚴分合、曲須自主、說白情節、高低抑揚、緩急頓挫、鑼鼓忌雜〔註 61〕，可以看到，所謂度曲，不是只有要求唱者的聲音技巧而已，更講究從理解曲意切入，以唱曲技巧表達出曲情。雖然崑劇之「唱」有時為了因應表演需求而跳脫規範要求，比如不辨四聲陰陽，被清曲家認為不可取，但其仍是與唱曲規範同源，這是因為崑曲藝術的發展是先「曲」後「劇」之故，這兩個系統看似各自獨立，實際上卻是互相交流、彼此影響的關係，曲家鑽研唱曲有得，連演員也會就教於曲家，如文字學專家兼曲家鈕樹玉（1760年～1827 年）曾教導名伶金德輝演戲，言：「歌某聲，當中腰支某尺寸，手

〔註60〕 蓬瀛曲集自 2013 年起開始舉辦彩演，所以在排練期間，蓬瀛會在其租用的曲會場地再加租其他空間以做為排戲之用，至於臺北同期，其曲會場地仍然沒有多餘空間可以排戲。

〔註61〕 引自吳新雷《20 世紀前期崑曲研究》附錄中所收錄的全文（2005：249～254）。

容當中某寸，足容當中某寸」〔註62〕，道盡曲家重視身段與曲子的配合程度，也正是這種嚴謹的要求，形塑了崑劇表演講究細節、恪守尺寸的特色（陸萼庭 2002：495～496、2005：35～36）。如此看來，唱曲可說是崑曲藝術之本，它自成體系，同時也造就了崑劇藝術的特色，從另一個角度來看，源自文人詞曲吟唱的崑曲，也帶著文人對文學、音樂、戲劇的審美品味，先後形塑出唱曲與演劇的藝術特色，都是具有雅靜、婉轉、含蓄、細緻的風格，在技藝方面，則都呈現出講究細節、恪守尺寸的特色，因此也可以說，演劇固然引人入勝，但真正要品評崑曲藝術，則需要從唱曲著手，因其能充分表現出崑曲藝術的本質與精神。

從崑曲活動發展來看，歷史上一直都有一個人數較少但具有影響力的社群，維持對唱曲的熱愛並鑽研其中，這個社群最早是文人階層，待文人階層消失後，由社經地位較高的知識分子組成的「曲友」所取代，但隨著社會的專業化與分工化，崑曲的知識擁有與研究，已是屬於中國文學的專業領域，崑曲演劇的技藝學習與實踐，則是屬於戲曲學校與崑劇團的專業領域，但是崑曲唱曲的技藝學習與實踐，卻沒有被納入傳統音樂的專業領域，只留在由來自各行各業的人們所組成的「曲友」當中。如今，已經沒有真正致力於研究唱曲的曲家，曲友幾乎都向崑劇名家學習曲唱，因此，唱曲的形式雖然仍被保留，但其內涵逐漸與崑劇的曲唱合而為一，亦即陸萼庭所說的「清曲向劇曲靠攏，與劇曲結合」（2002：503），不過，曲友仍然能夠透過研讀工尺譜，如《粟廬曲譜》，以熟悉腔格與唱法，進而能辨四聲陰陽，更重要的是，持續投入唱曲的學習與實踐。相較於演劇，唱曲是欣賞門檻較高的藝術形式，曲友除了從唱曲得到文學與音樂的美感經驗，為了明白曲意、分辨字音而閱讀相關書籍，則是進入知識追求的智性活動，讓唱曲不只是單純的休閒娛樂，而是一條成為崑曲藝術鑑賞者的路徑。

臺灣在 1987 年以前，曲友以曲社的型態，在延續唱曲傳統的同時，也致力將演劇傳承下去，這個時期的曲友，多數還保持文人唱曲的傳統，專注於研究曲子的唱法、腔格及文詞、音律，如許聞佩、焦承允、徐炎之、夏煥新等人，因此被稱為曲家，不過，其後輩學生大多對演劇的興趣更高，水磨曲集的成立，就標誌著曲友將興趣重心自唱曲轉向演劇。到了 1990 年

〔註62〕轉引自陸萼庭〈談崑劇的雅和俗〉（2005：35）。

代，不只曲友的興趣轉向，連學者對崑曲的研究也以「劇」為重心，加上
中國職業崑劇團來臺展演，演劇活動開始進入活躍的時期，社會大眾都是
從演劇認識崑曲藝術，對大部份人而言，「崑曲」就是「崑劇」；另一方面，
曲友以崑劇演員為師，學習唱腔與身段表演，對演劇的熱情與研究多過於
唱曲，學唱曲子多半是為了演戲，將登臺為做為習曲的最終目的，而這種
學習觀念，也被帶進校園崑曲社及崑曲研習班，因此，進入 21 世紀後，大
多數的崑曲接收者只知道有「劇」，卻未曾認識「曲」。由於崑曲的中介者，
包括曲友、學者、經紀公司、基金會等，主要都以「崑劇」為文化物件進
行中介，例如白先勇製作《牡丹亭》，在宣傳期間的所有講座、訪談，以及
之後出版的相關著作，都是以該製作為主題內容，即使是在臺大舉辦的「崑
曲新美學」講座，也是由這個製作而衍生的課程，因此，崑曲雖然成功地
以演劇形式擴大了欣賞人口，但這些人口卻無法有效地轉為唱曲欣賞者，
雖然培養不少崑劇觀眾及學習者，但從中培養出的新進曲友卻寥寥可數，
這也意味著，具有崑曲藝術鑑賞及品味能力者，其實沒有隨著崑劇學習者
增加而更多，在這情況下，加上曲友總人數逐漸減少、曲會次數減少及功
能減退，在在顯示唱曲活動已經走向式微，並且在演劇活動興盛的光芒下，
做為崑曲藝術之本的唱曲，其重要性逐漸被不被看見，這同時也意味著，
崑曲藝術的特質將會越來越受到忽略。

　　由於曲友對演劇的熱情大過唱曲，很多人為了演戲才學曲，所以經常花
更多時間在身段動作的練習與鑽研，對於曲唱，反而將之視為是身段表演的
附庸，忽略了「舞」只能是依附於「歌」，並且為詮釋「歌」而存在的，因此，
做出來的身段經常無法準確表達人物表感，甚至流於「為做而做」，以追求身
段動作的曼妙流暢為目標。不只曲友如此，兼演崑劇的京劇演員更是如此，
當然這同時也是因為受到京劇的習慣所影響，以下且舉華文漪所教的〈牡丹
亭·驚夢〉曲牌【山坡羊】第一句「沒亂裏春情難遣」中「春情」兩字為例
說明。這兩字的動作只有先用右手向右掠眉並向右看，再用左手向左掠眉並
向左看，由於「春」字腔少、「情」字腔多，兩字總共唱 6 拍，其中「春」佔
1 拍，「情」卻佔了 5 拍，所以這兩字的情感表達重點在於「情」字後 4 拍，
而動作重點就在向左看的眼神以及左手的掠眉，演員要將動作過程準確地分
配在這 4 拍的行腔之中，而且，在腔盡的同時，掠眉動作要剛好做完停止，

眼睛也要剛好掃至左邊，同時將眼神投向遠方並定住，在這 4 拍之中，唱腔、眼神、動作精準配合，將杜麗娘講出「春情」時，既羞怯又熱烈的情感，在聲情之中，透過身段細膩地表現出來；然而，曾為崑曲藝生的京劇演員唐瑞蘭在 2005 年演出這個版本時〔註63〕，這兩個字的動作只有把右手向右邊桌面指出，不但身段動作沒有配合唱腔節奏，連眼睛的動作也沒有配合曲文傳情達意，在「春情」兩字 6 拍之中，唱腔、眼神、動作三者間幾無配合，這正是因為沒有弄明白曲意，包括文詞、腔格及人物情感，所以才做出不夠講究、可稱之為「含糊」的表演。但是京劇演員之所以如此，是受自身紮實的京劇訓練所影響，情有可原，但做為核心觀眾群之一、理應具有更高鑑賞能力的曲友，若不了解「曲」之於「劇」的重要性，崑曲藝術特質就會隨著每次崑劇展演而逐漸流失的，而這情況確實正在發生中。

綜上所述，唱曲活動的式微可視為是臺灣崑曲發展失衡的結果，是人們過度偏重演劇形式的推廣與傳承所帶來的副作用，因此，在演劇興盛及崑劇京劇化的雙重效應下，「曲」之於崑曲藝術的重要性就逐漸被忽略了。不過，這個現象似乎已經開始引起部份曲友的注意，台北崑曲研習社自 2010 年開始，對外開設唱曲班，主要講授工尺譜及唱曲的技法與相關知識，社長韓昌雲表示，他希望新社員能在加入的頭 3 年，專注於唱曲的學習，之後社員就可以憑己意去學身段表演〔註64〕。筆者在 2014 年台北同期舉辦的中秋曲會中，聽到台北崑曲研習社新社員的表演，確實表現得不錯，所以，或許臺灣崑曲的未來沒有那麼不樂觀。

從文化菱形的架構來看，唱曲活動的式微，反應在曲友——兼具創作者、中介者、接收者三種身份——這個群體總人數的萎縮。筆者曾於第三章第二節提出，曲友是最忠誠的崑曲接收者，他們構成了臺灣崑曲最基本的欣賞人口，同時因為深入學習，曲友應該也是較具有鑑賞能力、能夠分辨崑曲藝術特質的接收者，因此也就更容易成為崑曲傳統的擁護者；而作為創作者，曲友清唱崑曲、串演崑劇，都是為了再現、傳達其所認為美好的崑曲藝術，而

〔註63〕 參考自筆者收藏的演出光碟。這是臺崑於 2005 年在桃園文化中心演出的《牡丹亭之杜麗娘》，由唐瑞蘭飾演杜麗娘，筆者飾演春香。該次演出是以〈遊園驚夢〉、〈尋夢〉、〈寫真〉、〈離魂〉四齣折子戲組成的串本戲，其中〈遊園驚夢〉大致採用華文漪的版本，其他三折則以張繼青的版本為主。

〔註64〕 韓昌雲。訪談。臺北市八德路伯朗咖啡。2014 年 9 月 29 日。

這美好通常是指那些傳統經典，因為正是傳統經典吸引了曲友進入崑曲藝術的世界；也是出於對傳統崑曲純粹的熱愛，曲友作為中介者，都是義務性地投身於教學與推廣；基於上述原因，曲友成為參與臺灣崑曲活動的主要群體。然而，曲友的總體人數萎縮，意味著具有高度鑑賞能力且忠實的接收者、唱與演皆以崑味見長的創作者，以及義務投入崑曲傳承與推廣的中介者，其實是在逐漸減少中，因為當新進曲友人數無法依一定比例增長，就代表著整體投入學習、鑽研崑曲的曲友人數逐漸減少，其中能夠在未來成為傳承與推廣崑曲的中介者，必然也會跟著減少，而這將使得原來在臺灣崑曲發展中佔有重要位置的曲友，將逐漸失去其持守、延續、傳播傳統崑曲的關鍵作用，影響所及，正是崑曲藝術特質的逐漸流失，因為文化菱形中行動者的質變，也將造成臺灣崑曲樣貌的改變，因此，曲友除了需要重新重視唱曲藝術之外，也需要更積極地培養新進曲友，唯有如此，崑曲才不致於在未來逐漸模糊了其傳統面貌。

第四節　小　結

本章聚焦於 1990 年代中期之後，臺灣崑曲發展的陸續出現的三個重要轉折，探討這些轉折如何影響當時的臺灣崑曲發展及未來的方向。其中有明確轉折點的是崑曲傳習計畫轉型，在原有的崑曲研習班之外開設藝生班，招收包括曲友及職業京劇演員，接受相對密集的崑劇培訓，在藝生班達成讓臺灣崑劇邁向專業化的目標的同時，也開啓了京劇演員深度參與崑劇演出之門。雖然京劇演員參與崑劇演出已有歷史，但真正成為臺灣崑劇演出主力，則是在藝生班結束前一年，臺灣崑劇團以其為主要團員而成立，隨著京劇演員參與崑劇演出日益加深，臺灣崑劇也不可避免地向京劇化傾斜，對此，學者不但認可京劇演員的崑劇專業性，同時也認同臺灣崑劇的京劇化是本土化的表現，然而，不同於此的意見，是將崑劇京劇化視為一個崑曲藝術面臨失傳的危險信號，因為在京劇化的過程中，崑劇的藝術特色不可避免地被消解，從實例來看，這的確正在發生中。除了崑劇京劇化的危機之外，曲友總人數逐漸減少、新進曲友人數增長緩慢、曲會舉行次數減少、曲會功能減退等現象，表現出唱曲活動正走向式微，在演劇興盛與崑劇京劇化的雙重效應下，不但兼演崑劇的京劇演員未能重視崑劇之「曲」，連曲友也因為興趣重心轉向演

第五章　結　論

　　本論文從臺灣崑曲的發展歷史出發，從中整理歸納出三個發展的關鍵因素；民間自發性傳承與推廣、以演劇形式擴大欣賞人口、文化政策營造發展環境，並借用文化菱形的架構，分析參與其中的人們——創作者、中介者、接收者——如何在個別行動及彼此互動中，促成臺灣崑曲的發展。接著指陳自1990年代中期開始，陸續出現的三個發展上的重要轉折以及其影響；藝生班的開設與崑劇專業化、京劇演員的參與與崑劇京劇化、唱曲活動的式微與藝術特質流失，從中可見，因為創作者、中介者的組成有所變化，影響了接收者對崑曲藝術的認知，三者在互動中逐漸形塑出現今的臺灣崑曲樣貌。

　　縱觀崑曲自1949年在臺灣落地生根開始，發展已經超過60年，除了欣喜於臺灣崑曲已經在地成長茁壯之外，也需要開始反思在追求發展的同時可能失去些什麼。三個關鍵因素讓我們看到，在非崑曲原生地的臺灣發展崑曲藝術，中介者是相當重要的推動力量，而三個重要轉折則提醒我們，在追求崑曲普及化的同時，極可能因此犧牲了崑曲藝術的獨特性。

　　從三個關鍵因素到三個重要轉折，呈現的是臺灣崑曲發展的失衡現象，為了要讓更多人認識崑曲藝術，中介者採用容易親近的演劇形式，並在政府的經費支援與國家京劇團的資源配合之下，以各式崑劇展演節目來吸引社會大眾目光，的確收到了相當大的成效，但一些潛在的失傳危機也隨之逐漸浮現。由於臺灣崑曲的發展活動，向來是由民間個人或團體各別主動進行，而非在一個具有全觀概念的計畫下有系統地被執行，因此有所疏漏及偏行在所難免，但是，在臺灣崑曲發展尚未能如願被納入國家傳統戲曲政策以前〔註

〔註 1〕　臺灣崑劇團團長洪惟助及蘭庭崑劇團團長王志萍都曾表示，他們劇團的存在
　　　　　是階段性的，希望未來能由國家劇團接手，或者將崑劇人才養成納入正規戲

1〕，相信仍然會是由民間這些中介者繼續著傳承與推廣的志業，也就是說，中介者依然會是決定臺灣崑曲往後發展走向的關鍵角色，而歷史正是一面借鏡，讓我們能夠以更全面的觀點，思考過去所為的優點及缺失，做為未來發展的參考。故此，筆者認為「培養曲友」與「保存傳統」，應該是需要加以重視的兩個面向。

一、培養曲友

在崑曲中介者之中，以「曲友」這個群體最為特殊，因為曲友既是具有鑑賞力的接收者，也是有技藝能力的創作者，但更重要的是，對崑曲懷有使命感，一如顧篤璜所說的「像傳教士般虔誠地傳佈著崑劇」〔註2〕，因此，較之其他中介者，曲友具有以下特性：

（一）具有業餘者特有的熱情。曲友憑著對崑曲深切的喜愛及不可抹殺的興趣，甚至是具宗教情懷般的使命感，不計報酬地投入傳承工作，只為讓更多人有機會及能力欣賞崑曲的美，所以曲友的主動性最強，總是盡其所能地將崑曲傳播下去。

（二）具有藝術實踐的能力。曲友當然以唱曲見長，當中有許多人也能演戲，所以能夠從實踐中體驗崑曲藝術的精華，並且以創作者的身份，將自身對於崑曲藝術的理解與詮釋，透過展演傳達給接收者。

（三）自成一個傳承體系。經過數十年的耕耘，臺灣的「曲友」已然自成一個傳承體系，是以曲社及校園崑曲社為主要的傳承場域，前者以唱曲為主，後者以演劇為主，兩者是既平行也垂直的關係，換言之，校園崑曲社以演劇為誘因，吸引學生入門學習，爾後有興趣進一步學習者，則引介參加曲社舉辦的曲會專注學習唱曲，如此學生在畢業之後，就能夠在曲社中繼續進修，有志於傳承者則能夠帶領後輩學弟妹學習。

這三個特色使得曲友能夠做到其他中介者難以完成的事：在地深耕，因為往下扎根是一個長久的志業，需要有志於此的義工長期投入才能逐漸看到成果，畢竟展演、講座等活動是一時的，長期在地耕耘才是根本之道。雖然

曲教育體系中（洪惟助。訪談。臺北市南京西路星巴克。2015 年 3 月 8 日；李巧芸 2014：379～380）。

〔註 2〕顧篤璜現為中國蘇州崑劇傳習所所長，此句引自他於 2005 年在中央大學辦的「崑曲國際學術研討會」上所發表的論文〈關於「崑劇衰落」的新思考〉，該文收錄於《名家論崑曲（上）》（2010：372）。

都說崑曲已經在臺灣扎根成長，但嚴格說來，眞正扎根的地方只在以臺北市爲中心的大臺北地區，只有這裏才有崑曲傳承的傳統，包括曲社、校園崑曲社，連崑劇團也幾乎都立足於此，但這同時也表示，崑曲在臺灣仍然有很多成長的空間，只是需要能夠在地深耕的曲友。近年，新竹與臺南都已有由曲友成立的崑劇團進行在地崑曲發展，前者爲風城崑劇團，是曲友鍾廷采及鍾艾蒨從臺北回到新竹家鄉後，爲了將崑劇藝術帶進新竹地區而於 2011 年成立的，後者則是 2014 年剛於臺南市成立的東寧雅集，負責人高美華是徐炎之的學生，與團長曾子津、顧問梁冰枬都是曲友，自 2002 年帶領成大國劇轉型學習崑曲 12 年後，崑劇團的成立代表的是校園扎根的成果，同時也是社會推廣的起點；以上兩個例子，雖然在當地都尙未有曲社成立，但其發展崑曲的模式仍然與臺北的情況類似：由民間中介個人——曲友——發起行動，借助於學校或政府的經費補助，以演劇形式吸引學生及大眾觀賞進而學習，未來學習人口眾多之後，也許就能夠組織曲社，將唱曲傳統傳承下去，也唯有唱曲藝術能夠在地傳承，崑曲藝術才算眞正扎根於當地。

　　但是，從三個發展轉折與影響來看，目前關於曲友的培養並不太受到人們的重視，曲友總人數正在萎縮中，雖然近年有台北崑曲研習社專門從事唱曲活動，但重要的傳承管道；校園崑曲社，到 2014 年爲止，只剩下臺大、師大、政大、東吳 4 所學校有崑曲社〔註3〕，其中只有臺大、師大兩校崑曲社不曾停社或倒社過，至於政大崑曲社，因爲只剩社長 1 人，已經呈現休社的狀態〔註4〕，而東吳崑曲社在斷斷續續地慘澹經營數十年後，終於因爲改變社團經營方式而擁有將近 20 位社員〔註5〕，但是這個改變才剛開始，其傳承崑曲的結果還沒有顯現出來；至於轉型學習崑曲已超過 10 年的成大國劇社，雖然不以崑曲社爲名，但可以算是校園崑曲社的一支，只是至今尙未能如其他崑曲社那樣形成傳承傳統。如此看來，校園崑曲社的傳承傳統正面臨前所未有的考驗，而箇中原因，可從「社團經營」的角度來討論。

　　自 1957 年第一個校園崑曲社成立以來，陸續有 14 個學校成立過崑曲社（詳見附件四），但至今仍然維持運作的僅存 3 個，加上成大國劇社也不過 4

〔註3〕　輔大的傳統戲曲表演研究社雖然目前著重在崑曲的學習，但一來因爲社團於 2011 年才成立，二來崑曲並非該社唯一學習內容，因此筆者並未將之列爲目前尙存的校園崑曲社之一。

〔註4〕　政大崑曲社社長盛禾。訪談。臺北市羅斯福路星巴克。2015 年 3 月 30 日。

〔註5〕　東吳崑曲社社長王顯瑞。訪談。臺北市耕莘文教院。2015 年 3 月 22 日。

個，如此變化，除了源於超過半世紀的社會變遷之外，學校社團的經營環境及條件也隨之產生很大的改變，加上個別學校的校風、校內任職老師的支持、社團的經營方式等，也都造成各別差異，如臺大崑曲社，就是一個自主性相當強的社團，社團輔導老師僅扮演後援角色，只要沒有重大問題需要幫忙，一切都由學生自主，即使近年來社員僅維持在 5 人左右，每年仍然能夠舉辦演出活動；而師大崑曲社，則是多年以來仰賴該校中文系教授蔡孟珍的強力支持，因為蔡孟珍不但研究崑曲，也能唱、演崑曲，對於社團的支持，行政上，擔任社團輔導老師以面對校內行政體系，演出上，擔任授課老師並適時地上臺彩演以共襄盛舉，因此能夠長年維持運作不間斷；又如成大國劇社，無論是學習京劇時期，還是轉型學習崑曲時期，其運作模式與師大崑曲社相似，長期以來都有校內中文系教授們在行政及演出方面，給予穩定及強大的支持力量。但是，像世新大學崑曲社，就算是校長、董事、中文系教授都全力提供經費上的支持，卻始終無法增加崑曲社社員人數，終致倒社；政大崑曲社也同樣因為招不到社員而面臨倒社，此外，校內中文系教授及社團輔導老師的支持力不足、較為古板的上課方式，也都是社團難以維持的主要原因。相較之下，歷經兩度倒社又復社的東吳崑曲社，如今能夠擁有超過 20 位社員，其經驗極具參考價值，根據社長王顥瑞的所言〔註6〕，兩次倒社主因之一都是沒有校內任職老師的協助，而創社及兩度復社，則都是在校內任職老師的全力支持下組織起來的，除此之外，固定社課以拍曲清唱為主、彩扮演出為輔，前者以引起社員的學習興趣為目的，後者則是提供社員繼續學習的誘因，另外，適時的舉辦社員間的聯誼活動，以加強社員對社團的歸屬感及認同感，此舉有助於增加社團的向心力及凝聚力。

從上述諸多例子可以歸納出，崑曲社之所以無以為繼（或說能夠持續運作），主要原因有二：一是校內任職老師支持的力度與穩定度，二是固定社課的安排與社員情感的聯繫，兩者之中又以後者為最，因為一個社團要能夠維持下去，最重要的是要有社員，初時以崑曲的藝術魅力吸引學生進社，之後就需要有恰當的社課安排，同時注重社員的聯誼，才能留住、甚至增加社員，只要能讓社員持續學習，崑曲在校園的傳承傳統才能夠被延續下去。但是另一方面，面對日益嚴峻的社團經營環境（包括社團評鑑方式、經費補助條件

〔註 6〕東吳崑曲社社長王顥瑞。訪談。臺北市耕莘文教院。2015 年 3 月 22 日。

等）〔註7〕，筆者認為，社團的經營不該只是個別崑曲社的事，更應該是曲友要積極關注的事，正因為曲友幾乎來自校園崑曲社，經營社團是許多曲友的共同經驗，所以曲友除了在社團傳承崑曲藝術，社團經驗應該也可以是傳承的內涵之一，如此，一來能夠協助崑曲社強化社團體質，二來也可以為崑曲整體培養未來的行政人員，這將有利於整體的崑曲發展。

綜上所述，維繫校園崑曲社的傳承傳統是培養曲友的必要工作，這無疑是挑戰，但卻是值得重視的任務，因為，在沒有正規崑曲教育的環境之下（現行教育體系中沒有崑曲科，一般學校的表演藝術教育課程也未必會包含，只剩下國文課程中尚保留劇曲選段），校園崑曲社是唯一能讓學生成為崑曲接收者，並利用在學期間，有足夠的時間受到一定程度的訓練，進而成為可能的創作者，畢業之後甚至可能加入中介者行列的教育場域，而所謂的崑曲扎根行動，自 1957 年就是如此從校園開始至今，未來也應該會是如此。至於以社會大眾為對象的崑曲研習班，或許應該考慮除了崑劇表演之外，試著推廣唱曲藝術，並且與曲社以及校園崑曲社有更多的連結及互動，共同形成一個更大的曲友社群（台北崑曲研習社在這點上就相當積極），畢竟臺灣的崑曲資源有限，而且在不斷變動的社會環境之下，個人及團體若能夠在社群中交換彼此資源，才有可能結合成為更大的力量，繼續以崑曲中介者之姿，持推動臺灣崑曲未來的發展。

二、保存傳統

崑曲傳統，是指自 18 世紀中葉以後（清代乾隆、嘉慶年間），經歷代創作者加工、雕琢之後逐漸穩定而具有特定規範、被稱為「乾、嘉傳統」的典型（陳芳 2007），其內涵包含唱曲及表演兩類透過口傳心授來傳承的藝術傳統。自 2001 年崑曲被列入世界非物質文化遺產以來，保存崑曲傳統的呼籲從來就未曾間斷，無論在中國還是臺灣，從另一個角度來看，正是因為保存傳統工作做得太少，才會不斷有專家學者大聲疾呼，卻依然止不住創新這輛火車急速向前奔去，本論文無意於傳統與創新之間輕重緩急的論戰，只試圖從臺灣崑曲發展的歷程中，找到一個思考該問題的角度。

〔註 7〕 大學社團的經營環境與條件的變化是已超出本論文研究範圍，故無法在此多做討論。

回顧 1990 年代傳統崑劇在臺灣的展演熱潮，那是由中介者引領、接收者支持，讓傳統光華得以展現的年代，首先，以學者爲首的中介者，基於崑劇做爲戲曲美典的學術價值，向政府、觀眾以及中國職業崑劇團力陳崑劇傳統的重要性，所以中國職業崑劇團來臺演出，以展示崑劇傳統美學爲主，另一方面，以曲友爲核心觀眾的接收者，也極力表達想要觀賞傳統折子戲的意願，所以促成了 1990 年代傳統崑劇展演的黃金年代；顧篤璜認爲：「觀眾是藝術家用優秀的作品去引導和培育出來的」（2010：378），誠然，這些具有影響力的中介者與接收者（幾乎都是學者及曲友），其品味崑劇傳統美學的能力，在沒有職業崑劇演出的年代，正是以崑曲的文學作品以及唱曲藝術培養出來的，也就是說，雖然顧篤璜所謂的藝術家是指崑劇表演者，但其實更可以說是崑曲藝術的創作者，其中包含了傳奇的作者以及譜曲的樂工，他們也都是藝術家，共同創作出一齣齣崑曲劇作；另一方面，那時臺灣的崑劇觀眾，與其說是透過優秀演員展現崑劇藝術所培養出來的，不如說是靠中介者的引導及教育長期培育出來的，他們直接從文學作品及唱曲藝術來認識崑曲藝術的本質，因此能夠比一般大眾更容易接受及欣賞傳統之美，成爲崑劇的核心觀眾、臺灣崑曲持續發展的基礎。

但是 21 世紀以後，雖然臺灣的崑劇演出更加百花齊放，傳統精華的光采卻在其中逐漸黯淡，筆者認爲，這是因爲中介者更加看重「增加觀眾」的效益、創作者也以「吸引觀眾」爲目標，數量有限的傳統崑劇劇目不足以應付所有演出，需要更具新意的作品來引起觀眾注意，因此，創新之說開始領導臺灣崑劇發展，以當代美學爲古典崑劇注入新意，這種作法，一方面能彌補臺灣崑劇表演者傳統功底之不足，一方面也能發揮臺灣藝術家（包含舞臺美術、服裝設計、導演等）的無限創意，但是，傳統藝術精華（包含表演、音樂、原作品思想意涵）卻未必能夠得以充份展現，在各界以「新崑劇」來推廣崑劇藝術的同時，卻忽略了推廣崑劇藝術的原意，是爲了要讓更多人認識崑曲這個文化瑰寶，一部接一部的「新崑劇」作品雖然擴大了觀眾人口，然而其中有多少人能夠因此欣賞崑曲傳統之美，則不得而知。另一方面，能夠欣賞崑曲傳統之美的接收者——核心觀眾——是需要時間養成的，其中成爲有能力品評崑曲藝術的曲友，並沒有隨著崑劇觀眾人口增加而增加，反而整體人數是呈現萎縮的情況，這意味著，能夠對創作者及中介者提出反饋意見的接收者，已經在逐漸減少中，而這正是臺灣崑曲發展過度重視演劇的效益

所產生的副作用，換言之，雖然演劇活動興盛對於崑曲的普及有益，但唱曲活動的式微，提醒我們注意臺灣崑曲發展的失衡，因爲除了演劇，接收者也能從文學作品及唱曲藝術來認識崑曲藝術的本質，唯有崑曲藝術本質被保存、欣賞，崑曲傳統才有發展的空間，也就是說，崑曲傳統不獨需要被創作者傳承，也需要被接收者傳承。

以上所論並非要反對崑曲的創新，傳統與創新不是二擇一的選擇題，但創新也不該是延續傳統的唯一解答，傳統的延續甚至只能依賴保存與傳播才成爲可能。當接收者尚不清楚崑曲傳統爲何時，創作者所展演的、中介者所引介的，就是接收者所能認識的崑曲樣貌，但創作者與中介者總是擔心接收者不懂傳統之美，總是想要迎合接收者的喜好與品味，而眞正傳統精華便在這種擔心與迎合中逐漸流失。崑曲雖然曾經有過輝煌的歲月，但其本質就是一個屬於小眾的精緻藝術，在當代社會中，崑曲就算發展到如今看似普及的程度，眞正能夠欣賞喜愛的依然是少數，從這個角度來看，創作者與中介者或許應該擺脫「復興崑曲」的迷思，重新思考崑曲在當代發展的方向。筆者認爲，傳統崑曲在當代只要還能有一小群人們在傳唱，就表示其美學仍然能夠被現在的接收者所接受、欣賞，因此，改革創新以迎合現代人的審美，並非是讓當代觀眾接受的唯一途徑，教育大眾從文學、唱曲、表演各方面來認識傳統之美，使其有足夠的知識去學習如何欣賞，才是傳統崑曲能夠被保存並延傳的良方。

在保存傳統的實踐上，筆者從學術、演劇、唱曲三方面提出些許建議。學術方面，容筆者再次引用現年近 90 高齡、前江蘇省崑劇院研究員丁修詢的話：「我們目前對崑曲的認識還處於『史前階段』，對它的創造法則、生成規律、內在機理等等基本上還處於『盲人摸象』階段。」（2009），中國的崑曲研究如此，臺灣何嘗不是，雖然國內在 1992 年即有中央大學成立戲曲研究室，二十多年來收藏了不少崑曲文物、書籍、期刊及影音資料，但國內對於崑曲藝術本質的研究還是相當不足，這意味著我們現在對於崑曲傳統的認識仍屬淺薄，但這種情況也可視之爲機會，值得有志者朝這方向深入挖掘、探究。演劇方面，僅就國內崑劇團而言，由於目前都是由曲友組織成立的〔註8〕，除了 1／2Q 劇場明確地以實驗崑劇爲創作目標之外，其他崑劇團或可重新思考，

〔註 8〕臺灣崑劇團團長洪惟助自言，他也是徐炎之的學生，其實能算是曲友（訪談。臺北市南京西路星巴克。2015 年 3 月 8 日）。

展演傳統崑曲在當代的價值與意義，特別是那些由曲友組成的崑劇團，「師承傳統」一直是他們所擅長的，讓崑曲傳統得以透過展演被大眾認識、欣賞，所以，劇目的重複不但是必然，也是必須的，一來演出者的舞臺經驗當然是越多越好，二來觀賞者總是流動不固定的，而經典劇目更是值得讓更多人認識，進而接受、欣賞，換言之，由於國內崑劇團都是身兼創作者及中介者，或可加強自身在文化菱形的中介者角色及功能，透過中介性活動，提供大眾關於崑曲傳統的知識，提高大眾對崑曲傳統的鑑賞能力；此外，1990 年代由學者主導、文建會經費補助的「崑劇錄影保存計畫」，及崑曲傳習計畫中對中國崑劇藝師的「說戲錄影」，此兩項工作總共錄製了百齣以上的傳統折子戲，這些影像資料應該要儘快予以數位化，並將之置於更加容易借閱的管道，因為目前一般人實在不易取得這些資料，就算借到，也未必有設備可以看，所以，雖然保存了傳統劇目的影像資料，但若不能方便有心學習者取得並活用，則對崑曲傳統的保存與延傳助益甚微。唱曲方面，目前已有台北崑曲研習社積極地重拾崑曲唱曲傳統，除了拍曲課之外，也開設曲笛課，為要培養曲友不但能唱，也能夠撮笛，進而能夠對傳統崑曲音樂有更多的認識以及更高的鑑賞力；至於其他曲社以及崑劇團，或可透過台北崑曲研習社的做法及經驗，對於唱曲傳統在如何在當代繼續被延傳，能夠有更多的思考，進而採取更多行動。

　　然而上述建議，在目前的文化政策之下，仍然只能依賴民間主動進行、完成，雖然現行的文化資產法中〔註9〕，明訂各級地方主管機關有責任對地方上的傳統藝術擬定保存維護計畫，並且必須協調各級教育主管機關，督導各級學校在相關課程中進行傳統藝術的傳習，但是同時也容許主管機關用經費補助的方式，鼓勵民間辦理傳統藝術的保存及傳習等工作，於是在實務上，各級政府的文化部門都是採用「鼓勵民間自辦」的方式，再視情況給予經費補助，當然，政府的財務支持對於崑曲團體相當重要，但是除此之外，或許可以對於民間個人或團體提出的相關計畫，視情況給予行政上的協助，讓計畫有付諸實行的空間。以東寧雅集自辦的崑曲研習課程為例，因為該團立案登記為一般類藝文團體，因此臺南市文化局要求該團不得開設收費課程，這對於東寧雅集來說，既不能向學員收費，又得不到足夠的經費補助，要辦理

〔註9〕 文化部。http://www.moc.gov.tw/law.do?method=find&id=30。檢閱日期：2014年 12 月 5 日。

常態崑曲研習課程就變得相當困難，若臺南市文化局能夠給予適當的行政協助，對於推動崑曲在地傳習應該會有不小的幫助。不過，如果我們回顧歷史，政府對於崑曲發展向來都是站在被動協助的立場，但這並未曾阻礙有志者對於崑曲藝術的推廣與傳承，特別是保存傳統的工作，其實一直以來都是靠著懷有使命感的業餘者——曲友，守護著崑曲傳統這一小塊園地，為的就是要讓年輕後輩能有接觸的機會，讓崑曲藝術能夠延傳不斷。

最後，從文化菱形的架構來看，只要有創作者、接收者、中介者存在，崑曲也就能持續存在於臺灣，只是，這個崑曲的本質及內涵到底為何，將會是由上述三者共同建構出來。或許，所謂的傳統，總是在保存與創新的拉距中逐漸形成，然而，崑曲之所以能代代相傳，即使數度面臨消亡之際，仍然能夠重燃薪傳之火，成為今日珍貴的世界非物質文化遺產，依靠的就是那些崑曲傳統的擁護者，在面對社會變遷時，始終站在保存傳統的一端，堅定地守護、承繼著崑曲傳統。而本論文撰寫的最終目的，就是希望能夠從臺灣崑曲發展的歷程變化中，突現出「保存傳統」這一行動的價值，並以之做為臺灣崑曲未來發展方向的一點啟示。

參考文獻

一、中文文獻

1. Alexander, Victoria D.（維多利亞‧D. 亞歷山大）。《藝術社會學：精緻與通俗形式之探索》。張正霖、陳巨擘 譯。臺北：巨流圖書，2006 年。

2. ———（維多利亞‧D. 亞歷山大）。《藝術社會學》。章浩、沈楊 譯。南京：江蘇美術，2009 年。

3. Angrosino, Michael（麥克‧安格羅西諾）。《民族誌與觀察研究法》。張可婷譯。臺北永和：韋伯文化國際，2010 年。

4. Griswold, Wendy（溫蒂‧格瑞斯沃德）。《變動世界中的文化與社會》。黃信洋、曹家榮 譯。臺北：學富文化，2008 年。

5. Hauser, Arnold（阿諾德‧豪澤爾）。《藝術社會學》。居延安 編譯。臺北：雅典，1988 年。

6. Shils, Edward（愛德華‧希爾斯）。《論傳統》。傅鏗、呂樂 譯。臺北：桂冠，1992 年。

7. 丁修詢。〈論京崑之別〉。《中國京劇》10（2008 年）：30～2。PDF 檔。

8. ———。〈論京崑之別〉。《中國京劇》12（2008 年）：17～20。PDF 檔。

9. 中華民國教育部。〈文化〉，《第四次中華民國教育年鑑》。無出版地：無出版者，無出版年。PDF 檔。

10. 王安祈。〈從崑劇折子戲到全本戲〉，《傳統戲曲的現代表現》。臺北：里仁，1996 年。1～57。

11. ———。〈戲曲票友——休閒自娛與專業精研之間〉。《民俗曲藝》121（1999 年）：151～66。

12. ———。〈崑劇在臺灣的現代意義〉。《臺灣大學中文學報》14（2001 年）：221～58。

13. ———。《臺灣京劇五十年》。宜蘭五結：國立傳統藝術中心，2002 年。

14. ———。〈兩岸交流之前的「偷渡」與「伏流」——以京劇演唱爲例〉，《2002 年兩岸戲曲大展學術研討會論文集》。財團法人中華民俗藝術基金會 主編。宜蘭五結：國立傳統藝術中心，2003 年。61～102。

15. ———。《絳唇珠袖兩寂寞》。臺北：印刻，2008 年。

16. ———。〈崑劇表演傳承中京劇因子的滲入〉。《戲劇研究》10（2012 年）：109～38。

17. ———。《尋路：臺北市京劇發展史（1990～2010）》。臺北市：北市文化局，2012 年。

18. 古兆申。〈評政協《關於加大崑曲搶救和保護力度的幾點建議》〉，《口傳心授與文化傳承》。鄭培凱 主編。廣西桂林：廣西師範大學，2006 年。224～7。

19. 白先勇 編著。《姹紫嫣紅牡丹亭：四百年青春之夢》。臺北：遠流，2004 年。

20. 朱崑槐。《崑曲清唱研究》。臺北：大安，1991 年。

21. 江韶瑩 總編輯。《傳藝大觀：民間藝術保存傳習畫 1996～2003》。宜蘭五結：國立傳統藝術中心，2005 年。

22. 吳新雷。《二十世紀前期崑曲研究》。瀋陽：春風文藝，2005 年。

23. 呂訴上。《臺灣電影戲劇史》。臺北：銀華，1961 年。

24. 呂錘寬。〈北管戲〉，《臺灣傳統戲曲》。陳芳 主編。臺北：臺灣學生書局，2004 年。39～79。

25. ———。《北管音樂》。臺中：晨星，2011 年。

26. ———。《台灣的南管》。臺北：中國音樂書房，1986 年。

27. 宋波。《崑曲的傳播流布》。瀋陽：春風文藝出版社，2005 年。

28. 李巧芸。《臺灣京劇演員參與崑劇演出研究》。中央大學中國文學系戲曲碩士班碩士論文，2014 年。

29. 李殿魁。〈臺灣亂彈中幼（細）曲初探〉，《兩岸戲曲回顧與展望研討會論文集》。臺北：國立傳統藝術中心籌備處，2000 年。38～46。

30. 李殿魁、劉慧芬 編著。《露華凝香：徐露京劇藝術生命紀實》。宜蘭五結：國立傳統藝術中心。2006 年。

31. 周育德。《崑曲與明清社會》。瀋陽：春風文藝，2005 年。

32. 周秦。《蘇州崑曲》。臺北：國家，2002 年。

33. ———。〈蘇州崑劇傳習所始末〉，《蘇州崑曲》。臺北：國家，2002 年。301～12。

34. 周傳瑛口述、洛地整理。《崑劇生涯六十年》。上海：上海文藝，1988 年。

35. 林佳儀。〈論徐炎之、張善薌在臺灣的崑曲薪傳及表演特色〉。《戲劇研究》13（2014 年）：99～144。

36. 林信華。《文化政策新論：建構台灣新社會》。臺北：揚智文化，2002 年。

37. 林勃仲、劉還月。《變遷中的臺閩戲曲與文化》。臺北：臺原，1990 年。

38. 林鶴宜。《晚明戲曲劇種與聲腔研究》。臺北：學海，1994 年。

39. ———。《從田野出發：歷史視角下的臺灣戲曲》。臺北板橋：稻鄉，2007 年。

40. ———。〈體系與視野：五十年來（1949～2002）臺灣戲曲學者對傳統戲曲學的建構〉。《戲劇研究》3（2009 年）：1～48。

41. 俞振飛。《振飛曲譜》。上海：上海音樂，1982 年。

42. 俞振飛。《粟廬曲譜》。無出版地：無出版者，無出版年。

43. 俞粟廬。〈度曲芻言〉，《二十世紀前期崑曲研究》。吳新雷。沈陽：春風文藝，2005 年。249～54。

44. 施秀芬。《崑曲在台灣傳播之研究》。佛光大學文學系博士論文，2011 年。

45. 施德玉。〈崑劇在臺灣之概況及其當前之表演類型〉。《戲曲學報》8（2010 年）：77～98。

46. 洪惟助。〈臺灣的崑曲活動與海峽兩岸的崑曲交流〉，《兩岸戲曲回顧與展望研討會論文集》。臺北：國立傳統藝術中心籌備處，2000 年。24～35。

47. ——— 計畫主持。《崑曲傳習計畫. 第四屆、第五屆（第一階段）、第五屆（第二階段）：成果報告書》。臺北內湖：國立臺灣戲曲專科學校，1997 年。

48. ——— 計畫主持。《崑曲傳習計畫. 第五屆：第一階段課程紀錄》。臺北內湖：國立臺灣戲曲專科學校，1998 年。

49. ——— 計畫主持。《崑曲傳習計畫. 第六屆：成果報告書》。臺北內湖：國立臺灣戲曲專科學校，2000 年。

50. ——— 主編。《崑曲演藝家、曲家及學者訪問錄》。臺北：國家，2002 年。

51. ——— 主編。《崑曲辭典》。臺北：國家，2002 年。

52. 洪惟助、孫致文。〈崑劇〉，《臺灣傳統戲曲》。陳芳 主編。臺北：臺灣學生書局，2004 年。517～40。

53. 郎祖明。《表演藝術經紀公司對藝文環境之影響》。國立政治大學經營管理碩士學程碩士論文，2006 年。

54. 夏學理 等。《文化市場與藝術票房》。臺北：五南，2003 年。

55. ——— 等。《文化機構與藝術組織》。臺北：五南，2005 年。

56. 徐扶明。《崑劇史論新探》。臺北：國家，2010 年。

57. 徐亞湘。《日治時期中國戲班在臺灣》。臺北：南天，2000 年。

58. 涂沛。《中國戲曲表演史論》。北京：文化藝術，2002 年。

59. 高友工。《中國美典與文學研究論集》。臺北：臺大，2004 年。

60. 高克忠。《中國大陸地區文藝政策之研究——以崑曲爲個案分析》。中國文化大學政治學研究所碩士論文，2007 年。

61. 張充和。《曲人鴻爪本事》。臺北：聯經，2010 年。

62. 張金城。〈一張老照片——師友雜憶〉，《慶祝蓬瀛曲集第二千期曲會紀念特刊》。劉玉明 主編。臺北：蓬瀛曲集，2013 年。無頁碼。

63. 張啓豐。《清代臺灣戲曲活動與發展研究》。國立成功大學中國文學系博士論文，2004 年。

64. ———。〈雅音小集《白蛇與許仙》報紙戲曲評論現象初探〉。《藝術評論》20（2010 年）：251～78。

65. 陳芳。《清代戲曲研究五題》。臺北：里仁，2002 年。

66. ———。〈試論崑劇表演的「乾、嘉傳統」〉。《戲曲學報》1（2007 年）：1～34。

67. 陳芳英。《戲曲論集：抒情與敘事的對話》。臺北：臺北藝術大學，2009 年。

68. ———。〈牡丹亭上三生路——從小說〈遊園驚夢〉到「青春版《牡丹亭》」〉，《戲曲論集：抒情與敘事的對話》。臺北：臺北藝術大學，2009 年。241～292。

69. 陳彬。〈新象・上崑・我〉，《上海崑劇團來台演出二十週年紀念專刊》。韓昌雲 主編。無出版地：環境文創，2013 年。30～3。

70. ——— 編輯。《水磨 25：姹紫嫣紅開遍》。臺北：水磨曲集崑劇團，2012 年。

71. 陸萼庭。《崑劇演出史稿（修訂本）》。臺北：國家，2002 年。

72. ———。〈化作春泥更護花〉，《崑劇演出史稿（修訂本）》。臺北：國家，2002 年。531～48。

73. 陸萼庭。《清代戲曲與崑劇》。臺北：國家，2005 年。

74. ———。〈「崑劇」的困惑〉，《清代戲曲與崑劇》。臺北：國家，2005 年。401～23。

75. ———。〈談崑劇的雅和俗〉，《清代戲曲與崑劇》。臺北：國家，2005 年。31～48。

76. 傅裕惠。〈怎得換個「水乳交融」？！〉，《眾聲喧嘩之後：台灣現代戲劇論集》。臺北：書林，2008 年。141～64。

77. 曾永義。《從腔調說到崑劇》。臺北：國家，2002 年。

78. ───。〈從崑腔說到崑劇〉,《從腔調說到崑劇》。臺北:國家,2002 年。181～260。

79. ───。《戲曲本質與腔調新探》。臺北:國家,2007 年。

80. 曾永義、施德玉。《地方戲曲概論》。臺北:三民,2011 年。

81. 曾百薇 編輯。《台北崑劇團成立十週年特刊》。無出版地:台北崑劇團,2013 年。

82. 楊惠玲。《戲曲班社研究:明清家班》。廈門:廈門大學,2006 年。

83. 溫慧玟 計畫主持。《藝文團體經營體質研究案──以台灣表演藝術團體為面向分析》。無出版地:財團法人國家文化藝術基金會,2009 年。PDF 檔。

84. 葉至誠。《社會科學概論》。第 2 版。臺北深坑:揚智文化,2009 年。

85. 賈馨園。《情多處處有戲:賈馨園談戲曲》。臺北:秀威資訊科技,2007 年。

86. 劉心慧。《上海崑曲史初探》。國立中央文學中國文學系博士論文,2014 年。

87. 劉玉明 主編。《慶祝蓬瀛曲集第二千期曲會紀念特刊》。無出版地:蓬瀛曲集,2013 年。

88. 蔡欣欣。《臺灣戲曲景觀》。臺北:國家出版社,2011 年。

89. ───。〈崑曲在臺灣發展之歷史景觀〉,《臺灣戲曲景觀》。臺北:國家出版社,2011 年。34～110。

90. 鄭培凱 主編。《口傳心授與文化傳承》。廣西桂林:廣西師範大學,2006。

91. 雷競璇。〈見於兩份文件、三種語言的文化遺產保護〉,《口傳心授與文化傳承》。鄭培凱 主編。廣西桂林:廣西師範大學,2006 年。28～41。

92. 賴橋本。〈四十年來臺灣的崑曲活動〉。《國文天地》9(1994):8,8～13。

93. 賴錫中。〈重揭臺灣傳統音樂的面紗──臺灣第三樂系「十三腔」微探〉。《藝術觀點》24(2004):47～51。

94. 鍾廷采。《臺灣業餘崑劇團觀眾發展之研究─以水磨曲集崑劇團為例》。臺北藝術大學文化資源學院碩士論文,2006 年。

95. 蘇桂枝。《國家政策下京劇歌仔戲之發展》。臺北:文史哲出版社,2003 年。

96. 蘇雅莉。《高中國文課程標準與國文課本選文變遷之研究（1952～2004)》。政治大學國文教學碩士在職專班碩士論文,2004 年。

97. 顧篤璜。〈關於「崑劇衰落」的新思考〉,《名家論崑曲(上)》。洪惟助主編。臺北:國家,2010 年。321～82。

二、西文文獻

1. Alexander, Victoria D. Sociology of the Arts: Exploring fine and popular forms. MA: Blackwell Publishing, 2003.

2. Becker, Howard S.. Art Worlds. 1982. Berkeley: University of California Press, 2008.

3. Griswold, Wendy. Cultures and Societies in a Changing World. California; Pine Forge Press, 1994.

4. Hauser, Arnold. The Sociology of Art. Trans. Kenneth J. Northcott. London: Routledge & Kegan Paul, 1982. Trans. of Soziologie der Kunst. München: C. H. Beck, 1974.

三、網路資料

1. 1／2Q 劇場。http://halfqtheatre.blogspot.tw/。檢閱日期：2013 年 4 月 30 日。

2. 1／2Q 臉書專頁。https://zh-tw.facebook.com/pages/二分之一 Q-劇場 /169362436509017。檢閱日期：2015 年 6 月 25 日。

3. Proclamation of Masterpieces of the Oral and Intangible Heritage of Humanity. UNESCO, 18 May 2001. Web. 18 April 2013.〈http://www.unesco .org/bpi/intangible_heritage/〉.

4. 丁秉鐩。〈欣見國劇改革——郭小莊「雅音小集」觀後（下）〉。《中央日報》，1979 年 5 月 31 日。郭小莊的戲劇世界。http://www.yayin329.com/ ensemble/1979-05-31b.html。檢閱日期：2013 年 5 月 30 日。

5. 丁修詢。〈京崑之別〉。《中國京劇》02（2009）：無頁碼。全刊雜誌賞析網。http://doc.qkzz.net/article/08961972-cf65-4b1e-9ec2-bdf8c21b7013.htm 。檢閱日期：2015 年 2 月 13 日。

6. ———。〈京崑之別〉。《中國京劇》03（2009）：無頁碼。全刊雜誌賞析網。http://doc.qkzz.net/article/18a86479-431f-4fd9-ab0c-2899d8290923.htm 。檢閱日期：2015 年 2 月 13 日。

7. 中華民俗藝術基金會。http://folk.org.tw/official/。檢閱日期：2014 年 9 月 1 日。

8. 文化部／文化法規／法律／文化資產保存法。http://www.moc.gov.tw/law .do?method=find&id=30。檢閱日期：2014 年 12 月 5 日。

9. 文化部／文化法規／法律／文化藝術獎助條例。http://www.moc.gov.tw/ law.do?method=find&id=33。檢閱日期：2014 年 12 月 5 日。

10. 文化部／關於本部／成立沿革。http://www.moc.gov.tw/about.do?method= list&id=2。檢閱日期：2014 年 12 月 12 日。

11. 水磨曲集崑劇團。http://shuimokun.pixnet.net/blog。http://shuimokun.pixnet.net/blog。檢閱日期：2013 年 4 月 30 日。

12. 台北崑曲研習社。http://www.tkqs.org.tw/。檢閱日期：2013 年 5 月 2 日。

13. 台新銀行文化藝術基金會／台新藝術獎。http://www.taishinart.org.tw/chinese/2_taishinarts_award/page_sub.php?MID=1&ID=5。檢閱日期：2014 年 9 月 10 日。

14. 台積電文教基金會網站／社區營造／心築藝術季。http://www.tsmcfound-ation.org/community/kimage_01.asp。檢閱日期：2014 年 9 月 10 日。

15. 立法院國會圖書館／立法院法律系統。http://lis.ly.gov.tw/lgcgi/lglaw。檢閱日期：2014 年 12 月 10 日。

16. 成功大學國劇研究社。https://nckuca.wordpress.com/社團總覽/康樂性質社團總覽/國劇研究社/。檢閱日期：2015 年 6 月 25 日。

17. 李光玉。〈第二節：崑曲旦角腳色行當介紹及唱腔學習〉。台灣國立臺灣戲曲學院。https://youtu.be/l5CyMxgfAnM。檢閱日期：2015 年 1 月 26 日。

18. 幽蘭樂坊。http://www.yulanyuehfang.rumotan.com/。檢閱日期：2013 年 5 月 2 日。

19. 建國工程文化藝術基金會。http://www.ckarts.org。檢閱日期：2013 年 4 月 10 日。

20. 財團法人台灣文創發展基金會。〈表演藝術補助制度的未來展望〉。文化部，文化創意產業推動服務網，2013 年 9 月 21 日。http://cci.culture.tw/cci/cci/market_detail.php?sn=9517。檢閱日期：2014 年 12 月 1 日。

21. 國立傳統藝術中心／行政中心／中心簡介／成立緣起。http://www.ncfta.gov.tw/ncfta_ce/c05/index.aspx。檢閱日期：2014 年 12 月 12 日。

22. 國立戲曲學院京劇團。http://b010.tcpa.edu.tw/files/15-1010-4407,c752-1.php。檢閱日期：2014 年 10 月 19 日。

23. 國光劇團／電子報＆藝訊／65 期以前國光藝訊。http://www.kk.gov.tw/informationlist?uid=1165。檢閱日期：2014 年 10 月 19 日。

24. 國光劇團／電子報＆藝訊／電子報。http://www.kk.gov.tw/informationlist?uid=646。檢閱日期：2014 年 10 月 19 日

25. 國家文化藝術基金會。http://www.ncafroc.org.tw/。檢閱日期：2014 年 12 月 13 日。

26. 國家圖書館館藏目錄查詢系統。http://aleweb.ncl.edu.tw/F?func=find-b-0。檢閱日期：2015 年 6 月 25 日。

27. 崑曲新美學。趨勢教育基金會。http://www.trend.org/event/kunqu_lecture/index.html。檢閱日期：2014 年 9 月 10 日。

28. 詠風劇坊。http://blog.xuite.net/solefer_jh/twblog。檢閱日期：2013 年 5 月 2 日。

29. 黃韋仁。〈卻顧所來徑——師大崑曲研究社簡史〉。臺灣師範大學崑曲研究社。http://blog.yam.com/ntnukung/article/65501099。檢閱日期：2014 年 11 月 3 日。

30. 黃朝琴。〈臺湘爭風 兩岸名家匯演 呈現崑劇之美〉。《青年日報》（5 月 7 日），2014。http://news.gpwb.gov.tw/news.aspx?ydn=026dTHGgTRNpmRFE gxcbfXeut3OMJo83bj7NmgTAG00ttrNRLEReaVDAXiAQlvYFj5Mm3Ypw SObL3bhsDPWfd4AXOhSHecwvapsObqkceww%3d。檢閱日期：2014 年 9 月 23 日。

31. 楊汗如。〈第 11 屆台新藝術獎「表演藝術類入圍」《亂紅》〉。臺北當代藝術館 Youtube 頻道，2013 年 5 月 1 日。http://youtu.be/Z-6irydNo9k。http://halfqtheatre.blogspot.tw/。檢閱日期：2013 年 4 月 30 日。

32. 經濟部商業司工商查詢系統。http://gcis.nat.gov.tw/pub/cmpy/cmpyInfo Action.do?method=detail&banNo=16159595。檢閱日期：2014 年 8 月 16 日。

33. 臺灣師範大學崑曲研究社。http://blog.yam.com/user/ntnukung.html。檢閱日期：2014 年 11 月 3 日。

34. 臺灣崑劇團。http://www.taikun.com.tw/。檢閱日期：2013 年 4 月 30 日。

35. 臺灣博碩士論文知識加值系統。http://ndltd.ncl.edu.tw/cgi-bin/gs32/gsweb .cgi/ccd=50lMuG/webmge?mode=basic。檢閱日期：2013 年 5 月 1 日。

36. 學聯網／走進臺灣戲曲大觀園／課程說明。http://www.sharecourse.net/ sharecourse/course/view/courseInfo/342。檢閱日期：2015 年 1 月 26 日。

37. 趨勢教育基金會網站／藝文 FUN 輕鬆。http://www.trend.org/arts_info.php? pid=888。檢閱日期：2014 年 11 月 13 日。

38. 蘭庭崑劇團。http://blog.yam.com/lanting。檢閱日期：2013 年 4 月 30 日。

四、訪談

1. 王顥瑞。當面訪談。臺北市耕莘文教院。2015 年 3 月 22 日。

2. 白雨荷。當面訪談。臺北市耕莘文教院。2015 年 4 月 5 日。

3. 朱昆槐。當面訪談。朱昆槐自宅。2014 年 10 月 1 日。

4. 宋泮萍。當面訪談。臺北捷運大坪林站丹堤。2015 年 1 月 23 日。

5. 李彥柏。當面訪談。師大學生活動中心。2015 年 3 月 31 日。

6. 周志剛。當面訪談。臺北市錦安二區民活動中心。2014 年 12 月 26 日。

7. 周蕙蘋。當面訪談。臺北市耕莘文教院。2014 年 10 月 5 日。

8. 林美惠。當面訪談。林美惠自宅。2015 年 1 月 24 日。

9. 洪惟助。當面訪談。臺北市南京西路星巴克。2015 年 3 月 8 日。

10. 洪逸柔。筆者 Facebook 即時通訪談。2015 年 5 月 8 日。

11. 盛禾。當面訪談。臺北市羅斯福路星巴克。2015 年 3 月 30 日。

12. 許珮珊。當面訪談。臺北市敦化南路摩斯漢堡。2015 年 2 月 4 日。

13. 陳彬。當面訪談。臺北市社教館。2014 年 11 月 15 日。

14. 黃琪珊。筆者電話訪談。2014 年 9 月 19 日。

15. 楊汗如。當面訪談。石頭出版社。2015 年 1 月 20 日。

16. 溫宇航。當面訪談。臺北市錦安二區民活動中心。2013 年 12 月 22 日。

17. 劉玉明。當面訪談。臺北市錦安二區民活動中心。2014 年 10 月 12 日。

18. ───。當面訪談。臺北市成功國宅。2015 年 4 月 18 日。

19. 應平書。當面訪談。應平書自宅。2014 年 10 月 6 日。

20. 鍾艾蒨。當面訪談。鍾艾蒨自宅。2014 年 10 月 4 日。

21. 韓昌雲。當面訪談。臺北市八德路伯朗咖啡。2014 年 9 月 29 日。

22. 簡捷。當面訪談。臺大學生活動中心。2015 年 3 月 25 日。

五、影音資料

1. 《牡丹亭之杜麗娘》。唐瑞蘭、林宜貞主演。臺灣崑劇團。桃園縣立文化中心，桃園縣。2005 年。演出光碟。

附件一　崑曲研究及相關出版資料表

書籍、研討會論文

No.	題　　名	著者	出版者	出版年
1	崑曲漫談	邱恕鑑	臺北：中國禮樂學會	1983
2	崑曲《牡丹亭》與古典舞蹈之研究	蔣嘯琴	臺北縣板橋：國立藝專出版委員會	1984
3	崑曲清唱研究	朱昆槐	臺北：大安	1991
4	崑曲漫談	邱恕鑑	臺北：文津	1991
5	以關漢卿雜劇為題材的崑曲、京劇與現代音樂：以《單刀會》與《竇娥冤》為例	劉靖之	關漢卿國際學術研討會論文集	1993
6	破壁孤燈零碎月：崑劇《爛柯山》中的崔氏	楊振民	人物類型與中國市井文化——中國社會與文化學術研討會	1994
7	雅部崑曲在近代史上之消長	蔡孟珍	第四屆近代中國學術研討會論文集	1998
8	崑曲樂譜與實際演唱：以〈遊園〉中的曲牌【步步嬌】上板旋律部分為例	張雅婷	藝術學學門研究生論文研討會——音樂學論文集	1999
9	我是崑劇之「末」：演藝生涯半世紀	張世錚	臺北：水磨曲集劇團	2000
10	昆曲音樂與填詞	鄭西村	臺北：學海	2000
11	乾嘉時期崑劇藝人在表演藝術上因應之探討	汪詩珮	臺北：學海	2000

No.	題　　名	著者	出版者	出版年
12	崑曲研究資料索引	洪惟助主編	臺北：國家	2002
13	崑曲演藝家、曲家及學者訪問錄	洪惟助主編	臺北：國家	2002
14	崑曲辭典	洪惟助主編	宜蘭縣五結：國立傳統藝術中心	2002
15	崑劇演出史稿「修訂本」	陸萼庭	臺北：國家	2002
16	從腔調說到崑劇	曾永義	臺北：國家	2002
17	蘇州崑曲	周秦	臺北：國家	2002
18	在小劇場中，聞笛：實驗崑劇《傷逝》初看	張啓豐	2003 年越界與對話──兩岸實驗劇場學術研討會論文集	2003
19	白先勇說崑曲	白先勇	臺北：聯經	2004
20	如何檢測崑劇全本復原的意義	王安祈	湯顯祖與牡丹亭國際學術研討會論文集（下）	2005
21	清代戲曲與崑劇	陸萼庭	臺北：國家	2005
22	瑤臺仙音：我的崑劇藝術生涯	蔡瑤銑	臺北：陳彬	2005
23	崑曲的傳承發展與人才培養	朱爲總	戲曲教育的回顧與展望國際學術研討會論文集	2006
24	崑曲歌唱的口傳與書寫形式	張雅婷	臺北：秀威資訊科技	2006
25	臨風度曲‧岳美緹：崑劇巾生表演藝術	岳美緹	臺北：石頭	2006
26	昆曲的現代性與超現代性：文化傳承與青春娛樂	鄭培凱	2007 年戲曲國際學術研討會──戲曲在當代因應之道論文集	2007
27	崑曲與能：試論中日傳統戲曲的舞臺結構與表演形態	赤松紀彥	2007 年戲曲國際學術研討會──戲曲在當代因應之道論文集	2007
28	從《申報》看崑劇傳字輩的商業演出	林芷瑩	浮世新繪近代報刊學術研討會論文集	2007
29	繼承是根發展是路：論昆劇《梁祝》、《孟姜女》的創作	沈斌	2007 年戲曲國際學術研討會──戲曲在當代因應之道論文集	2007

No.	題　　名	著者	出版者	出版年
30	一桌二椅不見了：記 1／2Q 實驗崑劇	1／2Q 工作小組撰稿文編	臺北：1／2Q 劇場	2008
31	于丹.遊園驚夢：崑曲之美	于丹	臺北：聯經	2008
32	崑曲在台灣傳播之研究	施秀芬	第五屆臺灣東南亞文化文學國際學術研討會──臺灣東南亞文化文學的發展	2008
33	色膽包天玉簪記：琴曲書畫崑曲新美學	陳怡蓁等作：白先勇總策畫	臺北：天下遠見	2009
34	吳新雷崑曲論集	吳新雷	臺北：國家	2009
35	永嘉崑劇史話	沈不沉	臺北：國家	2010
36	名家論崑曲	洪惟助	臺北：國家	2010
37	京都崑曲往事	陳均編	臺北：秀威資訊科技	2010
38	崑：劇.曲.唱.班	洛地	臺北：國家	2010
39	崑曲宮調與曲牌	洪惟助	臺北：國家	2010
40	崑劇史論新探	徐扶明	臺北：國家	2010
41	崑劇的表演與傳承	陳芳	臺北：國家	2010
42	崑劇舞臺美術初探	顧篤璜	臺北：國家	2010
43	古典戲曲與崑曲藝術論	李曉	臺北：國家	2011
44	南戲.崑劇與臺灣戲曲	羅麗容	臺北：新文豐	2012
45	崑劇論集：全本與折子	王安祈	臺北：大安	2012
46	賞花有時 度曲有道：張衛東論崑曲	張衛東	臺北：秀威資訊科技	2012
47	寧波崑劇尋訪記	桑毓喜	桃園縣中壢：國立中央大學	2013
48	穆藕初與崑曲：民初實業家與傳統文化	朱建明	臺北：秀威資訊科技	2013
49	聆森崑曲論集	顧聆森	臺北：國家	2014

學位論文

No.	題　名	著者	出版者	出版年
1	十五貫在崑劇與京劇之探討	韓昌雲	碩士論文——國立臺灣大學戲劇研究所	1998
2	當代崑劇全本戲改編本析論——以1956年《十五貫》後之崑劇劇本編寫爲討論對象	林慧雯	碩士論文——國立清華大中國文學系研究所	1998
3	乾嘉時期崑劇藝人在表演藝術上因應之探討	汪詩珮	碩士論文——國立臺灣大學戲劇研究所	1999
4	崑劇《牡丹亭》舞台藝術演進之探討——以《牡丹亭》晚明文人改編本及折子戲爲探	陳凱莘	碩士論文——國立臺灣大學戲劇研究所	1999
5	崑曲歌唱的口傳與書寫形式——以〈遊園〉曲牌【皂羅袍】爲例	張雅婷	碩士論文——東吳大學音樂學系碩士班音樂學組	2000
6	崑曲音樂傳承與社會關聯性探討	林佩穎	碩士論文——東吳大學音樂學系碩士班音樂學組	2001
7	《荊釵記》在崑劇及梨園戲中的演出研究	宋敏菁	碩士論文——國立成功大學中國文學研究所	2003
8	崑劇傳統折子戲的當代演繹：以上崑〈湖樓〉、〈望鄉〉爲例	楊汗如	碩士論文——國立臺北藝術大學劇場藝術研究所表演組	2003
9	上海崑劇團新編戲研究	劉心慧	碩士論文——中國文化大學中國文學研究所	2005
10	周傳瑛的崑劇史定位研究	吳文豐	碩士論文——國立臺灣師範大學國文研究所	2006
11	近代崑劇藝術的傳承——「傳」字輩與當代崑劇藝人的傳承關係研究	李貞儀	碩士論文——國立清華大學歷史研究所一般史組	2006
12	臺灣業餘崑劇團觀眾發展之研究——以水磨曲集崑劇團爲例	鍾廷采	碩士論文——國立臺北藝術大學藝術行政與管理研究所	2006
13	中國大陸地區文藝政策之研究——以崑曲爲個案分析	高克忠	碩士論文——中國文化大學政治學研究所	2007

No.	題　名	著者	出版者	出版年
14	崑劇《牡丹亭》之舞臺美術研究——以 1980 年以後演出為主要探討對象	陳怡如	碩士論文——國立中央大學中國文學研究所	2007
15	1992～2005 中國崑劇團體來臺演出之《牡丹亭》音樂研究	紀天惠	碩士論文——國立臺灣師範大學民族音樂研究所	2008
16	崑劇表演方法研究：論「演員身體」的構成元素與角色創造上的運用	李銘偉	碩士論文——國立臺灣大學戲劇學研究所	2008
17	高濂《玉簪記》研究——從文學劇本到崑曲演出	許懷之	碩士論文——國立中央大學中國文學研究所	2010
18	崑劇《長生殿》南北合套音樂與劇情之關係——以集成曲譜〈絮閣〉、〈驚變〉為例	邱毓絢	碩士論文——國立臺灣藝術大學表演藝術研究所	2010
19	畢業劇本：新編崑劇《變羊記》、改編崑劇《殺狗記》	朱挈儂	碩士論文——國立臺灣大學戲劇學研究所	2010
20	崑曲在臺灣傳播之研究	施秀芬	博士論文——佛光大學文學系	2011
21	「林沖夜奔」本事從小說到傳奇、崑曲和北管戲曲的適應與演變	賴瑋君	碩士論文——國立臺北藝術大學傳統音樂學系碩士班演奏組	2012
22	中文傳統崑曲與藝術歌曲演繹之異同與融匯以《春曉》及《長相知》為例	何玫慧	碩士論文——國立臺灣藝術大學中國音樂學系	2012
23	清乾嘉以降崑劇全本戲演出研究	許熒純	碩士論文——國立中央大學中國文學研究所	2012
24	笛曲《幽蘭逢春》與《牡丹亭組曲》中崑曲音樂素材之分析與詮釋	戴莞昕	碩士論文——國立臺灣藝術大學中國音樂學系	2012
25	蔡正仁崑劇小生表演藝術研究	孫昱文	碩士論文——國立臺灣大學戲劇學系	2012
26	上海崑曲史初探	劉心慧	博士論文——國立中央大學中國文學系	2013
27	臺灣京劇演員參與崑劇演出研究（1949～2013）	李巧芸	碩士論文——國立中央大學中國文學系	2013

No.	題　名	著者	出版者	出版年
28	新編崑劇《孟姜女》音樂與唱詞關係之探析	葉思維	碩士論文——中國文化大學音樂學系中國音樂組	2014

影音資料、曲譜、其他出版品

No.	題　名	著者	出版者	出版年
1	崑曲身段試譜	張元和	臺北：蓬瀛曲集	1973
2	崑曲大成〔樂譜〕	劉有恆編訂	臺北：劉有恆	1990
3	崑曲名曲集〔樂譜〕	劉有恆	臺北：劉有恆	1990
4	崑曲拾零〔樂譜〕	劉有恆	臺北：劉有恆	1991
5	崑劇曲譜新編〔樂譜〕	江蘇省崑劇院編製	臺北：里仁	1994
6	崑曲一零一曲集〔樂譜〕	劉有恆	臺北：劉有恆	1995
7	崑曲永代藏〔樂譜〕	劉有恆	臺北：劉有恆	1996
8	崑曲續一二九曲集〔樂譜〕	劉有恆	臺北：出版者不詳	1996
9	崑曲續補七十曲集〔樂譜〕	劉有恆	臺北：中國音樂書房	1996
10	崑劇選輯・二〔錄影資料〕	中華民俗藝術基金會製作；行政院文化建設委員會監製	出版地不詳：南京龍輝傳播	1996
11	中國崑劇藝術團精選〔錄影資料〕	國際新象文教基金會製作	臺北：國立傳統藝術中心籌備處	1997
12	明清崑曲折子〔錄影資料〕	國立國光劇團製作	臺北：國立國光劇團	1997
13	江蘇省崑劇表演藝術〔錄影資料〕	雅韵藝術傳播錄製	臺北：國立傳統藝術中心籌備處	1998
14	崑劇選輯〔錄影資料〕	中華民俗藝術基金會製作；行政院文化建設委	臺北：龍輝美術製作公司	199^

No.	題　　名	著者	出版者	出版年
		員會策劃監製；龍輝美術製		
15	江蘇省崑劇院表演藝術〔錄影資料〕	雅韵藝術傳播錄製	臺北：國立傳統藝術中心籌備處	2000
16	崑曲入門研習班：學員手冊	曾永義計畫主持	臺北：行政院文化建設委員會	2000
17	跨世紀千禧崑劇菁英大匯演〔錄影資料〕	新象文教基金會錄製	臺北：國立傳統藝術中心籌備處	2000
18	崑劇折子新賞公演	曾永義	臺北：戲曲與文學推廣協會	2001
19	崑劇精選（上海崑劇團）〔錄影資料〕	公共電視臺監製；群視國際文化事業公司製作	臺北：公共電視文化事業基金會	2001
20	賞心樂事學崑曲〔電子資源〕	國立中正文化中心製作；歐特斯科技股份有限公司電腦製作	臺北：國立中正文化中心	2001
21	崑曲新情演出特刊	曾永義	臺北：國立國光劇團	2002
22	崑劇之美〔錄音資料〕：中國傳統藝術 國寶系列	汪世瑜〔等演唱〕	臺北：家威影音	2002
23	粟廬曲譜外編：崑曲大師俞振飛先生百歲誕辰紀念〔樂譜〕	顧鐵華編	出版地不詳：顧鐵華	2002
24	雋雅輝煌〔錄影資料〕：上海崑劇團	雅韵藝術傳播公司製作	宜蘭縣：國立傳統藝術中心	2003
25	《梁山伯與祝英台》〔錄影資料〕		臺北：國立國光劇團	2005
26	上海崑劇名家唱段精選〔錄音資料〕	計鎮華〔等演唱〕	臺北：石頭	2005
27	昆曲《九蓮燈》〔錄影資料〕		出版地不詳：出版者不詳	2005

No.	題　名	著者	出版者	出版年
28	崑劇《脫靴吟詩》〔錄影資料〕		出版地不詳：出版者不詳	2006
29	崑曲中州韻教材	石海青	臺北：里仁	2007
30	畫說崑曲	韓昌雲 企劃編輯	臺北：蘭庭崑劇團	2007
31	昆曲〔錄音資料〕	龔隱雷，錢振榮，柯軍〔演唱〕	臺北縣新店：風潮音樂	2008
32	專訪崑曲笛王徐炎之〔錄音資料〕	光耀科技傳播有限公司製作	臺北：國家圖書館轉錄	2009
33	繪聲繪影說崑曲	韓昌雲	臺北：臺北崑曲研習社	2010

資料來源：筆者自行整理自「國家圖書館館藏目錄查詢系統」（查詢條件為至 2014 年止，題名為「崑曲」或「崑劇」的全部館藏類型，再去除出版地為中國者）以及「臺灣博碩士論文知識加值系統」（查詢條件為自 1955 年至 2014 年，論文名稱為「崑曲」或「崑劇」的所有博碩士論文）。

附件二　崑曲傳習計畫歷屆師資及教學劇目表

第四屆（1996／12～1997／10）

師　資		在臺期間		專業領域	教授劇目	備　註
		年	月日			
周志剛	上崑二級導演、演員	1997／1／29抵臺		小生	〈拾畫〉	上崑即上海崑劇團。
王奉梅	浙崑一級演員	不詳		五旦	〈尋夢〉	浙崑即浙江崑劇團。
岳美緹	上崑一級演員	不詳		小生	〈叫畫〉	
計鎮華	上崑一級演員	不詳		老生	〈前逼〉、〈後逼〉	本屆無老生組，故教授小生組藝生。
梁谷音	上崑一級演員	不詳		貼旦正旦	〈前逼〉、〈後逼〉	
周志剛	上崑二級導演、演員	不詳		小生	〈南浦〉	第二次來臺
沈世華	中國戲曲學院教授、前浙崑一級演員	不詳		五旦	〈琴挑〉	

師　資		在臺期間		專業領域	教授劇目	備　註
		年	月日			
顧兆琳	上崑一級作曲、二級演員	不詳		老生小生	〈贈劍〉	
張洵澎	上崑一級演員、上海戲曲學校講師	不詳		五旦	〈贈劍〉	

第五屆第一階段（1998／02～1998／06）

師　資		在臺期間		專業領域	教授劇目	備　註
		年	月日			
王泰棋	旅美前上崑演員		02／15～05／10	小生	〈斷橋〉	
王英姿	上海戲曲學校講師		03／03～06／10	五旦	〈斷橋〉、〈下山〉	
成志雄	上崑二級演員			丑	〈下山〉、〈醉皂〉	
陸永昌	蘇崑二級演員	1998	04／07～06／25	老生	〈寄子〉、〈打子〉	蘇崑即江蘇省蘇崑劇團（今之江蘇省蘇州崑劇院）。
張金魁	浙崑二級演奏員			鼓		
丁堯安	浙崑二級演奏員			笛		
周志剛	上崑二級導演、演員		05／15～06／30	小生導演	排戲、導演	

第五屆第二階段（1998／07～1999／05）

師　資		在臺期間		專業領域	教授劇目	備　註
		年	月日			
陸永昌	蘇崑二級演員	1998	03／18～09／05	老生	〈酒樓〉、〈寄子〉	此處的來臺時間與前面的記錄有衝突，應該有錯誤，但確實時間已不可考。
顧兆琳	上崑一級作曲、二級演員		07／02～08／06	老生小生	〈寫狀〉	
張洵澎	上海戲曲學校講師		07／02～08／31	五旦	〈寫狀〉、〈瑤臺〉	〈瑤臺〉只教授部分片段。
王世瑤	浙崑一級演員			丑	〈借茶〉、〈照鏡〉	
龔世葵	浙崑一級演員		09／15～12／31	貼旦	〈借茶〉、〈照鏡〉、〈寫本〉、〈藏舟〉	〈藏舟〉只在劇團教
張世錚	浙崑一級演員			老生	〈寫本〉、〈小宴〉、〈藏舟〉、〈慘睹〉	〈慘睹〉只教授部分片段。
林爲林	浙崑一級演員	1998／09／15～1999／01／15		武生	〈小宴〉、〈探莊〉	
王明強	浙崑二級演奏員	1998／10／15～1999／01／15		鼓	武場基本功、打末曲牌、〈借茶〉、〈照鏡〉、〈小宴〉	
吳崇機	上崑二級演奏員			笛	崑笛演奏技巧、〈借茶〉、〈照鏡〉、〈小宴〉	
石小梅	省崑一級演員	1999	03／01～05／01	小生	〈題畫〉	省崑即江蘇省崑劇院（今之江蘇省演藝集團崑劇院）。

師　資		在臺期間		專業領域	教授劇目	備　註
		年	月日			
朱貴鈺	省崑一級演奏員	1999	03／01〜05／30	鼓、作曲	〈題畫〉、〈思凡〉、〈小宴〉、〈南浦〉、〈驚醜〉	
吳繼靜	省崑一級演員			貼旦作旦	〈鷫誤〉、〈驚醜〉、〈前親〉	
黃小午	省崑一級演員		03／25〜05／30	老生	〈酒樓〉、〈小宴〉、〈罵曹〉	〈罵曹〉只教授部分片段。
蔣曉地	省崑二級演奏員			笛	〈題畫〉、〈思凡〉、〈小宴〉、〈南浦〉、〈驚醜〉	
范繼信	省崑一級演員			丑	〈鷫誤〉、〈驚醜〉、〈前親〉	
沈世華	中國戲曲學院教授、前浙崑一級演員		03／31〜05／30	五旦	〈思凡〉	

第六屆（1999／10／16〜2000／10／15）

專職藝師		在臺期間		專業領域	教授劇目	備　註
		年	月日			
唐蘊嵐	浙崑二級演員	1999／11／11〜2000／01／10		貼旦	〈學堂〉、〈寄子〉	
朱爲總	浙崑二級演奏員			鼓	〈學堂〉、〈寄子〉、〈亭會〉、〈跪池〉	
成志雄	上崑二級演員	2000	03／07〜06／05	丑	〈下山〉、〈醉皂〉	但在課程表及排練表中均無此記錄。
張繼青	省崑一級演員		05／24〜07／23	五旦正旦	〈寫眞〉、〈離魂〉	
姚繼焜	省崑二級演員			老生	〈吟詩脫靴〉	

專職藝師		在臺期間		專業領域	教授劇目	備　註
		年	月日			
蔣曉地	省崑二級演奏員	2000	05／24～08／20	笛	〈寫眞〉、〈離魂〉、〈吟詩脫靴〉	
戴培德	省崑一級演奏員		06／01～08／01	鼓	〈寫眞〉、〈離魂〉、〈吟詩脫靴〉	
梁谷音	上崑一級演員		07／27～09／15	貼旦正旦	〈痴夢〉、〈潑水〉	
計鎭華	上崑一級演員			老生	〈雪樵〉、〈潑水〉	
周志剛	上崑二級導演、演員		08／16～10／01	小生導演	〈埋玉〉、〈聞鈴〉、〈藏舟〉	在課程表及排練表中均無周志剛教授或排練〈埋玉〉及〈聞鈴〉兩齣的記錄，只列出〈藏舟〉的授課及排練，另外還有〈贈劍〉的排練。
朱爲總	浙崑二級演奏員		08／18～10／01	鼓	總排	
兼職藝師		授課期間		專業領域	教授劇目	邀請單位
		年	月日			
汪世瑜	浙崑一級演員	1999	11／08～12／31	小生	〈跪池〉、〈亭會〉	國立藝術學院
龔世葵	浙崑一級演員			貼旦	〈跪池〉	絲竹京崑劇團
王世瑤	浙崑一級演員			丑、付	〈前親〉	絲竹京崑劇團、新象文教基金會
張世錚	浙崑一級演員		11／08～12／12	老生	〈寄子〉、〈跪池〉	絲竹京崑劇團

兼職藝師		授課期間		專業領域	教授劇目	邀請單位
		年	月日			
丁堯安	浙崑二級演奏員	2000	01／01 ～ 01／10	笛	〈寄子〉、〈學堂〉、〈跪池〉、〈亭會〉	新象文教基金會
陶偉明	浙崑二級演員			老生	〈寄子〉、〈學堂〉	新象文教基金會
周雪雯[1]	浙江藝術學校教師		03／03 ～ 03／24	五旦	〈寄子〉、〈學堂〉、〈亭會〉	水磨曲集崑劇團

備註：
1. 在課程表及排練表中均未記錄周雪雯的課。

資料來源：筆者整理自《崑曲傳習計畫. 第四屆、第五屆（第一階段）、第五屆（第二階段）：成果報告書》（洪惟助 1997）、《崑曲傳習計畫. 第五屆：第一階段課程紀錄》（洪惟助 1998）、《崑曲傳習計畫. 第六屆：成果報告書》（洪惟助 2000）。

附件三　崑曲傳習計畫歷屆成果展演劇目及演員表

屆次	日期	劇　目	角色	行當	演員	備　註
第四屆成果展	1997／10／18	《玉簪記‧琴挑》	潘必正	巾生	黃麗萍	
			陳妙常	五旦	杜昭蓉	
		《牡丹亭‧尋夢》	杜麗娘	五旦	陳凱莘　佘孟娟	
			春香	貼旦	梁淑琴	
		《牡丹亭‧拾畫叫畫》	柳夢梅	巾生	洪慧容	
		《鳳凰山‧贈劍》	百花公主	五旦	林宜貞	
			海俊	雉尾生	林美惠	
			江花佑	四旦	許珮珊	
	1997／10／21	《玉簪記‧琴挑》	潘必正	巾生	孫麗虹	
			陳妙常	五旦	王學蘭	
		《牡丹亭‧尋夢》	杜麗娘	五旦	梁淑琴	
			春香	貼旦	陳凱莘	
		《爛柯山‧前逼》	朱買臣	老生	趙延強	
			崔氏	正旦	鍾廷采	
		《爛柯山‧後逼》	朱買臣	老生	趙延強	
			崔氏	正旦	郭勝芳	

屆次	日期	劇 目	角色	行當	演員	備 註
第四屆成果展	1997／10／21	《鳳凰山·贈劍》	百花公主	五旦	李光玉	
			海俊	雉尾生	洪慧容	
			江花佑	四旦	陳美蘭	
	1997／10／22	《牡丹亭·拾畫叫畫》	柳夢梅	巾生	楊汗如	
		《琵琶記·南浦》	蔡伯喈	小官生	黃麗萍	
			趙五娘	正旦	傅千玲	
		《鳳凰山·贈劍》	百花公主	五旦	唐瑞蘭	
			海俊	雉尾生	趙延強	
			江花佑	四旦	郭勝芳	
第五屆第一次成果展	1998／06／21	打末曲牌合奏	文場組及武場組			
		《爛柯山·前逼、後逼》	朱買臣	老生	趙延強	
			崔氏	正旦	唐瑞蘭	
		《孽海記·下山》	本無	丑	劉稀榮 陳清河	
			色空	貼旦	楊莉娟	
		《浣紗記·寄子》	伍子胥	老生	王鶯華	
			伍子	作旦	黃麗萍	
			鮑牧	老生	鄒慈愛	
		《義妖記·斷橋》	白素貞	五旦	梁淑琴	
			青兒	四旦	許珮珊	
			許仙	巾生	林美惠	
第五屆第二次成果展	1998／09／16	《牡丹亭·拾畫叫畫》	柳夢梅	巾生	楊汗如	
		《義妖記·斷橋》	白素貞	五旦	林宜貞	
			青兒	四旦	林祖誠	
			許仙	巾生	黃國欽	

屆次	日期	劇　目	角色	行當	演員	備　註
第五屆 第二次 成果展	1998／09／16	《浣紗記・寄子》	伍子胥	老生	鄒慈愛	
			伍子	作旦	趙淩楦	
			鮑牧	老生	王鶯華	
		《販馬記・寫狀》	趙寵	小官生	孫麗虹	
			李桂枝	五旦	劉海苑	
第五屆 第三次 成果展	1999／01／13	《水滸記・探莊》	石秀	武生	楊汗如	
			鐘離 老人	老生	張天瑞	
		《十五貫・見都》	況鐘	老生	鄒慈愛	藝生班的藝師教授劇目中並無此劇，應該是京劇團的課程。
			周忱	老生	王鶯華	
		《望湖亭・照鏡》	顏秀	丑	劉稀榮	
		《連環記・小宴》	呂布	雉尾生	林美惠	
			王允	老生	張天瑞	
			貂嬋	五旦	梁淑琴	
	1999／01／14	《水滸記・借茶》	張文遠	丑	劉稀榮	
			閻惜姣	貼旦	劉嘉玉	
		《鳴鳳記・寫本》	楊繼盛	老生	王鶯華	
			楊夫人	旦	趙淩楦	
		《水滸記・探莊》	石秀	武生	趙延強	
			鐘離 老人	老生	張天瑞	
第五屆 第四次 成果展	1999／05／26	《孽海記・思凡》	色空	貼旦	郭勝芳	
		《風箏誤・驚醜》	詹愛娟	丑旦	鐘廷采	
			戚友先	巾生	趙延強	
		《桃花扇・題畫》	侯方域	巾生	黃國欽	
			藍瑛	老生	王鶯華	
		《長生殿・酒樓》	郭子儀	老生	鄒慈愛	
			酒保	丑	不詳	

屆次	日期	劇　目	角色	行當	演員	備　註
第五屆 期末成 果展	1999／05／29	崑笛演奏	因推廣班也開設笛子初級班與高級班，其中有學員同時也是藝生班文場組藝生，因此這場崑笛演奏雖名義上是推廣班的學習成果，但也可視爲藝生班文場組的成果。			
		《長生殿・酒樓》	郭子儀	老生	不詳	
			酒保	丑	不詳	
		《連環記・議劍》	王允	老生	不詳	藝生班的藝師教授劇目中並無此劇，應該是京劇團的課程。
			曹操	淨	不詳	
第六屆 第一次 成果展	2000／06／24	《紅梨記・亭會》	趙汝舟	巾生	古中樑	自本屆起「藝生班」更名爲「專業演員班」。
			謝素秋	貼旦	郭勝芳	
		《紅梨記・醉皂》	陸鳳萱	丑	劉稀榮	
			趙汝舟	巾生	古中樑	
第六屆 第二次 成果展	2000／07／21	《牡丹亭・寫眞》	杜麗娘	五旦	唐瑞蘭	
			春香	貼旦	楊莉娟	
		《牡丹亭・離魂》	杜麗娘	五旦	郭勝芳	
			春香	貼旦	楊莉娟	
		《驚鴻記・吟詩脫靴》	李白	大官生	趙延強	
			唐明皇	老生	盛鑑	
		《牡丹亭・寫眞》	杜麗娘	五旦	李光玉	
			春香	貼旦	楊莉娟	
		《牡丹亭・離魂》	杜麗娘	五旦	陳美蘭	
			春香	貼旦	楊莉娟	
		《驚鴻記・吟詩脫靴》	李白	大官生	盛鑑	
			唐明皇	老生	趙延強	

屆次	日期	劇　　目	角色	行當	演員	備　註
第六屆 第三次 成果展	2000／09／10	《爛柯山·前逼》	朱買臣	老生	趙延強	
			崔氏	正旦	唐瑞蘭	
		《爛柯山·雪樵》	朱買臣	老生	趙延強	
		《爛柯山·後逼》	朱買臣	老生	趙延強	
			崔氏	正旦	郭勝芳	
		《爛柯山·癡夢》	崔氏	正旦	陳美蘭	
		《爛柯山·潑水》	朱買臣	老生	楊汗如 盛鑑	
			崔氏	正旦	楊莉娟	
	2000／09／11	《爛柯山·癡夢》	崔氏	正旦	劉嘉玉	
		《爛柯山·潑水》	朱買臣	老生	王鶯華	朱勝麗自言非本屆學員。
			崔氏	正旦	朱勝麗	
		《爛柯山·雪樵》	朱買臣	老生	楊汗如	
		《爛柯山·癡夢》	崔氏	正旦	唐瑞蘭	
		《爛柯山·潑水》	朱買臣	老生	鄒慈愛	
			崔氏	正旦	郭勝芳	
第六屆 期末成 果展	2000／09／22	《琵琶記·掃松》	張廣才	老生	鄒慈愛	藝生班的藝師教授劇目中並無此劇，應該是京劇團的課程。
			李旺	丑	尹來有	
		《牡丹亭·寫真》	杜麗娘	五旦	劉嘉玉	田佩玲不在學員名單內。
			春香	貼旦	田佩玲	
		《長生殿·酒樓》	郭子儀	老生	王鶯華	郝玉堂不在學員名單內。
			酒保	丑	郝玉堂	
		《爛柯山·癡夢》	崔氏	正旦	楊莉娟	
		《爛柯山·潑水》	崔氏	正旦	唐瑞蘭	
			朱買臣	老生	趙延強	

資料來源：筆者整理自《崑曲傳習計畫. 第四屆、第五屆（第一階段）、第五屆（第二階段）：成果報告書》（洪惟助 1997）、《崑曲傳習計畫. 第六屆：成果報告書》（洪惟助 2000）。

附件四　各校崑曲社成立年份、緣由、師資及現況

No	學校	成立年份	成立緣由	最初師資	現　況
1	師範大學	1957 年	國文系教授汪經昌爲倡導「欲明曲理，須先唱曲」，與國文系教授程發軔、公訓系教授夏煥新共同成立，規定曲選課學生課後參加。	夏煥新 焦承允	持續每年舉辦演出。
2	臺灣大學	1957 年	不詳	徐炎之 張善薌	持續每年舉辦演出。
3	北一女	1959 年	校長江學珠成立	徐炎之 張善薌	已倒社，年份不詳。
4	西湖商職	1959 年	不詳	徐炎之 張善薌	已倒社，年份不詳。
5	淡江大學	不詳，但1968 年就已存在	由北一女畢業、曾參加崑曲社的張厚衍成立。	徐炎之 張善薌	已倒社，年份不詳。
6	中興大學	1969 年	由北一女畢業、曾參加崑曲社的趙台仙邀請國樂社吹笛子的學長成立。	徐炎之 張善薌	已於 1981 年倒社。

No	學校	成立年份	成立緣由	最初師資	現　況
7	政治大學	1969 年	中文系曲學教授盧元駿發起。	徐炎之張善薌	曾於 1991 年倒社，1995 年復社，但自 2010 年開始，或瀕臨或進入休社狀態，至 2014 年則面臨倒社抉擇。
8	銘傳商專（今之銘傳大學）	1971 年	會計統計科三年級學生因國文老師金毓秀在課堂介紹崑曲因而引發興趣成立。	徐炎之張善薌	已於 1993 年倒社。
9	中央大學	1973 年	中文系曲學教授洪惟助發起。	徐炎之張善薌	已於 1989 年倒社。
10	東吳大學	1980 年	由銘傳畢業、曾參加崑曲社的宋泮萍與班上同學發起成立。	徐炎之	曾於 1994 年倒社，1999 年復社，2007 年再度倒社，但很快地便於同年再度復社，至今已有社員近 20 人。
11	輔仁大學	1990 年	由銘傳畢業、曾參加崑曲社的詹媛成立。	陳彬	已倒社，年份不詳。該校 2011 年成立「傳統戲曲表演研究社」，目前偏重於崑曲的學習，故在此記上一筆。
12	光仁中學	1991 年	不詳	不詳	已倒社，年份不詳。
13	世新大學	2004 年	因白先勇到校推廣《青春版牡丹亭》，當時的校長與董事都是崑曲的愛好者，認為世新有義務，並且也有條件成立崑曲社，因而成立。	林美惠謝俐瑩	已約於 2012 年倒社。
14	臺北師範專科學校（今之臺北教育大學）	不詳	不詳，但根據徐炎之學生笛師張厚衡所述，該校的崑曲課似乎是正課。	徐炎之	已倒社，年份不詳。
15	華岡藝校	不詳	不詳	徐炎之	已倒社，年份不詳。

資料來源：整理自蔡欣欣（2011：47）、林佳儀（2014：110～112）的論文、師大崑曲社部落格（http://blog.yam.com/user/ntnukung.html。檢閱日期：2014年11月3日）、世新崑曲社第一任社長洪逸柔訪談（2015年5月8日），以及各校現任崑曲社社長訪談。